BACHILLERATO 1

Lengua Castellana y Literatura

PRÁCTICA

AUTORES
José Juan Berbel Rodríguez
Heraclia Castellón Alcalá
Inmaculada del Pino Medina
María Esperanza Sánchez Vázquez

REVISORAS TÉCNICAS
Carmen Chirivella Osma
María Ángeles Bazalo Miguel

El 0,7 % de la venta de este libro se destina a proyectos de desarrollo de la ONGD SED (www.sed-ongd.org).

BACHILLERATO

04 EL SINTAGMA NOMINAL, EL SINTAGMA ADJETIVAL Y EL SINTAGMA PREPOSICIONAL

05 EL SINTAGMA VERBAL Y EL SINTAGMA ADVERBIAL

06 LA ORACIÓN GRAMATICAL. LA ORACIÓN SIMPLE

07 LA ORACIÓN COMPUESTA

08 LA EDAD MEDIA

09 EL SIGLO XV: TRANSICIÓN AL RENACIMIENTO

10 POESÍA ESPAÑOLA DEL SIGLO XVI

VOLUMEN DE TEORÍA

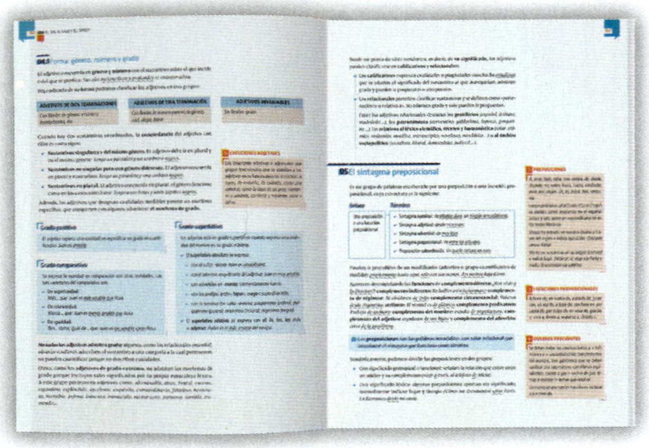

LENGUA

La explicación teórica de las lenguas, de la gramática (actualizada según la *Nueva gramática de la lengua española)* y de las propiedades textuales se realiza reflexionando a partir de textos diversos, relacionando los contenidos con los distintos ámbitos del uso de la lengua. La reflexión también se hace desde el error para llegar al uso correcto de la lengua.

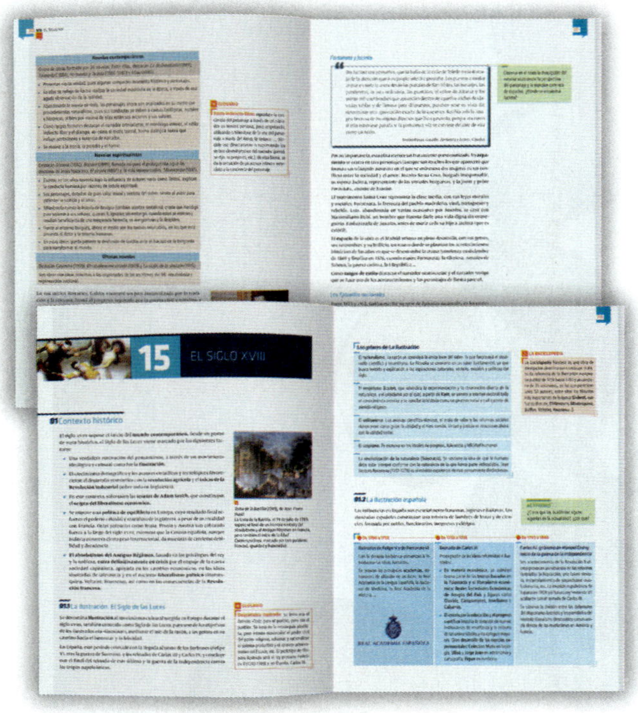

LITERATURA

Los contenidos se explican de forma clara y sencilla, con presentaciones esquemáticas y visuales.

Los textos apoyan la explicación y sirven de punto de partida para reflexionar y relacionar los contenidos con otras épocas y con la realidad del alumno.

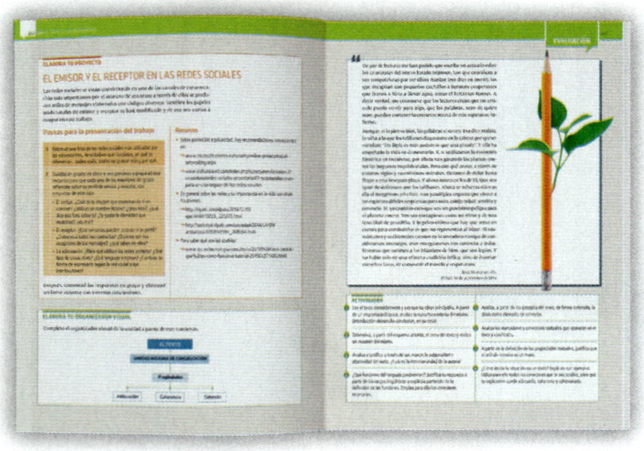

ACTIVIDADES

Cada unidad finaliza con una doble página de trabajo dividida en tres partes:

- **Elabora tu proyecto:** propuesta de ampliación de algún contenido de la unidad que se puede trabajar de forma cooperativa.
- **Elabora tu organizador visual:** propuesta para la elaboración de la síntesis de los contenidos. Aparece resuelta en el volumen de práctica.
- **Evaluación**

VOLUMEN DE **PRÁCTICA**

ESQUEMA DE LA UNIDAD

Síntesis de los contenidos de la unidad de forma visual, que se podrá ampliar.

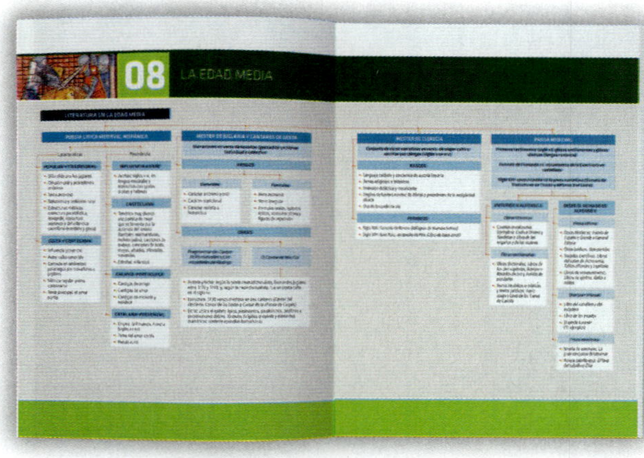

ACTIVIDADES

La reflexión y el trabajo con los contenidos de lengua y de literatura se realiza con baterías de actividades y textos, relacionando los bloques de contenido, los temas y las épocas y teniendo en cuenta los intereses del alumnado.

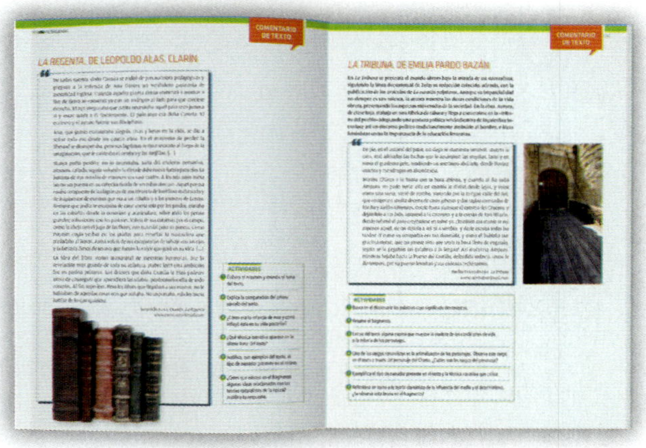

LEER, ESCRIBIR, HABLAR Y ESCUCHAR

En esta sección se aborda el estudio de la lengua desde un enfoque comunicativo, relacionando distintos contenidos. El alumno desarrollará su capacidad comunicativa, tal y como corresponde a esta etapa, comprendiendo y produciendo textos de ámbitos diversos, tanto orales como escritos, ayudado de diversas pautas y ejemplos.

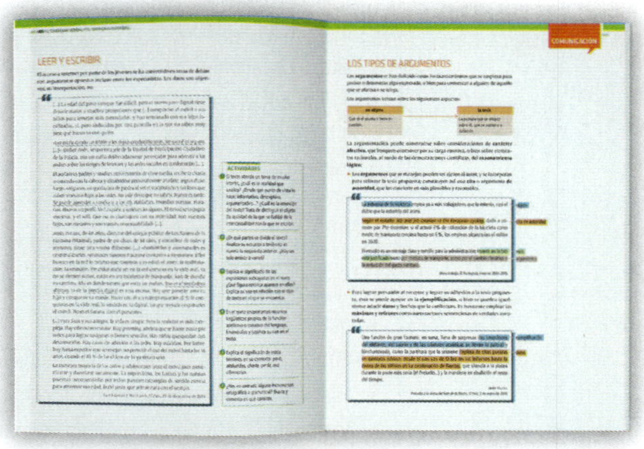

EVALUACIÓN

Actividades de síntesis y recapitulación de los contenidos de la unidad.

Diario de aprendizaje: pregunta para la reflexión del alumno sobre su proceso de aprendizaje.

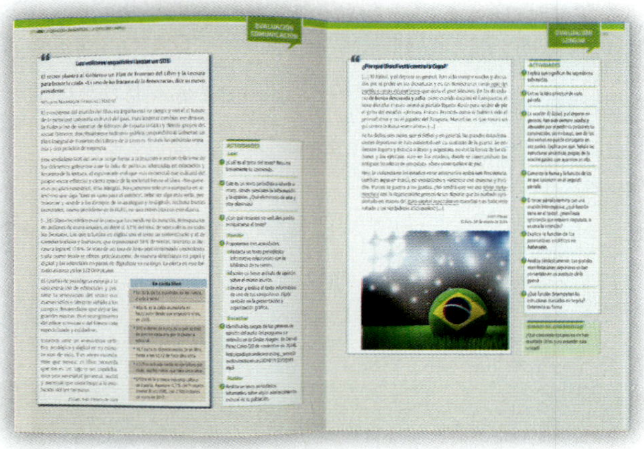

01 LA COMUNICACIÓN

LENGUA

Sistema de signos y convenciones necesarias adoptadas por una colectividad

LENGUAS DE ESPAÑA

Origen

- Lenguas prerromanas
- Romanización: latín
- Invasiones visigoda y árabe
- Aparición de las lenguas romances

Evolución

MOZÁRABE

- Romance de al-Ándalus y zonas ocupadas por los árabes
- A partir de 1492, con la expulsión de los árabes, empieza a desaparecer

CASTELLANO

Medieval

- Glosas emilianenses y silenses (siglo X)
- Alfonso X el Sabio: ortografía del castellano y uso como lengua administrativa
- Reyes Católicos, conquista de Granada, expulsión de los árabes (1492) y unificación lingüística (siglo XV)

Moderno

- Siglos XVI-XVII
- *Gramática* de Elio Antonio de Nebrija (1492)
- Fijación del idioma a partir del descubrimiento de Amér ca
- Siglos de Oro: lengua española = lengua castellana

Contemporáneo

- Real Academia Española (1713): fijación del idioma y sanción de los cambios realizados en siglos anteriores *(Diccionario de Autoridades)*

Español peninsular actual

- Neologismos
- Dinamismo

CATALÁN

- Origen: latín
- Siglos XVI-XVIII: estancamiento
- Siglo XIX: recuperación *(Renaixença)*
- Siglo XX: retroceso (régimen franquista)
- Actualidad: impulsión (Institut d'Estudis Catalans)

GALLEGO

- Origen: latín
- Decadencia hasta el siglo XIX *(Rexurdimento)*
- Academia da Lingua Galega

VASCO O EUSKERA

- Lengua prerromana de origen incierto
- Lengua más antigua de la Península
- Euskera *batúa* (euskera unificado)
- Euskaltzaindia (Academia de la Lengua Vasca): 1918

DIALECTOS HISTÓRICOS DEL LATÍN

- Astur-leonés
- Aragonés

VARIEDADES DE LA LENGUA

Diatópicas

VARIEDADES GEOGRÁFICAS DEL CASTELLANO

- Septentrional: norte y centro de la península
- Meridional: sur de la península y Canarias
- Hablas de tránsito: extremeño, riojano y murciano

Zonas bilingües

- Catalán: oriental y occidental
- Gallego: occidental, central y oriental
- *Euskalkis* o dialectos vascos: se diferencian del euskera batúa

Diastráticas

VARIEDADES SOCIALES

Nivel culto

- Modelo marcado por la norma
- Empleado por hablantes de alto nivel cultural y gran dominio de la lengua
- Lenguaje escrito: textos literarios y científico-técnicos
- Lengua oral: situaciones de uso culto del lenguaje (conferencias, entrevista de trabajo…)

Nivel coloquial o común

- Empleado en la vida cotidiana
- Improvisación, código restringido
- Vulgarismos, usos impropios o incorrecciones

Nivel vulgar

- Empleado por hablantes que desconocen las normas
- Vulgarismos
- Hablantes con dificultades para adaptarse a las diferentes situaciones comunicativas

Diafásicas

VARIEDADES SEGÚN LA SITUACIÓN COMUNICATIVA

Características del emisor y del receptor que abarcan aspectos sociales

- Grado de conocimiento, relación de igualdad o jerarquía y nivel social
- Físicos: edad, sexo
- Psicológicos: personalidad
- Culturales: ocupación, nivel académico, etc.
- Registro formal, informal o coloquial, familiar y vulgar.
- Jergas: variedades de la lengua dependientes del grupo profesional o social.

- Tipo de canal: oral/escrito
- Código: verbal/no verbal
- Mensaje: tema, tono y modalidad discursiva
- Entorno o situación en el que se desarrolla la comunicación
- Sincronía o asincronía de la comunicación
- Finalidad del proceso comunicativo: informar, enseñar, entretener, persuadir…

LENGUAS OFICIALES DE ESPAÑA

- CATALÁN / VALENCIANO / ARANÉS
- GALLEGO
- CASTELLANO O ESPAÑOL
- EUSKERA

ACTIVIDADES

La comunicación

1 Indica cuáles son los factores de la comunicación de los siguientes mensajes. Imagina para ellos una situación de ruido y propón una redundancia para paliarla.

a. El timbre de clase suena.

b. La lectura de una novela.

Lenguaje, lengua, habla, dialecto

2 Razona si los siguientes supuestos pertenecen al ámbito del habla o de la lengua:

a. Un hablante posee una dificultad en la pronunciación del sonido [r], y lo articula como una [g]: *[amagillo]* por *[amarillo]*.

b. Los niños pequeños pronuncian anómalamente algunos sonidos consonánticos: *¡¡¡Papi, tero un toche!!!*

c. Un hablante laísta: **La dije que viniera pronto.*

3 Explica por qué se habla de lenguaje animal frente a lenguaje humano y no de lengua animal frente a lengua humana.

La diversidad lingüística de España

4 Elabora un mapa donde se observen los ámbitos geográficos del español.

El origen de las lenguas de España y la evolución del castellano

5 Explica qué es la romanización a partir de lo que has estudiado.

6 Explica el texto siguiente y argumenta tu opinión sobre la diversidad lingüística de España.

> En estos siglos persistía vivo el bilingüismo que indudablemente existió largo tiempo, desde los primeros intentos de romanización, en todas estas tierras del alto curso del Ebro, y que en gran parte es responsable de las especiales características que adoptó el romance castellano. Características que, para decirlo rápida y esquemáticamente, se reducen a ser un latín mal aprendido por indígenas que tendrían por lengua propia el vasco o algún dialecto íntimamente emparentado con este.
>
> Ángel López García
> *La lengua común en la España plurilingüe*
> Iberoamericana Vervuert

7 Explica la diferencia entre sustrato y superestrato.

8 Lee los textos alfonsíes y responde a estas preguntas:

a. En el primero se explica cómo se trabajaba en el taller alfonsí. Léelo y establece cuál era la misión de cada uno. ¿Se puede hablar de un trabajo en equipo? Justifica tu respuesta.

b. Identifica cuáles son los rasgos peculiares del castellano medieval a partir de los términos subrayados en ambos textos: evolución fonética y grafías en las palabras marcadas en verde; comparación de los rasgos gramaticales con el castellano actual con las palabras marcadas en gris.

c. Considerando los dos textos, justifica por qué crees que este trabajo era importante para el impulso de la lengua castellana.

> En nombre de Dios amen. Este es el libro de las figuras de las estrellas fixas que son en ell ochavo cielo, que mandó trasladar de caldeo e de arábigo en lenguage castellano el rey D. Alfonso, et trasladólo por su mandado Yhuda el Coheneso, su al faquín, et Guillen Arremón d'Aspa, so clérigo.
>
> Et después lo endreçó[1], et lo mandó componer este rey sobredicho, et tollo[2] las razones[3] que entendió eran sobejanas[4], et dobladas et que non eran en castellano drecho, et puso las otras que entendió que cumplían; et quanto en el lenguage, endreçolo él por sise[5]. Et en los otros saberes hobo por ayuntadores a maestre Joan de Mesina, et a maestre Joan de Cremona, et a Yhuda el sobredicho, et a Samuel.
>
> *Libros de Astronomía*,
> Octava Esfera. Espasa Calpe
>
> [1] **endreçó:** corrigió.
> [2] **tollo:** quitó.
> [3] **razones:** expresiones.
> [4] **sobejanas:** sobradas.
> [5] **sise:** por sí mismo.

> Empues desta figura viene otra a que dicen en latín *mulier sedens supra cathedram*, et en ell Almaieste le dixo Ptolomeo *mulier habens palmam delibucam*, et en castellano la llaman la *mugier asentada en la cadira*, et en arábigo *detalcorcy* et ha en esta figura XIII estrellas.
>
> *Libros de Astronomía*,
> *Octava Esfera*. Espasa Calpe

ACTIVIDADES

9 Lee los siguientes textos y responde a las preguntas:

a. Identifica a qué lengua pertenecen a partir de sus rasgos característicos.

b. En el caso del vasco, ¿encuentras alguna palabra de origen románico?, ¿cuál?

> Topant de cap en una i altra soca,
> avançant d' esma pel camí de l' aigua,
> se'n ve la vaca tota sola. És cega.
> D'un cop de roc llançat amb massa traça,
> el vailet va buidar-li un ull, i en l'altre
> se li ha posat un tel. La vaca és cega.
>
> Joan MARAGALL. *La vaca cega*
> http://lletra.uoc.edu/especials/folch/maragall.htm
>
> Cando vos oio tocar,
> campaniñas, campaniñas,
> sin querer torno a chorar.
> Cando de lonxe vos oio,
> penso que por min chamades,
> e das entrañas me doio
>
> Rosalía DE CASTRO. *Cantares gallegos.*
> http://www.edu365.cat/
>
> Zuregatican emango nuke
> pocic, bai, nere bicia;
> beti zuretzat, il arteraño,
> gorputz ta anima gucia.
>
> Jose Mari IPARRAGUIRRE
> Luis de CASTRESANA
> *La Gran Enciclopedia Vasca*

10 Con la ayuda del diccionario identifica el origen de las siguientes palabras: *izquierda, chubasco, yelmo, cencerro, cordel, vigía, azulejo, alcantarilla, capicúa, bramar, guarecerse, paella, espada, guerra, ostra, albañil.*

11 La toponimia peninsular pone de manifiesto la huella de sus pobladores. Investiga los siguientes topónimos. Identifica su punto geográfico y relaciónalo con el pueblo dominador: Rábita, Guadalajara, Algeciras, Benicásim, Almonte, Calatayud, Godos, Revillagodos, Godojos, Bandaliés, Puerto Sueve y Mondariz.

12 Investiga de dónde viene el sufigo *-engo* contenido en *realengo* y *abolengo.*

13 Realiza un listado de cinco palabras incorporadas en el nuevo diccionario de la RAE, y otras tantas que se hayan eliminado por desuso. Puedes consultar la página de la RAE para buscar información sobre este tema.

Variedades diatópicas, diastráticas y diafásicas

14 A partir del siguiente fragmento de *Bajarse al moro,* contesta a las preguntas.

> CHUSA.— ¿Se puede pasar? ¿Estás visible? Que mira, esta es Elena, una amiga muy maja. Pasa, pasa, Elena. Este es Jaimito, mi primo. Tiene un ojo de cristal y hace sandalias. [...]
>
> ELENA.— ¿Qué tal?
>
> JAIMITO.— ¿Quieres también mi número de carnet de identidad? ¡No te digo! ¿Se puede saber dónde has estado? No viene en toda la noche y ahora tan pirada como siempre.
>
> CHUSA.— He estado en casa de esta. ¿A que sí, tú? No se atrevía a ir sola a por sus cosas por si estaba su madre, y ya nos quedamos allí a dormir. [...]¿Quieres un bocata?
>
> JAIMITO.— [...] Ni bocata ni leches. Te llevas las pelas, y la llave, y me dejas aquí colgao sin un duro... ¿No dijiste que ibas a por papelillo?
>
> CHUSA.— Iba por papelillo, pero me encontré con esta, ya te lo he dicho. Y como estaba sola... [...]
>
> CHUSA.— *(A Elena)* Pon tus cosas ahí. Mira, ese es el baño, ahí está el colchón. Tenemos «maría» plantada en este tiesto, pero casi no crece, hay poca luz. [...] Se va a quedar a vivir aquí.
>
> JAIMITO.— ¡Sí, encima de mí! Si no cabemos, tía, no cabemos.
>
> José Luis ALONSO DE SANTOS
> *Bajarse al moro.* Cátedra

a. ¿Qué nivel de la lengua se emplea en el texto? Dentro de este, ¿es posible hablar de algún tipo de jerga?

b. Extrae los términos en los que te has fijado para tu respuesta.

c. Expresa las palabras y expresiones anteriores en un español estándar normativo y cuidado.

15 Inventa un diálogo en que emplees la jerga estudiantil.

ACTIVIDADES

16 En el siguiente texto del *Quijote*, el protagonista se encuentra con unas prostitutas a las que, en su locura, confunde con unas damas.

> —Non fuyan las vuestras mercedes, ni teman desaguisado alguno, ca[1] a la orden de caballería que profeso non toca ni atañe facerle a ninguno, cuanto más a tan altas doncellas como vuestras presencias demuestran.
>
> Mirábanle las mozas y andaban con los ojos buscándole el rostro, que la mala visera le encubría; mas como se oyeron llamar doncellas, cosa tan fuera de su profesión, no pudieron tener la risa y fue de manera que don Quijote vino a irritarse y a decirles:
>
> —Bien parece[2] la mesura[3] en las fermosas, y es mucha sandez además la risa que de leve causa procede; pero non vos lo digo porque os acuitedes[4] ni mostredes mal talante, que el mío non es de ál[5] que de serviros.
>
> El lenguaje, no entendido de las señoras, y el mal talle[6] de nuestro caballero acrecentaba en ellas la risa, y en él el enojo, y pasara muy adelante si a aquel punto no saliera el ventero, hombre que, por ser muy gordo, era muy pacífico, el cual, viendo aquella figura contrahecha, armada de armas tan desiguales[7] como eran la brida, lanza, adarga y coselete[8], no estuvo en nada en acompañar a las doncellas en las muestras de su contento. Mas, en efeto, temiendo la máquina de tantos pertrechos, determinó de hablarle comedidamente.
>
> http://cvc.cervantes.es
> (Ed. dirigida por Francisco Rico)
>
> [1] **Ca:** porque.
> [2] **Bien parece:** conviene.
> [3] **Mesura:** contención.
> [4] **Os acuitedes:** os apenéis.
> [5] **Que el mío non es ál:** que mi voluntad no es otra.
> [6] **Mal talle:** aspecto ridículo.
> [7] **Desiguales:** desparejas, porque correspondían a dos modos de armarse diferentes: para cabalgar o combatir.
> [8] **Coselete:** coraza ligera que protege pecho y espalda.

a. ¿Qué es lo que provoca la extrañeza y risa de las mujeres? ¿y del ventero? Relaciónalo con las variedades diastráticas y diafásicas estudiadas.

b. Indica qué rasgos del español sitúan este texto a principios del siglo XVII. Observa los rasgos del lenguaje arcaico de don Quijote, anclado en la época medieval de las novelas de caballerías. ¿Qué observas?

17 A partir de estos textos, contesta las preguntas.

> Contar tildes es una buena coartada para probar el nuevo corpus. Tomamos el año 2010 como referencia para saber si la publicación de la nueva ortografía ha servido de incentivo para enmendar el error al ponerlo de actualidad, aunque la norma no variara substancialmente. Pero no vamos a hilar tan fino como para diferenciar ese pequeño margen de «solo» que, por ambigüedad, antes debía llevar tilde y desde 2010 se desaconseja, porque sería buscar una aguja en concreto en un pajar lleno de agujas. Como veremos, la idea «sólo=solamente» está tan arraigada que resulta fútil detenerse en los casos en los que podría ser correcto el uso de la tilde, de manera que los que son incorrectos, y ya lo eran antes, son mayoría absoluta.
>
> Yolanda GÁNDARA
> *¿Quién va ganando en lo de la tilde de solo?* www.jotdown.es

> ¿Por qué no permitir que cada hablante opte por *truhán* o *truhan*, como aún puede hacerlo (por suerte) entre *solo* y *sólo*, *este* y *éste*, *aquel* y *aquél*? La posibilidad de seguirles poniendo tildes a estas palabras no es para mí irrelevante. ¿Cómo saber, si no, lo que se está diciendo en la frase *Estaré solo mañana*? Si se la escribe en un *mail* un hombre a su amante, la diferencia no es baladí: sin tilde significa que estará sin su mujer; con tilde que mañana será el único día en que estará en la ciudad. No es poca cosa, la verdad. Por menos ha habido homicidios.
>
> Javier MARÍAS
> *Discusiones ortográficas. El País*, 30 de enero de 2011

a. ¿Cuál es la polémica planteada y por qué?

b. ¿Puedes explicar a partir de estos textos la diferencia entre norma y uso?

c. ¿Qué opinas tú al respecto?

ACTIVIDADES

18 ¿Hablar dos lenguas es una ventaja o un inconveniente? Realiza un escrito en el que manifiestes tu punto de vista al respecto.

19 Indica si las siguientes palabras están en gallego, catalán, castellano o euskera: *adéu, poxelagarri, entón, entonces, zakur, adiós, forat, callejón, adeus, kalezulo, obstacle, obstáculo, agur, asedio, orduan* y *setge.*

20 Dividíos en grupos y consultad las siguientes páginas webs para escuchar distintas emisoras de radio. Estableced las diferencias que se producen entre ellas e indicad a qué variedad dialectal o lengua pertenecen. Exponed oralmente las conclusiones.

→http://www.radio-canarias.es/
→http://radiolaspalmas.com
→http://www.canalsur.es/radio-555.html
→http://www.catradio.cat/
→http://www.radiobalear.es/
→http://www.eitb.com/es/radio/
→http://www.crtvg.es/rg/

21 Lee el siguiente fragmento y contesta a las preguntas:

> En efecto, se da esa diversidad. Incluso entre regiones españolas distantes apenas unos cuantos kilómetros podemos hallar diferencias de léxico. Por ejemplo, *la escorpena* (un pez comestible de unos 20 centímetros de largo y color rojizo en la mayor parte de sus escamas) se llama también *escorpina;* y *cabracho* en el Cantábrico; y *gallina* en el Mediterráneo; y *cabrarroca* (*kabrarroka* en grafía vascuence) en el País Vasco. Y una castellana se adornará con unos *pendientes* y una andaluza con unos *zarcillos* (pronúnciese «uno sarsillo»). Y las dos se habrán colgado lo mismo.
>
> Álex Grijelmo
> *Defensa apasionada del idioma español.* Taurus

a. ¿Cuál es la idea principal que quiere transmitir el autor?
b. ¿A qué variantes se está refiriendo?
c. Identifica la variante lingüística del Cantábrico a la que puede referirse.
d. ¿Cuáles son los rasgos del andaluz que se reflejan en el ejemplo «uno sarsillo»?
e. ¿Crees que el autor del texto se refiere aquí solo al concepto de lengua o también al de habla?

ORTOGRAFÍA, NORMA Y USO

1 Elige entre *haber, a haber* o *a ver* y entre *haya, halla* o *aya* según corresponda.

a. Como siga así va (.....) que llamarle la atención.
b. En esos bosques se (.....) ejemplares centenarios de (.....).
c. No podemos rendirnos, tiene que (.....) una solución.
d. Si hacía alguna travesura, se refugiaba en los brazos de su (.....).
e. No prepares nada: comeremos lo que (.....) en el frigorífico.
f. Estuvieron en la puerta un buen rato (.....) si llegaban los demás.
g. Es un problema para el que no se (.....) solución.

2 Escribe *hecho, echo, deshecho* o *desecho* en las oraciones siguientes.

a. Claro que te (.....) de menos.
b. Después del entrenamiento estoy (.....).
c. Yo no le (.....) sal a la tostada.
d. ¿Hoy tampoco has (.....) la tarea?
e. Los (.....) industriales de las fábricas contaminan los ríos.
f. Nos ha visto pero se ha (.....) el tonto.

3 Selecciona entre estos dos grupos de palabras homónimas la adecuada para completar las oraciones.

a ah ha   ay ahí hay

a. No dejes (.....) el paraguas, lo vas a perder.
b. ¡(.....) mi madre! ¿Seguro que hoy (.....) examen de Lengua?
c. Voy (.....) contárselo a todo el mundo.
d. ¡(.....), menudo golpe!
e. ¿(.....) quién se lo (.....) vendido?
f. ¡(.....), te he pillado con las manos en la masa!
g. No (.....) nadie (.....).

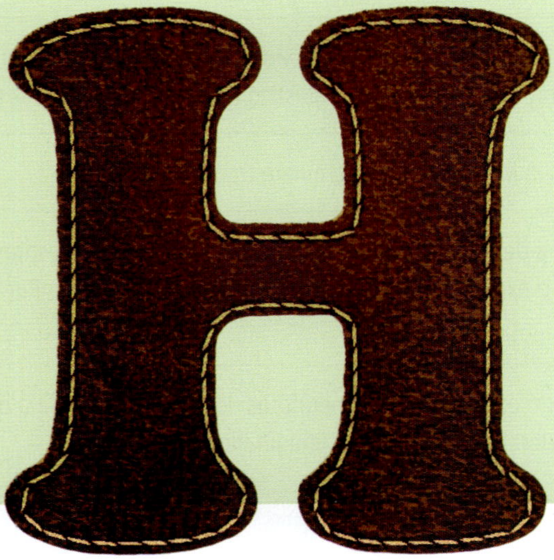

LEER Y ESCRIBIR

Vas a leer el discurso de clausura del Congreso Internacional de la Lengua Española, celebrado en Cartagena de Indias (Colombia) en el año 2007. Fíjate en lo que se dice en el texto, pero piensa también cómo sería la posible situación de comunicación.

> Bien sabemos por los estudios de filología que existen tres situaciones en que un idioma se nutre de su vecino.
>
> La primera es cuando adopta y luego adapta un extranjerismo que ocupa silla vacía en su léxico, como sucede hoy con el verbo *chatear* (no en el sentido vinícola, sino cibernético). Es esta la manera más enriquecedora como las lenguas se fertilizan entre sí. Gracias a ella, el castellano atesora miles de palabras de procedencia árabe, italiana, catalana, francesa e inglesa, muchas de las cuales ha moldeado para acomodarlas a su modo de ser.
>
> La segunda circunstancia se presenta cuando se cuelan, por lo general de buena fe, extranjerismos fútiles que duplican los vocablos castizos ya establecidos y terminan adquiriendo pasaporte legítimo en la lengua receptora. Así ha ocurrido, por ejemplo, con el *óleo* latino y el *aceite* árabe o con los *olivos* y *aceitunos*, que todos son unos.
>
> Existe una tercera penetración cuando la palabra intrusa se impone artificial y rabiosamente, a mansalva y sobre seguro, ya ni siquiera por ignorancia o inadvertencia, sino con un propósito calculado desde una oficina de publicidad o mercadeo (lamento no decir *márketing*, pero aún no tengo amores con el trío *ING)* con el exclusivo fin de crear una atmósfera favorable a una lengua y degradar la otra. Se produce entonces una exclusión o mengua del vocablo castizo en aras de otro al que se pretende dotar de un aura de prestigio. Es lo que está sucediendo, por ejemplo, con los términos *patrocinio* y *patrocinador*, ya casi desplazados por *sponsoring* y *sponsor*. Ya había ocurrido en España con el sabroso vocablo *rompecabezas*, expulsado de la lengua peninsular por el anglicismo *puzzle*, que ni siquiera es un rompecabezas, sino un trabalenguas.
>
> [...]Al mismo tiempo, insisto, me abochornan esos trozos de Colombia, América Latina o España donde las tiendas y restaurantes consideran deshonroso colgar avisos en español y procuran sembrar en la cabeza de sus clientes la idea errada de que revisten mayor calidad, más elegancia y superior belleza las cosas que se nombran en otras lenguas.
>
> Daniel SAMPER PIZANO
> *Contra la guerra de las lenguas*
> http://congresosdelalengua.es

ACTIVIDADES

1. Busca en el diccionario el significado de las palabras que desconozcas. ¿Has tenido que buscar más palabras inglesas que españolas, o al contrario? ¿Por qué crees que ha sido así?
2. Analiza la estructura del texto, divídelo en partes y resume el contenido de cada una de ellas. ¿Hay algún elemento lingüístico que organice las ideas principales?
3. ¿Cuál es la idea principal que quiere transmitir el autor?
4. ¿Qué tipo de léxico emplea? ¿A qué nivel y registro corresponde? ¿Aparece algún término o expresión que no corresponda a ese registro? ¿Por qué crees que los usa el autor?
5. En el texto aparecen varias metáforas: localízalas y señala a qué esfera de la realidad hacen referencia los términos imaginarios.

El diccionario de la RAE define así puzle:

puzle (del ingl. *puzzle*): 1. m. rompecabezas (juego).

rompecabezas: 1. m. Juego que consiste en componer determinada figura combinando cierto número de pedazos de madera o cartón, en cada uno de los cuales hay una parte de la figura.

La comunicación en el ámbito académico

Los textos mediante los cuales nos comunicamos pueden ser clasificados, también, según sus **ámbitos de uso** o esferas de la actividad desarrollada en nuestras relaciones sociales.

Así, existen textos propios del **ámbito familiar,** usados para comunicarse con las personas del entorno familiar, como cartas o llamadas telefónicas; textos del **ámbito laboral** o profesional, empleados en situaciones relacionadas con el mundo del trabajo, que incluirían currículos o entrevistas; y podríamos también mencionar **el ámbito social, el literario,** etc.

Uno de estos ámbitos es el **académico,** que abarca los textos que se emplean en las situaciones de formación: apuntes, exámenes, libros de texto, enciclopedias, conferencias...; y otros más especializados como monografías, discursos académicos, etc.

Los textos del ámbito académico pueden ser orales y escritos, pero ambos están determinados por unos factores ligados a las variedades diafásicas (dependientes de la situación comunicativa) y comparten rasgos del **registro formal** ya estudiados: son textos no espontáneos y planificados, puesto que el tema está determinado de antemano, conocemos a los receptores y cuál es su nivel de conocimiento del tema.

Pero también tienen otros rasgos que los diferencian:

Textos orales del ámbito académico
Emisor y receptor suelen compartir el contexto comunicativo (espacio-tiempo).
Suele producirse interacción con el receptor.
Posibilidad de ligeras modificaciones en función de las reacciones del receptor *(feedback).*
Intervención de los elementos no verbales (gestos, posturas) y paraverbales (entonación, ritmo, velocidad). La exposición puede apoyarse con elementos icónico-verbales (presentaciones, fotografías, vídeos…).
En muchos casos se parte de un texto escrito, que se lee, o de un guion estructurado.
Incorpora deícticos relativos a la situación (de persona y espacio-temporales).
Puede incluir instrumentos propios del registro informal (tono más coloquial y distendido) para dar cabida a una mayor interactividad.

Textos escritos del ámbito académico
Emisor y receptor no comparten el contexto comunicativo.
No hay interacción con el receptor.
Imposibilidad de modificar el discurso, que tiene carácter duradero.
Uso de recursos tipográficos para suplir los elementos no verbales y paraverbales.
Se da más importancia a la estructura del discurso.
Mayor presencia de elementos deícticos relativos al propio mensaje, no a la situación.
El tono discursivo se mantiene dentro de los límites de la formalidad.

Los tipos de textos orales y escritos del ámbito académico

Géneros discursivos escritos
Comunicación: artículo escrito por un especialista en la materia dirigido a receptores pertenecientes al mismo ámbito académico. **Monografías:** Trabajos especializados más extensos sobre un tema concreto o específico. **Informes** (que analizan un aspecto concreto), **resúmenes** (que sintetizan un tema o materia) y **recensiones** (que reseñan una obra literaria o científica) alternan el carácter relativamente divulgativo con el contenido técnico y registro formal. **Tesis:** trabajo de investigación que realiza un aspirante al título universitario de doctor. Además, podríamos considerar los textos estudiantiles como **exámenes, comentarios de textos** o **exposiciones escritas.**

Géneros discursivos orales
Monológicos: conferencias y charlas, discursos, exámenes y oposiciones, defensa de proyectos. Tanto las **conferencias** como las **charlas** tienen un carácter monográfico especializado; la charla es menos solemne y con menor preocupación formal. Los **discursos** suelen ser una exposición sobre un tema que se lee o pronuncia en público. **Dialógicos:** foros, debates o tertulias y mesas redondas... Sujetos a una serie de normas que regulan la participación del público asistente: la presencia de un moderador, los turnos de palabra o el orden de las intervenciones, etc. Entre los textos monológicos y los dialógicos, podemos incluir otros menos especializados: **las clases** que, dependiendo de su estructura (clase magistral o participativa), presentan uno u otro carácter.

ACTIVIDADES

1. Localiza en el discurso de Daniel Samper Pizano (página 14) las expresiones de carácter humorístico, ¿crees que son adecuadas en este tipo de texto? ¿Por qué?

2. ¿Cómo crees que fue la presentación oral de este texto? ¿El autor lo leyó o solo utilizó un guion?, ¿qué te hace pensar que fue así?

ESCUCHAR

El escritor Gabriel García Márquez, durante el IV Congreso de la Lengua Española, pronunció un discurso en el que agradecía el homenaje que se le hacía, y también reflexionaba sobre cómo escribía y por qué.

ACTIVIDADES

1. Busca en YouTube (https://www.youtube.com/watch?v=VaC9yIgFQ38) el vídeo del discurso y escucha del minuto 2:45 al 5:18, cuando comienza a explicar a qué edad comenzó a escribir. Responde a estas preguntas:
   - **a.** Explica la situación comunicativa del documento que acabas de ver.
   - **b.** ¿Cuál es el tono que adopta el autor? ¿Crees que es «adecuado» a la situación comunicativa?
   - **c.** ¿Cuáles son los rasgos que caracterizan al texto como oral?
   - **d.** ¿Cuál es el significado que García Márquez otorga a *lector inexistente*?
   - **e.** Según García Márquez, ¿cuál es la labor y finalidad del escritor?
   - **f.** Analiza la función del auditorio en el discurso y cómo lo determina.
   - **g.** En este proceso de comunicación observamos dos planos: el del emisor del discurso y su auditorio; y el del escritor y los lectores. Analiza ambos y explica cuál es la diferencia de la situación comunicativa y cómo esta determina rasgos y usos del lenguaje distintos.

Pautas de expresión escrita

Planificación

El primer paso en la elaboración de un texto es la **planificación,** es decir, la valoración previa de qué tema se va a tratar, a quién va dirigido y para qué. Todo esto condiciona cómo escribiremos el texto:

¿A quién escribo?	Según sean los receptores, tendremos que adecuar el registro: a. **Grado de conocimiento del receptor sobre la materia:** a mayor grado de conocimiento, se necesitan menos aclar**aciones, pero más tecnicismos.** b. **La relación** de confianza o distancia **entre emisor y receptor** marca el uso de deícticos sociales, presuposiciones, incisos, anécdotas, etc.
¿Sobre qué escribo?	Evidentemente, no es lo mismo escribir sobre un tema de nuestra elección que sobre uno impuesto, sobre uno que dominamos o sobre uno del que solo tenemos vagas nociones. En todo caso, los primeros pasos a tener en cuenta son los siguientes: • ¿Qué sé sobre el tema? • ¿Qué puntos o apartados voy a tratar? • ¿Qué necesito conocer? • ¿Qué fuentes de información puedo consultar?
¿Para qué escribo?	¿Cuál es la finalidad del texto que voy a escribir? **Informar** sobre un hecho (sobre una reunión de clase o de un grupo de trabajo), **explicarlo** (cómo utilizar un programa), **defender una idea,** convencer, **demostrar** conocimientos (un examen, un trabajo)... Según sea nuestra finalidad, optaremos por un formato, por un tipo de estructura, por un molde textual: nota informativa, ensayo, instrucciones, etc.

Pautas de expresión y comprensión oral

¿Cómo se escucha?

Escuchar un texto **no es un acto pasivo,** porque presenta siempre una finalidad: informativa, valorativa, estética, etc.

En las manifestaciones discursivas orales planificadas que hemos visto debemos tener en cuenta el **registro formal** que las caracteriza. Además, en el ámbito académico, sobre todo, debemos tener en cuenta los siguientes aspectos:

1. **La escucha activa:** prestar atención al mensaje de nuestro emisor e intentar captar toda la esencia del mismo. La escucha activa se manifiesta con una postura adecuada, con la mirada atenta y en ocasiones con reacciones, como pequeños gestos o palabras *(feedback).* Debemos escuchar tratando de descubrir cuál es el propósito del orador y cuál es la idea principal que nos quiere comunicar.
2. **Tomar notas.** En las situaciones formales en las que tenemos que resumir un texto o emplear la información para una tarea posterior conviene apuntar las ideas clave del mensaje, de tal manera que no perdamos el hilo del discurso. Se pueden jerarquizar las ideas por su importancia o según la propia clasificación hecha por el emisor.
3. **Intervención del receptor.** Debemos hablar cuando el emisor haya terminado, no se debe interrumpir antes. En un **turno de preguntas-respuestas** son claves: **a) usar el registro adecuado; b)** comenzar y finalizar con un **saludo y agradecimiento,** en ocasiones será necesario **identificarnos** con nuestro nombre, procedencia, etc.; **c)** utilizar los **tratamientos de cortesía.**
4. Nuestra intervención ha de ser expuesta con total **claridad** y en **tono alto,** para evitar confusiones, ambigüedades e interferencias.

ACTIVIDAD

1. Escoge un tema de actualidad que te resulte interesante y sobre el que haya diversidad de opiniones. Recopila información y después expón tu postura redactando un breve ensayo en el que argumentes y defiendas tus ideas; los destinatarios o receptores serán tus compañeros de clase.

ACTIVIDAD

1. Elegid uno de los ensayos que habéis redactado y poned en práctica las pautas que se os explican arriba. El alumno del ensayo elegido habrá de exponerlo ante sus compañeros con claridad y después podéis abrir un turno de preguntas; recordad respetar los turnos de palabra y tomar notas sobre las intervenciones de vuestros compañeros.

LA LENGUA MATERNA NO SE OLVIDA NUNCA

Se queda grabada en el hemisferio izquierdo del cerebro

Hay cosas que no se olvidan nunca. Y la lengua materna parecer ser una de ellas. Así lo demuestra una investigación realizada por Sinc Lara Pierce, investigadora del departamento de Psicología de la Universidad McGill (Canadá) [...].

Para llegar a esta conclusión la investigadora realizó un experimento en el que escaneó la actividad cerebral de tres grupos de niños: el primero formado por pequeños nacidos en China pero adoptados por familias francesas, y que llevaban años sin escuchar su lengua materna; el segundo, por críos que hablaban tanto chino como francés, y el tercero por niños que solo conocían el francés. Y el resultado fue que al escuchar hablar en chino, los niños del primer y segundo grupo mostraban una intensa actividad en el hemisferio izquierdo del cerebro, vinculado a la capacidad para descifrar una lengua. En cambio, los del tercer grupo solo la mostraban en el derecho, relacionado con la capacidad para interpretar los sonidos.

Las conclusiones que se extraen de este estudio son dos. La primera, que los niños del tercer grupo, que no sabían hablar chino, no identificaban las palabras en este idioma como un lenguaje. Y la segunda, que los chavales del primer grupo, a pesar de llevar años sin escuchar su lengua materna, su cerebro conservaba la capacidad de identificarla. «Esto significa que las representaciones neuronales de los sonidos de un lenguaje persisten en el cerebro a lo largo del tiempo, incluso si el lenguaje no se ha escuchado o usado durante años», explicó la autora del estudio.

Quo, 20 de noviembre de 2014

ACTIVIDADES

Leer

1. Resume brevemente el contenido del texto.

2. ¿Esta exposición escrita es divulgativa o especializada? ¿En qué consideraciones te has basado para responder?

3. Explica algunos elementos del registro formal que observes en el texto.

4. Señala y analiza los elementos de la comunicación presentes en este artículo.

Escribir

5. Te han encargado que escribas dos textos explicando qué es el Bachillerato y en qué se diferencia de los demás niveles educativos. Pero debes plantearte el texto de dos formas diferentes:
   - El primer texto va incluido en un dossier informativo que el centro quiere repartir entre los alumnos de 4.° de la ESO para que vayan planificando su futuro académico.
   - El segundo se va a publicar en el periódico de la comarca como un artículo informativo para la población en general.
   - En este momento no debes escribir los textos, sino un guion-esquema para cada uno, planteándote los tres interrogantes: ¿qué escribo?, ¿a quién escribo?, ¿para qué escribo?

Escuchar

6. El 16 de octubre de 2014 tuvo lugar la conferencia de prensa de presentación de la 23.ª edición del *Diccionario de la lengua española.* El periódico de tu centro te envió a cubrir la noticia. Vas a ver la intervención de Pedro Álvarez de Miranda (https://www.youtube.com/watch?v=6SnAlGjLjN8), los minutos 9 al 15:45. Para redactar el borrador de la noticia, deberás:
   a. Tomar nota de lo dicho en esta intervención de Álvarez de Miranda.
   b. Elaborar un resumen de su contenido.

Hablar

7. Imaginemos la siguiente situación o juego de rol: un miembro de la clase (o el profesor) hará el papel del ponente de la conferencia anterior. Cada alumno o asistente a la conferencia deberá plantear tres preguntas al ponente sobre lo expuesto en la conferencia.

Problemas en el trasero

Uno de los especialistas con mejor conocimiento de todo lo concerniente a la fórmula 1 explicaba el domingo 27 de abril en la radio que Kimi Raikkonen había tenido problemas en el trasero.

A usted le habrá parecido al leer esa frase (como a mí al escucharla) que el piloto finlandés estuvo incómodo en su monoplaza tal vez por alguna deficiencia en el asiento. Lo habrá imaginado cambiando de postura tres o cuatro veces por vuelta, seguramente porque sentía alguna rozadura; angustiado por no poder bajarse del bólido para recomponer su pantalón o buscar una tuerca perdida que se había instalado en el lugar menos conveniente.

Nada de eso. El lenguaje de los especialistas tiene estos problemas; algunas expresiones las entienden de maravilla entre ellos y sin embargo nos suenan excéntricas a los demás.

El cerebro lingüístico se maneja asombrosamente bien con las polisemias. Muchas palabras tienen significados distantes y hasta opuestos según el contexto en que se utilicen. (No hace falta repetir aquí los insultos que, en determinado ambiente, se convierten en elogios). [...]

Ahora bien, quien ha seguido las transmisiones de circuito en circuito habrá escuchado más de una vez expresiones como *tren delantero* y *tren trasero*. Ese adjetivo se irá desprendiendo para los especialistas (por el uso o por la proximidad) de los sustantivos a los que acompaña. Así sucede a menudo en el idioma: *el teléfono móvil* se convierte en *el móvil* [...]; *el ordenador portátil* se mencionará como *el portátil* [...]. Y *el tren trasero*, a causa de la reiteración, parece denominarse ya para los familiares del asunto *el trasero*: es decir, las ruedas de atrás. [...]

La comunicación entre personas se basa en que conecten sus respectivos contextos; y por ello conviene imaginar siempre el contexto del otro. Si el emisor piensa en las ruedas, y el receptor en el roce del asiento, el periodismo se sale del trazado.

Álex Grijelmo
El País, 11 de mayo de 2014

ACTIVIDADES

1. Busca en el diccionario el significado de las palabras que desconozcas.
2. Haz un resumen del texto.
3. ¿A qué concepto de los estudiados se está refiriendo Álex Grijelmo? ¿En qué variedad de la lengua lo estudiamos? Extrae del texto las palabras que lo muestran.
4. Añade tú otros ejemplos que se te ocurran y que sirvan para ilustrar lo que dice el texto.
5. Partiendo de la forma de expresión, analiza las variantes diastrática y diafásica.
6. Explica el significado del último párrafo. Explica qué variedad del lenguaje utiliza el autor a lo largo del texto.

DIARIO DE APRENDIZAJE

¿Qué contenido me gustaría ampliar o estudiar con más profundidad?

02 EL TEXTO Y SUS PROPIEDADES

TEXTO: MÁXIMA UNIDAD DE COMUNICACIÓN

FACTORES DE LA COMUNICACIÓN

EMISOR, RECEPTOR, MENSAJE, CÓDIGO, CANAL, SITUACIÓN

Elementos que determinan la situación comunicativa

- Características del emisor y del receptor
- Lateralidad del mensaje
- Otros elementos: el entorno; el canal; el código; el tema, el tono, la intención, la finalidad y la modalidad discursiva del mensaje

FUNCIONES DEL LENGUAJE

Representativa o referencial

Transmite una información objetiva

Expresiva o emotiva

Expresa sus emociones y pensamientos

Apelativa o conativa

Influye en el receptor

Poética o estética

Llama la atención sobre la forma del mensaje

Metalingüística

Habla del propio código

Fática o de contacto

Comprueba que el canal está abierto

PROPIEDADES DEL TEXTO

Adecuación

Adaptación a la situación comunicativa y a la intención del emisor

- Conocimientos del receptor (tema y comprensión del mensaje)
- Registro del lenguaje
- Particularidades del canal

Coherencia

Relaciones de significado que se establecen entre los enunciados del texto (contexto lingüístico)

- Unidad temática (coherencia global) y buena estructuración de la información
- Texto predeterminado, no improvisado
- Enunciado con sentido dentro de un contexto (coherencia local)

Cohesión

Conexión entre los elementos de un texto

- Procedimientos léxico-semánticos
- Recursos gramaticales
- Marcadores y conectores discursivos

OBJETIVIDAD

Relacionada con la realidad exterior

MARCAS DE OBJETIVIDAD

Modalización

- Función representativa
- Modalidad enunciativa
- Modo indicativo

Léxico

- Lenguaje denotativo
- Adjetivación especificativa
- Verbos de necesidad objetiva

Deixis e impersonalidad

- Deixis personal, social, espacial y temporal, que marcan distancia o aportan datos objetivos
- Impersonalidad: estructuras sintácticas impersonales, pasivas, pasivas reflejas

SUBJETIVIDAD

Relacionada con el yo

MARCAS DE SUBJETIVIDAD

Modalización

- Función expresiva
- Modalidad exclamativa, dubitativa y desiderativa
- Modo subjuntivo
- Condicional

Léxico

- Lenguaje connotativo
- Adjetivación valorativa
- Sufijos valorativos
- Adverbios de modo
- Figuras retóricas

Deixis e impersonalidad

- Deixis personal, social, espacial y temporal, que muestran cercanía y aportan subjetividad
- Aparente objetividad, a través de una impersonalidad intencionada

ACTIVIDADES

El texto como unidad de comunicación

1. Justifica si los siguientes mensajes son o no textos. Corrige los errores ortográficos que encuentres.

   a. Cuando venga de paseo.

   b.

   c. «...Y vivieron felices y comieron perdices».

2. Indica los factores de la comunicación de los siguientes mensajes.

   a. La sirena de una ambulancia suena.

   b. El visionado de una película.

3. Diseña un cartel para una campaña publicitaria en la que emplees tres funciones del lenguaje distintas y explícalas.

4. Compara estos dos textos y contesta a las preguntas.

Receta del marmitako

Pique la cebolla, los tomates, los pimientos verdes y los ajos y póngalos a rehogar en una cazuela con un poco de aceite. Cuando estén bien pochados, agregue las patatas peladas y troceadas y rehóguelas durante unos minutos. Añada la carne de los pimientos choriceros y las guindillas. Vierta el caldo de pescado desespumado y colado. Deje en el fuego hasta que las patatas estén cocidas. Tardarán unos 15-20 minutos. Después, añada el bonito limpio y cortado en tacos. Deje cocer otros 3 minutos, ponga a punto de sal, espolvoree con perejil picado y deje reposar fuera del fuego 10 minutos antes de servir.

Instrucciones para llorar

Dejando de lado los motivos, atengámonos a la manera correcta de llorar, entendiendo por esto un llanto que no ingrese en el escándalo, ni que insulte a la sonrisa con su paralela y torpe semejanza. El llanto medio u ordinario consiste en una contracción general del rostro y un sonido espasmódico acompañado de lágrimas y mocos, estos últimos al final, pues el llanto se acaba en el momento en que uno se suena enérgicamente. Para llorar, dirija la imaginación hacia usted mismo, y si esto le resulta imposible por haber contraído el hábito de creer en el mundo exterior, piense en un pato cubierto de hormigas o en esos golfos del estrecho de Magallanes en los que no entra nadie, nunca. Llegado el llanto, se tapará con decoro el rostro usando ambas manos con la palma hacia adentro.

Julio CORTÁZAR
Historias de cronopios y famas. Alfaguara

   a. Explica cuál es la intención comunicativa de los dos textos y la función del lenguaje predominante en cada uno de ellos.

   b. Razona si es adecuado el registro al ámbito de uso y al modo de transmisión, partiendo del canal y del medio en que estos textos aparecen.

ACTIVIDADES

Propiedades del texto

5 A partir de todo lo estudiado, establece tus conclusiones en torno a cuándo un texto es incoherente.

6 Lee el siguiente texto contesta a las preguntas:

> **Por escrito gallina una**
>
> Con lo que pasa es nosotras exaltante. Rápidamente del posesionadas mundo estamos hurra. Era un inofensivo aparentemente cohete lanzado Cañaveral americanos Cabo por los desde. Razones se desconocidas por órbita de la desvió y probablemente algo al rozar invisible la tierra devolvió a. Cresta nos cayó en la paf, y mutación golpe entramos de. Rápidamente la multiplicar aprendiendo de tabla estamos, dotadas muy literatura para la somos de historia, química menos un poco, desastre ahora hasta deportes, no importa pero: de será gallinas cosmos el, carajo qué.
>
> Julio CORTÁZAR
> *La vuelta al día en ochenta mundos*
> http://revistamicrorrelatos.blogspot.com.es

a. Justifica si este texto es coherente o incoherente y argumenta tu respuesta con ejemplos.

b. Ordénalo.

c. Inventa una historia semejante.

d. ¿Por qué crees que el autor transgrede las normas lingüísticas y textuales?

7 Utiliza la palabra adecuada en cada oración y justifica tu elección:

a. Es usted un ..... (tío, hombre, caballero, viejo) que se merece toda mi admiración.

b. Mamá, ¡¡¡La comida está ..... (guay, deliciosa, exquisita)!!!

c. Eres más bonita que una ..... (zanahoria, rosa, hormiga).

Elementos de cohesión textual

8 Realiza un análisis de la anáfora y la catáfora a partir de este poema de Antonio Machado. Indica también los casos de elipsis.

> **A un olmo seco**
>
> Al olmo viejo, hendido por el rayo
> y en su mitad podrido,
> con las lluvias de abril y el sol de mayo
> algunas hojas verdes le han salido.
> ¡El olmo centenario en la colina
> que lame el Duero! Un musgo amarillento
> le mancha la corteza blanquecina
> al tronco carcomido y polvoriento.
> No será, cual los álamos cantores
> que guardan el camino y la ribera,
> habitado de pardos ruiseñores.
> Ejército de hormigas en hilera
> va trepando por él, y en sus entrañas
> urden sus telas grises las arañas.
> Antes que te derribe, olmo del Duero,
> con su hacha el leñador, y el carpintero
> te convierta en melena de campana,
> lanza de carro o yugo de carreta;
> antes que rojo en el hogar, mañana,
> ardas en alguna mísera caseta,
> al borde de un camino;
> antes que te descuaje un torbellino
> y tronche el soplo de las sierras blancas;
> antes que el río hasta la mar te empuje
> por valles y barrancas,
> olmo, quiero anotar en mi cartera
> la gracia de tu rama verdecida.
> Mi corazón espera
> también, hacia la luz y hacia la vida,
> otro milagro de la primavera.

9 Escribe un texto sobre el derecho a la intimidad de los famosos. En el texto (de unas 15 líneas) deben aparecer los siguientes marcadores: *en primer lugar, para concluir, no obstante, además, así pues.*

Haz un esquema previo sobre el modo en que vas a organizar la información, procurando que los conectores estén dispuestos de forma coherente.

ACTIVIDADES

10 Analiza los marcadores y conectores del siguiente texto y clasifícalos.

> En primer lugar, se puede afirmar que las causas de la violencia juvenil son múltiples, variadas y también controvertidas. Sin embargo, casi todos los estudios coinciden en que las imágenes violentas y, concretamente, las emitidas por la televisión contribuyen a agudizar este problema cuando no (y en buena medida) a generarlo.
>
> Como es sabido, la imagen estimula, fundamentalmente, los mecanismos afectivos y emotivos de la personalidad. Su eficacia se basa en la sensación, no en la lógica. La ficción audiovisual no propicia el distanciamiento crítico, sino la identificación. En consecuencia, el espectador asimila y acepta cosas que, formuladas explícitamente, le parecerían inadmisibles. Así, una película logra conmovernos con cualquier trivialidad y, al mismo tiempo, consigue que nos sea indiferente la muerte de un sinfín de personas.
>
> Pilar AGUILAR
> *Audiovisuales y violencia, El País*

11 Analiza la deixis y la repetición como elementos de cohesión textual en el siguiente fragmento de Clara Campoamor.

> Señores diputados: lejos yo de censurar ni de atacar las manifestaciones de mi colega, señorita Kent, comprendo, por el contrario, la tortura de su espíritu al haberse visto hoy en trance de negar la capacidad inicial de la mujer [...].
>
> No se trata aquí esta cuestión desde el punto de vista del principio, que harto claro está, y en vuestras conciencias repercute, que es un problema de ética, de pura ética reconocer a la mujer, ser humano, todos sus derechos, porque ya desde Fitche, en 1796, se ha aceptado, en principio también, el postulado de que solo aquel que no considere a la mujer un ser humano es capaz de afirmar que todos los derechos del hombre y del ciudadano no deben ser los mismos para la mujer que para el hombre [...].
>
> Yo, señores diputados, me siento ciudadano antes que mujer, y considero que sería un profundo error político dejar a la mujer al margen de ese derecho, a la mujer que espera y confía en vosotros; a la mujer que, como ocurrió con otras fuerzas nuevas en la revolución francesa, será indiscutiblemente una nueva fuerza que se incorpora al derecho y no hay sino que empujarla a que siga su camino.
>
> *Discurso de Clara Campoamor ante las Cortes,*
> 1 de septiembre de 1931
> http://noalmaltrato.com

12 Analiza los mecanismos de sustitución que cohesionan en el siguiente texto:

> La fotografía, de 1985, está tomada el Día de los Difuntos en el cementerio de una localidad de El Salvador. Si el chaval tenía ahí 10 años, tendrá ahora 40. De estar vivo, y queremos suponer que sí, se habrá bajado ya de la cruz para ocupar el lugar de sus padres, en el segundo plano, afanados en limpiar una tumba, quizá la misma que les espera. Ahí estará el hombre, con su esposa, arrancando las hierbas oportunistas, que han prosperado alrededor de la lápida, mientras su hijo, a unos metros, juega a ser alto, a reinar, con su decidida verticalidad, sobre un mundo fundamentalmente horizontal. Ahí lo tienen, las manos en los bolsillos, no porque no sepa dónde meterlas, sino porque le sobran. Con ese cuerpo, él va a todas partes.
>
> Juan José MILLÁS
> *La muerte no existe,*
> *El País,* 8 de febrero de 2015

ACTIVIDADES

Objetividad y subjetividad

13 Analiza las marcas de objetividad y subjetividad en cada una de estas dos descripciones y justifica cuál es objetiva y cuál subjetiva.

> **La granada**
>
> ¡Qué hermosa esta granada, Platero! Me la ha mandado Aguedilla, escogida de lo mejor de su arroyo de las Monjas. Ninguna fruta me hace pensar, como esta, en la frescura del agua que la nutre. Estalla de salud fresca y fuerte. ¿Vamos a comérnosla? ¡Platero, qué grato gusto amargo y seco el de la difícil piel, dura y agarrada como una raíz a la tierra! Ahora, el primer dulzor, aurora hecha breve rubí, de los granos que se vienen pegados a la piel. Ahora, Platero, el núcleo apretado, sano, completo, con sus velos finos, el exquisito tesoro de amatistas comestibles, jugosas y fuertes, como el corazón de no sé qué reina joven. ¡Qué llena está, Platero! ¡Ten, come! ¡Qué rica! ¡Con qué fruición se pierden los dientes en la abundante sazón alegre y roja! Espera, que no puedo hablar. Da al gusto una sensación como la del ojo perdido en el laberinto de colores inquietos de un calidoscopio. ¡Se acabó!
>
> Juan Ramón JIMÉNEZ
> *Platero y yo*
> www.cervantesvirtual.com

> **granada**
>
> (Del lat. *[malum] granātum*).
>
> 1. f. Fruto del granado, de forma globosa, con diámetro de unos diez centímetros, y coronado por un tubo corto y con dientecitos, resto de los sépalos del cáliz; corteza de color amarillento rojizo, delgada y correosa, que cubre multitud de granos encarnados, jugosos, dulces unas veces, agridulces otras, separados en varios grupos por tabiques membranosos, y cada uno con una pepita blanquecina algo amarga. Es comestible apreciado, refrescante, y se emplea en medicina contra las enfermedades de la garganta.
>
> *Diccionario de la lengua española*
> RAE

ORTOGRAFÍA, NORMA Y USO

1 Sustituye las palabras baúl por otras más apropiadas que aporten una mayor precisión semántica.

- **a.** Cervantes hizo una obra maestra con el *Quijote*.
- **b.** Cuando era más joven hacía 2 000 metros en la piscina todos los días.
- **c.** El tema del paro preocupa a toda la sociedad.
- **d.** Es una cosa para pensársela: ¿vacaciones en la playa o en la montaña?
- **e.** Ha tenido un gran éxito gracias a su constancia.
- **f.** He puesto los libros en su sitio.
- **g.** La cosa que más me molesta de mi hermano es su manía de morderse las uñas.
- **h.** Mi hermana tiene dos casas en la playa.
- **i.** Mi madre hace vestidos y chaquetas para una tienda de ropa.
- **j.** No sé nada sobre el tema de los libros perdidos.
- **k.** Poned la ropa en la lavadora.

2 Reescribe las oraciones siguientes eliminando los pleonasmos.

- **a.** Al tronco de madera le han salido unos brotes verdes.
- **b.** Ana subió la cuesta arriba con gran esfuerzo.
- **c.** Andrés es el más mejor en natación.
- **d.** Canto canciones que nadie escucha.
- **e.** Con sus ojos lloraba desconsoladamente.
- **f.** La fotografía implica una copia exacta de la realidad.
- **g.** Métete dentro de casa.
- **h.** Mi prima ha tenido un par de gemelos.
- **i.** Tuvo un accidente fortuito al caerse por el barranco.
- **j.** Venid aquí enseguida.

3 Con ayuda del diccionario, corrige las imprecisiones léxicas que aparecen subrayadas y explica en qué consiste el error.

- **a.** A mi hermano siempre lo tachan de buena persona.
- **b.** El libro que estoy leyendo ha sido tildado de original por la crítica.
- **c.** La venta de las acciones acarreará grandes ganancias.
- **d.** El jefe valoró negativamente nuestra propuesta.
- **e.** Mi primo adolece de simpatía: no consigue hacer amigos.
- **f.** El juez detenta el poder de condenar o liberar a los reos.
- **g.** Por fin puedo leer *Los juegos del hambre* y *El corredor del laberinto:* mis tíos me regalaron sendos libros para mi cumpleaños.
- **h.** Habla más despacio, que el niño duerme.

LEER Y ESCRIBIR

En el siguiente fragmento, la OMS recomienda el ejercicio físico para los niños y jóvenes adolescentes. El contenido del texto es muy interesante, pero atenderemos también a la intención o finalidad con la que se ha elaborado.

Niveles recomendados de actividad física para la salud de 5 a 17 años

Para los niños y jóvenes de este grupo de edades, la actividad física consiste en juegos, deportes, desplazamientos, actividades recreativas, educación física o ejercicios programados, en el contexto de la familia, la escuela o las actividades comunitarias. Con el fin de mejorar las funciones cardiorrespiratorias y musculares y la salud ósea y de reducir el riesgo de ENT[1], se recomienda que:

- Los niños y jóvenes de 5 a 17 años inviertan como mínimo 60 minutos diarios en actividades físicas de intensidad moderada a vigorosa.
- La actividad física por un tiempo superior a 60 minutos diarios reportará un beneficio aún mayor para la salud.
- La actividad física diaria debería ser, en su mayor parte, aeróbica. Convendría incorporar, como mínimo tres veces por semana, actividades vigorosas que refuercen, en particular, los músculos y huesos.

[...] La realización de una actividad física adecuada ayuda a los jóvenes a:

- Desarrollar un aparato locomotor (huesos, músculos y articulaciones) sano.
- Desarrollar un sistema cardiovascular (corazón y pulmones) sano.
- Aprender a controlar el sistema neuromuscular (coordinación y control de los movimientos).
- Mantener un peso corporal saludable.

La actividad física se ha asociado también a efectos psicológicos beneficiosos en los jóvenes, gracias a un mejor control de la ansiedad y la depresión.

Asimismo, la actividad física puede contribuir al desarrollo social de los jóvenes, dándoles la oportunidad de expresarse y fomentando la autoconfianza, la interacción social y la integración. También se ha sugerido que los jóvenes activos pueden adoptar con más facilidad otros comportamientos saludables, como evitar el consumo de tabaco, alcohol y drogas, y tienen mejor rendimiento escolar.

OMS
La actividad física en los jóvenes
www.who.int/en/

[1] **ENT**: enfermedades no trasmisibles: cardiovasculares, cáncer, enfermedades respiratorias, diabetes...

ACTIVIDADES

1. ¿Cuál es el tema del texto?
2. Analiza la estructura del texto, divídelo en partes y pon un título a cada una de ellas.
3. El texto tiene un carácter divulgativo. Busca ejemplos de los mecanismos lingüísticos que contribuyen a ello. ¿Encuentras alguna dificultad para un receptor no especializado en el tema?
4. ¿Qué relación existe entre la finalidad del texto y el uso de las estructuras enumerativas?
5. Según su tipología y la intención comunicativa, ¿crees que en el texto predomina la subjetividad o la objetividad? Justifica tu elección con ejemplos.
6. ¿De qué naturaleza son los beneficios que aporta la actividad física a los jóvenes? Elabora un esquema en el que se aprecien de forma gráfica.
7. Explica qué quiere decir que «la actividad física puede contribuir al desarrollo social de los jóvenes, dándoles la oportunidad de expresarse y fomentando la autoconfianza, la interacción social y la integración».
8. Si, como afirma la OMS, los jóvenes activos tienen mejor rendimiento escolar, ¿por qué crees que muchos abandonan sus actividades deportivas al llegar a bachillerato?
9. Escribe una reflexión crítica sobre la relación entre la actividad física y otros comportamientos asociados a la salud.

Estructuración del contenido de los textos expositivos

Un texto expositivo (ya sea oral o escrito) se construye y organiza para responder las preguntas que plantea un asunto o cuestión compleja, siendo su finalidad, generalmente, la de dar una **explicación que permita ampliar el conocimiento.** Son propios, entre otros, del ámbito académico, como los textos científicos y didácticos: libros y revistas especializados, artículos monográficos, ponencias y comunicaciones, documentales, libros de texto, publicaciones divulgativas...

Estas son las fases para su elaboración: plantear los interrogantes que suscita la cuestión; buscar información (respuestas): explicaciones, aportaciones, datos sobre los interrogantes, etc., y explicar el tema de partida.

Estos textos presentan un cierto grado de **abstracción**, por lo que su **comprensión** es más compleja que la de otros tipos de textos, como los narrativos. Cuando el texto tiene **carácter divulgativo** (orientado a un destinatario poco experto), se suele recurrir a mensajes que informan sobre los propios términos que aparecen en el texto, es decir, enunciados de **función metalingüística: definiciones**, reformulaciones aclaratorias o **paráfrasis, notas a pie de página, sinónimos**, etc.

> La ley del mínimo esfuerzo —que está muy presente en los problemas de visión— va a llevar a que el ojo que ve menos no intente compensar y, en consecuencia, este ojo se hará perezoso y vago. En otras palabras, que no va a desarrollarse bien. Poco a poco, va dejando de trabajar, de estimularse, y acabará perdiendo capacidad de visión. Es la ambliopía funcional.
>
> Ramón SÁNCHEZ OCAÑA. *El libro de los ojos*. Alba Editorial

Los textos expositivos suelen adoptar la estructura de introducción-desarrollo-conclusión, bien de forma inductiva, bien de forma deductiva. Sin embargo, las posibilidades de **organización estructural** de la información son muy variadas:

- Uso de secuencias textuales diversas, como **descripciones**, o presentación de los contenidos con un **desarrollo cronológico** semejante a lo **narrativo.**
- Empleo de la **clasificación** y la **tipología** para agrupar e identificar en tipos los elementos abordados.

> Hay dos grandes grupos de cataratas: las congénitas y las adquiridas. De estas últimas, las más comunes son las seniles. No se sabe exactamente cuál es la causa, pero muchos especialistas sostienen que si viviéramos lo suficiente todos tendríamos alguna vez cataratas.

- Para determinados contenidos, puede convenir la presentación de un **problema**, a la que seguirá igualmente la indicación de su **solución:**

> En el siglo pasado ya se operaban las cataratas. Como la opacidad procede del cristalino, la catarata se disolvía tumbando este con una aguja. En aquel momento no había repuesto para la lente, así que cuando el paciente volvía a ver, lo hacía muy mal. No olvidemos que el cristalino es una lente de 11-12 dioptrías. Veía mal, pero veía. Hoy se retira la lente mediante aplicación de frío o con otro tipo de cirugía; luego deben utilizarse lentes correctoras.

problema

solución

- **Ejemplificaciones** que aclaran o ilustran lo expuesto para facilitar la comprensión:

> A la glándula lagrimal llegan las fibras simpáticas y parasimpáticas. Las parasimpáticas, en mayor cantidad. Pues bien, cuando estas terminaciones nerviosas se estimulan, liberan un mediador, una especie de mensajero que cumple tres objetivos:
>
> - Dilata el árbol vascular; como si abriera un camino más amplio.
> - Contrae las células que hay alrededor para dejar más paso.
> - Estimula la secreción.
>
> Es decir, es como si el mensajero despejara el camino, quitara lo que estorba y después apretara una bolsita de agua para que saliera la lágrima.

- La **comparación** o **contraste** es útil cuando se deben explicar distintos elementos, señalando las semejanzas y las diferencias que los caracterizan:

> La ventaja que ofrecen las progresivas es que tienen un campo continuo de visión, cosa que no ocurre con las monofocales (que sirven para ver solo de cerca o solo de lejos) o las bifocales, que crean una ruptura entre la visión de cerca y la de lejos.

- Una relación muy habitual que se establece entre los contenidos del texto es la de **causa-consecuencia**, que se suele emplear para explicar fenómenos, hechos, acontecimientos o procesos:

> La retinopatía diabética es una enfermedad de la retina. Los pequeños vasos que cierran esa membrana se rompen [causa]. Y entonces [consecuencia] la retina–no olvidemos que es la pared interna del ojo, como una prolongación del cerebro-no capta bien la imagen. Los vasos se rompen [causa] y las partículas de grasa y plasma de la sangre pueden distorsionar la visión [consecuencia].

ACTIVIDADES

1. Vuelve a leer el texto de la OMS y señala las diferentes organizaciones estructurales de la información que aparecen en él.
2. ¿Encuentras algún enunciado de carácter metalingüístico que explique los contenidos o términos usados? Señálalo y di de qué tipo es.
3. ¿Crees que todos los textos citados en esta página y en la anterior pueden pertenecer a la misma obra? Justifica tu respuesta.

ESCUCHAR

Las exposiciones, orales o escritas, estructuran el contenido como ya hemos visto, independientemente del público al que se dirijan.

ACTIVIDADES

1. Escucha los minutos 0:50 a 4:30 de la conferencia de Punset *¿Qué nos predispone?*, que dio en Puebla, México.
   https://www.youtube.com/watch?v=Mr65gpW0hnw
   a. Señala el tema del texto y resume las ideas principales.
   b. Identifica algunas estructuras de la información y explícalas.
   c. Señala las diferencias en el uso del lenguaje que aprecies entre esta exposición oral y la exposición escrita que has leído antes. Indica los recursos propios de la oralidad en este fragmento.
   d. ¿El ponente ha leído la conferencia o la ha pronunciado sin leer? Justifica tu respuesta.

Pautas de expresión escrita

Elegir un tema: ¿qué sabes sobre él?

Para trabajar un tema en un trabajo escrito (ya sea de propia elección, ya sea una propuesta del profesor), conviene seguir unas pautas previas en función siempre de su carácter especializado o divulgativo y del tipo de destinatario al que va dirigido (como vimos en la unidad 1).

1. ¿Qué sé acerca del tema?	Se debe partir de lo ya conocido para detectar qué queremos o necesitamos saber sobre el tema y así ampliar la información en la fase de búsqueda. Existen diferentes técnicas: • **Lluvia de ideas:** asociaremos las ideas que se nos ocurran en apartados. • **Esquema** o **mapa conceptual:** las ideas se organizarán de forma jerarquizada. • Escribir **libremente** lo que sepamos. En esta fase podemos hacer un guion inicial que marque los apartados que tendrá nuestro texto.
2. Búsqueda de información y recogida de datos	El siguiente paso es buscar información: en la biblioteca, Internet, hablando con los profesores, con los compañeros de clase e identificando a las autoridades sobre el tema. Es importante seleccionar y utilizar fuentes de información variadas.
3. Estructuración de la información	Tras la búsqueda de información, reharemos el guion inicial, seleccionando las ideas principales y organizándolas. Podremos pensar qué tipo de texto elegiremos y qué estructura tendrá (si es un texto expositivo: enumeración de elementos, orden cronológico...).

ACTIVIDAD

1. En grupos de cuatro o cinco personas, haced un primer guion de lo que sabéis sobre el Romanticismo.

   Unos grupos emplearán la técnica de la lluvia de ideas y otros el esquema o mapa conceptual. Luego elaborad un primer esbozo del guión y ponedlos en común.

   ¿Hay diferencias según la técnica utilizada?

Pautas de expresión-comprensión oral

La situación comunicativa: tema del ámbito discursivo y tipo de destinatario

Como hemos visto, la situación comunicativa está determinada por una serie de factores como son el tema y el tipo de destinatario.

El **tema** determinará, en primer término, un léxico específico más o menos divulgativo en función del ámbito discursivo y del tipo de destinatario. Con respecto al primero, hay que partir de la base de la existencia de ámbitos más accesibles y comprensibles que otros *per se*. Evidentemente hay aspectos de la tecnología, la medicina, la aeronáutica... que son más complejos que la religión, la historia...; requieren unos tecnicismos más concretos y menos usuales, probablemente, pues pertenecen a una jerga profesional.

Del **destinatario** dependerá el registro empleado, el tema (divulgativo o específico) y la relación con el emisor. Aquí podemos tratar **del lenguaje proxémico**, que, referido al lenguaje no verbal, analiza la **distancia** que adoptan entre sí los interlocutores en el proceso de comunicación (cercana, media, o lejana), lo cual informa asimismo de aspectos culturales. Partiendo de nuestro ámbito académico, la distancia del destinatario será:

- Social: de 120 a 360 centímetros, con personas desconocidas;
- Pública: más de 360 centímetros, para referirse en voz alta a un grupo de personas.

Además de la distancia física, el vocabulario y el léxico serán adecuados al tipo de destinatario; nos podemos plantear preguntas como las siguientes:

- ¿Qué conocimientos comparto con el receptor?
- ¿Qué edad tiene?
- ¿Cultura o procedencia, idioma?
- ¿Clase social y nivel cultural?

ACTIVIDAD

1. Reflexionad sobre el lenguaje proxémico. ¿En alguna ocasión en la calle algún extraño se ha dirigido a vosotros y ha empleado una distancia en la que no os sentíais cómodos?

¿Qué es el *Diccionario panhispánico de dudas*?

El español no es idéntico en todos los lugares en que se habla. En cada país, e incluso en cada zona geográfica y culturalmente delimitada dentro de cada país, las preferencias lingüísticas de sus habitantes son distintas, en algún aspecto, de las preferencias de los hablantes de otras zonas y países. Además, las divergencias en el uso no se deben únicamente a razones geográficas. También dependen en gran medida del modo de expresión (oral o escrito), de la situación comunicativa (formal o informal) y del nivel sociocultural de los hablantes.

Por su carácter de lengua supranacional, hablada en más de veinte países, el español constituye, en realidad, un conjunto de normas diversas, que comparten, no obstante, una amplia base común: la que se manifiesta en la expresión culta de nivel formal, extraordinariamente homogénea en todo el ámbito hispánico, con variaciones mínimas entre las diferentes zonas, casi siempre de tipo fónico y léxico. Es por ello la expresión culta formal la que constituye el *español estándar:* la lengua que todos empleamos, o aspiramos a emplear, cuando sentimos la necesidad de expresarnos con corrección; la lengua que se enseña en las escuelas; la que, con mayor o menor acierto, utilizamos al hablar en público o emplean los medios de comunicación; la lengua de los ensayos y de los libros científicos y técnicos. Es, en definitiva, la que configura la norma, el código compartido que hace posible que hispanohablantes de muy distintas procedencias se entiendan sin dificultad y se reconozcan miembros de una misma comunidad lingüística.

A pesar de la imposibilidad de dar cuenta sistemática de todas las variedades que de uno y otro tipo puedan efectivamente darse en las distintas regiones de habla hispana, el *Diccionario panhispánico de dudas* trata de orientar al lector para que pueda discernir, entre usos divergentes, cuáles pertenecen al español estándar (la lengua general culta) y cuáles están *marcados* geográfica o socioculturalmente.

Real Academia Española. www.rae.es

ACTIVIDADES

Leer

1. Señala el tema del texto. ¿Puedes determinar su finalidad? Resume brevemente el contenido.
2. A pesar de tratarse de una declaración de intenciones, este fragmento presenta un carácter expositivo. Divide el texto en partes según su contenido y determina la idea principal de cada una, poniéndole un título.
3. Señala y explica las diferentes organizaciones de la información que presenta.
4. Señala y clasifica los procedimientos que se emplean para facilitar la comprensión del texto.
5. Ante la cuestión de la existencia de «normas diversas» del español como «lengua supranacional», ¿qué actitud o postura se adopta en este texto?

Escribir

6. En la unidad anterior se abordó la diversidad lingüística de España y las variedades funcionales de la lengua. Planifica brevemente una exposición escrita sobre el tema. Para ello debes seguir los siguientes pasos: *a)* Elegir algún aspecto o epígrafe relacionado con el tema (por ejemplo, el habla coloquial en la jerga juvenil); *b)* Enumerar lo que ya sabes del tema y qué informaciones y datos nuevos debes buscar; y *c)* Redactar un esbozo de la estructura inicial del tema.

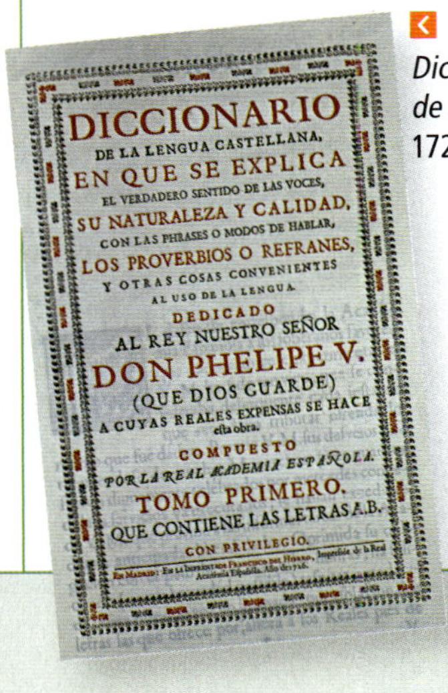
DICCIONARIO
DE LA LENGUA CASTELLANA,
EN QUE SE EXPLICA
EL VERDADERO SENTIDO DE LAS VOCES,
SU NATURALEZA Y CALIDAD,
CON LAS PHRASES O MODOS DE HABLAR,
LOS PROVERBIOS O REFRANES,
Y OTRAS COSAS CONVENIENTES
AL USO DE LA LENGUA.
DEDICADO
AL REY NUESTRO SEÑOR
DON PHELIPE V.
(QUE DIOS GUARDE)
A CUYAS REALES EXPENSAS SE HACE
esta obra.
COMPUESTO
POR LA REAL ACADEMIA ESPAÑOLA.
TOMO PRIMERO.
QUE CONTIENE LAS LETRAS A.B.
CON PRIVILEGIO.

Diccionario de autoridades, 1726.

Escuchar

7. Escucha esta exposición oral hasta el minuto 5:20 sobre el escritor de literatura infantil y juvenil Roald Dahl del programa de radio *Biblioteca básica* (de Radio 5) y contesta a las preguntas:

   http://mvod.lvlt.rtve.es/resources/TE_SBIBLI/mp3/2/3/1410534341032.mp3

   a. Identifica el tema principal.

   b. Establece la organización del texto: estructura, ideas principales y secundarias.

   c. Señala algún ejemplo de los estudiados en la unidad que muestren distintas organizaciones de las ideas (descripciones, clasificaciones...).

Hablar

8. Haz una exposición oral breve sobre una película estrenada recientemente teniendo en cuenta los siguientes puntos para que tu exposición presente orden y claridad: título de la película, director, año... Concluye con un resumen de la misma.

Leer con luz de luna

Hace tiempo que me preguntan por el libro electrónico. Qué opino y cómo veo el futuro, la desaparición del papel, los formatos clásicos y demás. [...] Estoy convencido de que, en un mundo razonable, la oposición entre libro de papel y libro electrónico no debería plantearse nunca. Lo ideal es que el segundo complemente al primero, llevándolo donde aquel no puede llegar. Como herramienta eficaz de trabajo, por ejemplo. [...] Pero no es eso lo que se plantea. Al hablar de libro de papel y libro electrónico, lo usual es oponerlos. Obligarte a elegir, como siempre. [...] Y no es esa la cuestión. Creo. El libro electrónico es práctico y divertido. Hace posible viajar con cientos de libros encima, trabajar consultándolos con facilidad, aumentar el cuerpo de letra o leer sin otra luz que la propia pantalla. Incluso los hay con ruido de pasar páginas cuando se va de una a otra «lo que no deja de ser una simpática gilipollez».

Además, mientras lees puedes zapear a tu correo electrónico, escuchar música, ver imágenes y cosas así. Todo muy salpicadito, multimedia. [Pero] leer no tiene nada que ver con eso. Me refiero a leer de verdad, en comunión estrecha con algo que educa tu espíritu, que te hace mejor y consciente de ti mismo. Que aporta lucidez, multiplica vidas, consuela del dolor, la soledad y el desamparo, aclara la compleja y turbia condición humana. Leer así requiere tiempo, serenidad concentrada, ritual. [...] He dicho que libro de papel y libro electrónico deberían ser complementarios; pero si me obligan a elegir, diré alto y claro que no hay color. Y que, llegado a ese extremo, la pantalla portátil me la refafinfla.

Estoy harto de toparme con pantallas en todas partes, hasta en el bolsillo, y me niego a transformar mi biblioteca en un cibercafé. Con un libro electrónico, [...] no puedo anotar en sus márgenes, subrayar a lápiz, sobarlo con el uso, hacerlo envejecer a mi lado y entre mis manos, al ritmo de mi propia vida. [...] Ninguna pantalla táctil huele como un Tofiño, un Laborde o un Quijote de la Academia, ni tampoco como un Tintín, un Astérix o un Corto Maltés al abrirlos por primera vez. Ninguna conserva la arena de la playa o la mancha de sangre que permiten evocar, años después, un momento de felicidad o un momento de horror que jalonaron tu vida. Y déjenme añadir algo. Si los libros de papel, bolsillo incluido, han de acabar siendo patrimonio exclusivo de una casta lectora mal vista por elitista y bibliófila, reivindico sin complejos el privilegio de pertenecer a ella. [...] Tengo casi treinta mil libros en casa; suficientes para resistir hasta la última bala. Quien crea que esa trinchera extraordinaria, su confortable compañía, la felicidad inmensa de acariciar lomos de piel o cartoné y hojear páginas de papel, pueden sustituirse por un chisme de plástico con un millón de libros electrónicos dentro, no tiene ni puta idea. Ni de qué es un lector, ni de qué es un libro.

Arturo Pérez Reverte
XL Semanal,
14 de noviembre de 2010

ACTIVIDADES

1. Explica el significado de las siguientes palabras y expresiones: *desamparo, casta lectora, bibliófila, privilegio, trinchera.*
2. Resume el contenido del texto.
3. Realiza un esquema donde quede clara la organización de ideas.
4. Partiendo de la organización anterior, establece cómo se relacionan esas ideas mediante conectores. Explica cuáles son los que aparecen; tipifícalos.
5. Localiza en el texto cinco palabras o expresiones que no pertenecen a la variedad formal-culta del español y sustitúyelas por otras que sí pertenezcan a esta variedad.
6. Analiza los mecanismos de repetición y sustitución presentes en el texto. ¿De qué modo contribuyen a dotarlo de cohesión?
7. Analiza las elipsis, la anáfora y la catáfora presentes en el texto como mecanismos de cohesión del mismo.
8. Explica el progresivo avance del texto hacia la subjetividad.
9. Realiza un comentario crítico del contenido del texto.

DIARIO DE APRENDIZAJE

¿Puedo confirmar y ampliar la relación de contenidos de esta unidad en mi entorno?

03 FORMAS DE ORGANIZACIÓN TEXTUAL

TIPOS DE TEXTO

NARRATIVOS

Se cuentan unos hechos que ocurren en un lugar y tiempo determinados

PLANO DE LA HISTORIA

Personajes

- Principales o secundarios
- Planos o redondos
- Héroe o antihéroe
- Coral o colectivo o individual
- Personajes tipo

Tiempo y espacio

- Tiempo externo / tiempo interno
- Espacio marco / espacio simbólico

Trama

La historia narrada se articula en torno a una intriga, enredo o trama argumental.

PLANO DEL DISCURSO

Estructura

- Narración lineal: planteamiento, nudo y desenlace
- Narración no lineal: analepsis, prolepsis, elipsis, digresiones, comienzo *in media res*, estructura abierta

Narrador

- Según la perspectiva respecto a lo narrado: narrador externo o narrador interno
- Según el grado de conocimiento de la historia: omnisciente o narrador parcial

Rasgos lingüísticos

- Formas verbales en pasado
- Adverbios de tiempo y lugar
- Oraciones predicativas
- Marcadores o conectores

DIALOGADOS

Textos en los que se produce el intercambio de papeles entre el emisor y el receptor

Tipos

- Literario: teatro, diálogo en novela
- Géneros periodísticos: entrevista, debate, tertulia, etc.
- El diálogo oral: lenguaje verbal y no verbal

Forma de introducirlo

- Estilo directo: el narrador reproduce las palabras o pensamientos de los personajes
- Estilo indirecto: el narrador cuenta lo que dicen los personajes
- Estilo indirecto libre: se introduce lo que dicen los personajes sin verbo *dicendi*
- Monólogo interior: flujo interior de la consciencia del personaje

TEXTOS DESCRIPTIVOS

Sirven para presentar la realidad, explicando cómo es esta

DESCRIPCIÓN OBJETIVA

- Muestra las características de la realidad física, sociocultural, etc.
- Características: ordenada, clara, léxico específico, carácter objetivo
- Predomina la función representativa y está relacionada con el contexto
- En las científico técnicas se dan la enumeración y la definición

Rasgos lingüísticos

- Modalidad enunciativa
- Verbos en presente de indicativo
- Adjetivos específicos
- Oraciones impersonales y pasivas
- Coordinación y yuxtaposición
- Tecnicismos

DESCRIPCIÓN SUBJETIVA

- Refleja la realidad buscando crear una impresión en el receptor
- Puede ser una descripción idealizada, crítica o caricaturesca

Rasgos lingüísticos

- Pretérito imperfecto de indicativo
- Verbos que expresan propiedades
- Sustantivos y adjetivos
- Recursos estilísticos: comparación, metáfora, personificación

TEXTOS EXPLICATIVOS

Presentan información para dar a conocer nuevas ideas o teorías

Estructura

Varias fórmulas:

- Introducción, desarrollo, conclusión
- Estructura analizante o deductiva: de lo general a lo particular
- Estructura sintetizante o inductiva: de lo particular a lo general
- Paralela: avanza en contenidos de importancia semejante

Rasgos lingüísticos

- Uso de tecnicismos
- Léxico objetivo: cultismos y sustantivos abstractos
- Verbos en presente de indicativo
- Adjetivos especificativos o clasificadores
- Adverbios
- Elementos anafóricos
- Uso de la 3.ª persona
- Modalidad enunciativa
- Estructuras causales, finales y modales
- Abundancia de conectores y marcadores

TEXTOS ARGUMENTATIVOS

Defienden una idea sobre un tema aportando razones

Organización estructural

Suelen incluir secuencias expositivas. Se organizan de diversas formas:

- Deductiva o analizante: tesis, argumentos, conclusión
- Inductiva o sintetizante: argumentos y tesis final como conclusión
- Paralela: la tesis se desarrolla a lo largo de distintos apartados del texto
- Encuadrada: la tesis aparece al principio y al final

Rasgos lingüísticos

- Oraciones subordinadas
- Marcadores y conectores
- Léxico connotativo, valorativo
- Adjetivación expresiva
- Recursos: hipérbole, metáfora, antítesis, repetición, etc.
- Presencia del emisor en el texto; apelaciones al emisor
- Función expresiva, estética y apelativa

ACTIVIDADES

Texto narrativo

La tela de Penélope o quién engaña a quién

Hace muchos años vivía en Grecia un hombre llamado Ulises (quien a pesar de ser bastante sabio era muy astuto), casado con Penélope, mujer bella y singularmente dotada cuyo único defecto era su desmedida afición a tejer, costumbre gracias a la cual pudo pasar sola largas temporadas.

Dice la leyenda que en cada ocasión en que Ulises con su astucia observaba que a pesar de sus prohibiciones ella se disponía una vez más a iniciar uno de sus interminables tejidos, se le podía ver por las noches preparando a hurtadillas sus botas y una buena barca, hasta que sin decirle nada se iba a recorrer el mundo y a buscarse a sí mismo.

De esta manera ella conseguía mantenerlo alejado mientras coqueteaba con sus pretendientes, haciéndoles creer que tejía mientras Ulises viajaba y no que Ulises viajaba mientras ella tejía, como pudo haber imaginado Homero, que, como se sabe, a veces dormía y no se daba cuenta de nada.

Augusto MONTERROSO
La Oveja Negra y demás fábulas. Santillana

1. Resume el argumento y justifica que se trata de un texto narrativo.
2. Clasifica y caracteriza los personajes.
3. ¿Qué tipo de narrador aparece? Caracterízalo y justifícalo con ejemplos del texto.
4. Señala la estructura del microrrelato: ¿se ajusta a la estructura tradicional de los textos narrativos? Razona tu respuesta.
5. Identifica los rasgos lingüísticos propios de la narración en el texto, con ejemplos.
6. Tras contestar a las preguntas anteriores, habrás visto que el texto presenta particularidades propias relacionadas con el subgénero al que pertenece (microrrelato). Además, tiene claras referencias metaliterarias. Documéntate sobre la historia original de Ulises, sobre el autor Augusto Monterroso y sobre los microrrelatos y escribe un ensayo de una página relacionando lo que has averiguado con el análisis de las respuestas.

Texto descriptivo

Dos caras, como algunas personas, tiene la parroquia de San Sebastián... mejor será decir la iglesia... dos caras que seguramente son más graciosas que bonitas: con la una mira a los barrios bajos, enfilándolos por la calle de Cañizares; con la otra al señorío mercantil de la Plaza del Ángel. Habréis notado en ambos rostros una fealdad risueña, del más puro Madrid, en quien el carácter arquitectónico y el moral se aúnan maravillosamente. En la cara del sur campea, sobre una puerta chabacana, la imagen barroca del santo mártir, retorcida, en actitud más bien danzante que religiosa; en la del norte, desnuda de ornatos, pobre y vulgar, se alza la torre, de la cual podría creerse que se pone en jarras, soltándole cuatro frescas a la plaza del Ángel. [...] En ninguna parte como aquí advertiréis el encanto, la simpatía, el *ángel*, dicho sea en andaluz, que despiden de sí, como tenue fragancia, las cosas vulgares, o algunas de las infinitas cosas vulgares que hay en el mundo. Feo y pedestre, [...] el edificio bifronte, con su torre barbiana[1], el cupulín de la capilla de la Novena, los irregulares techos y cortados muros, con su afeite barato de ocre, sus patios floridos, sus hierros mohosos en la calle y en el alto campanario, ofrece un conjunto gracioso, picante, majo, por decirlo de una vez. Es un rinconcito de Madrid que debemos conservar cariñosamente, como anticuarios coleccionistas, porque la caricatura monumental también es un arte. Admiremos en este San Sebastián, heredado de los tiempos viejos, la estampa ridícula y tosca, y guardémoslo como un lindo mamarracho.

Benito PÉREZ GALDÓS. *Misericordia.* Cátedra

[1] **barbiana:** desenvuelta, gallarda, arriscada.

1. Justifica que el texto es una descripción. ¿Es subjetiva u objetiva? ¿Cuál es el ámbito de uso?
2. Señala los rasgos lingüísticos propios del tipo de descripción a que pertenece el texto, con ejemplos del mismo. Fíjate especialmente en las figuras retóricas que aparecen: ¿con qué identifica el autor la parroquia de San Sebastián? Justifica tus respuestas con ejemplos del texto.

ACTIVIDADES

Texto expositivo

> **RESULTADOS EN LECTURA: GLOBALES Y NIVELES DE RENDIMIENTO**
>
> **Resultados globales en la competencia lectora**
>
> En el área de lectura se evalúan las competencias adquiridas por los alumnos para procesar la información escrita en diferentes situaciones de la vida real. PISA 2012 define la competencia lectora como la capacidad de una persona para comprender, utilizar, reflexionar y comprometerse con textos escritos, para alcanzar los propios objetivos, desarrollar el conocimiento y potencial personales, y participar en sociedad.
>
> A continuación se presentan los resultados de los países de la OCDE en esta área de evaluación. Como en el caso de las matemáticas, los resultados incluyen el desempeño medio de los alumnos, así como su distribución por niveles de rendimiento.
>
> En la Figura 2.8 se representan los resultados de los países de la OCDE junto con los de las comunidades autónomas españolas participantes en el estudio. Se han incluido, también, los promedios de la OCDE y de la UE. Los países del bloque asiático de la OCDE, Japón (538) y Corea del Sur (536), consiguen en lectura las puntuaciones medias más elevadas. La diferencia entre estos dos países no es significativa desde el punto de vista estadístico. Sin embargo, los resultados obtenidos por los alumnos de Japón y Corea del Sur son significativamente superiores a los del resto de los países, por lo que puede afirmarse su posición de líderes dentro de la OCDE. De forma que, dentro de la OCDE, la ventaja de los países asiáticos en los resultados, no se produce solo en matemáticas, donde Japón tiene la posición más destacada, sino también en lectura como se ve en la Figura 2.8.
>
> Entre los países europeos o norteamericanos que forman parte de la OCDE y alcanzan las puntuaciones más altas en lectura, como Finlandia (524), Irlanda (523), Canadá (523), Polonia (518) o Estonia (516), no hay diferencias significativas en cuanto al rendimiento en lectura. Lo mismo ocurre en el caso de Nueva Zelanda (512), Australia (512), Países Bajos (511), Bélgica (509), Suiza (509), Alemania (508), Francia (505) o Noruega (504), que muestran tener un nivel de adquisición de competencia lectora muy similar. A su vez, tampoco difiere significativamente de estos últimos el resultado obtenido en la comunidad de Madrid (511), C. Foral de Navarra (509), Castilla y León (505), Principado de Asturias (504) o Cataluña (501).
>
> El promedio del conjunto de los países de la OCDE en lectura se sitúa en 496 puntos y el promedio de los 27 países de la Unión Europea participantes es de 489 puntos. El promedio OCDE es equivalente al de Reino Unido (499), Estados Unidos (498), Dinamarca (496) y República Checa (493).
>
> *PISA 2012. Informe español,* Volumen I: *Resultados y contexto*
> Capítulo II: «Rendimiento de los alumnos en matemáticas, lectura y ciencias»
> www.mecd.gob.es

1. Justifica que el texto es expositivo, indica qué forma adopta (subgénero), qué materia trata y cuál es su ámbito de uso.
2. Clasifícalo en función de su carácter: ¿es especializado o divulgativo? Justifica tu respuesta con ejemplos del texto.
3. Señala y explica su organización estructural.
4. Identifica los rasgos lingüísticos de la exposición con ejemplos del texto.
5. Localiza y clasifica los conectores y marcadores discursivos y señala su función en el texto.

ACTIVIDADES

Textos periodísticos

Basta ya

Un amigo que, por otra parte, es un encanto, me dijo el otro día que la India goza de un estado espiritual superior a Occidente; que nosotros estamos en el tercer chacra, que es el ego, y los indios en el cuarto, que es el amor universal. Me dejó atónita porque demuestra hasta qué punto somos capaces de no ver los horrores que se cometen contra las mujeres. Llevamos mucho tiempo sabiendo de los atroces asesinatos sexistas de la India. Por citar los más recientes: una muchacha ultrajada y luego obligada a beber ácido, y dos niñas violadas en grupo y después colgadas de un árbol. Comentario ante esto de un ministro del Gobierno indio: «La violación es un crimen social que algunas veces está bien y algunas veces está mal». Puro amor universal. Claro que también llevamos toda la vida sabiendo (y olvidando) las monstruosidades que cometen todos los días los talibanes; los tres millones de niñas cuyo clítoris es rebanado cada año; las muertas de Ciudad Juárez; los millones de feminicidios, mujeres lapidadas, azotadas, torturadas, ultrajadas, abrasadas con ácido, quemadas vivas. O secuestradas, como las niñas de Nigeria. ¿Pero qué demonios nos pasa? ¿Cómo podemos asistir a estas brutalidades e ignorarlas? «Nos hemos acostumbrado a la esclavitud femenina y echo de menos un movimiento mundial», me dice Paco Cuéllar, secretario general de Proyecto Gran Simio. Y lo compara con el movimiento antiesclavista de hace 150 años, cuando los ingleses abordaban y liberaban barcos de negreros. ¿Por qué no sucede lo mismo con las mujeres? Paco reclama un grupo de trabajo en la ONU, una Cruz Rosa Internacional, convenios mundiales defendidos por cascos azules. Tiene razón. Es urgente, esencial. Hay que hacer algo.

Rosa Montero. *El País*, 17 de junio de 2014

1. Justifica que el texto anterior es argumentativo. Indica su ámbito de uso y su forma discursiva. ¿Qué postura defiende la autora?
2. Identifica la organización estructural del texto.
3. Clasifica y explica los argumentos utilizados para defender la tesis. ¿Son objetivos o de carácter afectivo? Justifica tu respuesta.
4. Identifica y clasifica los rasgos lingüísticos propios de la tipología textual, con ejemplos del texto. Indica cuáles de ellos inciden en la finalidad de opinar y convencer de la tesis al receptor.

UN INMIGRANTE ENTREGA A LA POLICÍA 3 000 EUROS QUE ENCONTRÓ EN LA CALLE

El nigeriano, vendedor de pañuelos, devuelve también seis cheques

Ángeles Lucas
Sevilla, 9 de diciembre de 2014

Unas cuantas horas al día vende pañuelos en los semáforos de una esquina del sevillano barrio de Triana, las otras, asegura que las dedica a estudiar Medicina. El nigeriano Pedro Angelina ha roto esta mañana su rutina de trabajo después de que la Policía Nacional haya informado de que el hombre les entregó la semana pasada una cartera con 3 150 euros y seis cheques por valor de 13 000 euros. [...]

Los hechos ocurrieron el pasado miércoles 3. Según informa la policía, el maletín estaba en el techo de un vehículo que estaba parado en el semáforo en el que vende pañuelos y que al reanudar la marcha se cayó al suelo. «Yo no sabía si el maletín tenía drogas, o lo que fuese. Simplemente avisé a una vecina para que estuviese de testigo de que lo había visto y que se lo iba a llevar a la policía, que no era mío», narra Pedro con detalle desde el núcleo residencial Santo Ángel de la Guarda.

1. Señala el tema del texto anterior y haz un resumen del mismo.
2. Indica su estructura e identifica los elementos que la conforman.
3. ¿A qué género periodístico pertenece? Justifícalo a partir de los rasgos lingüísticos más destacados, con ejemplos del texto.

ACTIVIDADES

Campaña publicitaria

www.madrid.org

1. Indica en qué medio se inscribe este texto publicitario.

2. Identifica los componentes icónicos y verbales que aparecen en él.

3. ¿A quién va dirigido? ¿De qué nos quiere convencer? Señala los elementos icónicos y verbales que lo justifican.

4. Identifica los elementos estructurales del texto publicitario en este anuncio.

5. Después de responder las preguntas, entra en la página web de la Comunidad de Madrid e infórmate sobre el programa. Señala la efectividad del texto publicitario en relación con los objetivos del mismo.

ORTOGRAFÍA, NORMA Y USO

Puedes consultar la *Ortografía* de la RAE o el *Diccionario panhispánico de dudas* (www.rae.es) para resolver las cuestiones ortográficas relativas al uso de mayúsculas y signos de puntuación.

1. Corrige el uso de mayúsculas y minúsculas en las siguientes oraciones. Explica en qué consiste el error en cada caso:
   - **a.** ¿Cuántos años tienes? seguro que no más de 20.
   - **b.** ¿Es cierto que se ha descubierto vida en marte?, Es lo que oí el otro día en la radio.
   - **c.** Andrés dijo: «estoy seguro de que vendrá pronto»
   - **d.** El Océano Índico es el tercero más grande de la tierra.
   - **e.** En la ensalada pondremos: Tomates, lechuga, aceitunas y huevo duro.
   - **f.** Ester, ¿Ya han salido las notas de Lengua?
   - **g.** Los picos de Europa están divididos en tres Macizos.
   - **h.** María De Frutos era una habitual de las tertulias; La señora de Frutos siempre daba su particular visión de las obras literarias.
   - **i.** Me he matriculado en medicina porque creo que la Medicina es una de las profesiones con más futuro actualmente.

2. Coloca los signos de puntuación que faltan en estas oraciones y justifica su uso; pon las mayúsculas que sean necesarias.
   - **a.** Para la cena se sirvió marisco sopa ensalada y ternera los postres fueron variados
   - **b.** Querida Ana sigo a la espera de tus noticias no sé nada de ti desde hace meses me escribirás pronto
   - **c.** Te lo he dicho claramente no tengo ganas de ir al cine sin embargo no me importa salir a tomar algo.
   - **d.** Los más pequeños prefieren ver los dibujos los adolescentes oír música los mayores ver la telenovela con esta familia nunca hay manera de pasar un domingo tranquilo.

3. Explica las diferencias de significado entre estas dos oraciones:
   - Hace sol: iremos a la playa.
   - Hace sol; iremos a la playa.

4. El texto de Monterroso de la página 34 presenta una forma de puntuación muy particular. Reescríbelo añadiendo los signos de puntuación que faltan.

LEER Y ESCRIBIR

El Consejo Escolar del Estado aporta en este documento los datos sobre el aumento de la escolarización en un periodo de tiempo. El análisis de las enseñanzas postobligatorias se ilustra con una figura que trataremos de interpretar.

La evolución de la escolarización

En términos relativos, la variación de alumnado en el conjunto de todos los centros en el curso 2012-2013, con respecto al curso 2003-2004, fue del 16,1 % (17,2 % en los centros públicos; 15,5 % en los centros privados concertados y 7,7 % en los centros privados no concertados). Se advierte, pues, una tendencia creciente en todo tipo de centros en el periodo considerado que se acentúa en su segunda mitad. [...]

Por otra parte, en la figura D1.17 se representa la evolución, en el mismo periodo (2003-2004 a 2012-2013), del alumnado de Bachillerato (+5,3 %); de los ciclos formativos de Formación Profesional de grado medio (+44,1 %); de los ciclos formativos de Formación Profesional de grado superior (+38,7 %); y de los Programas de Cualificación Profesional Inicial, enseñanzas estas últimas que han experimentado un incremento relativo en el curso 2012-2013, con relación al curso 2003-2004 del 83,0 %, —el curso 2008-2009 fue el de puesta en funcionamiento de estos programas, anteriormente, denominados Programas de Garantía Social—. Por lo que se refiere al alumnado escolarizado en el conjunto de enseñanzas postobligatorias, ha experimentado un incremento del 22,7 % entre los años académicos 2003-2004 y 2012-2013. Se advierte en la figura, con toda nitidez, que el mayor incremento corresponde a las enseñanzas de carácter profesional y que está acentuado, en todo caso, en la segunda mitad del periodo considerado. Este comportamiento refleja un cambio de tendencia, probablemente vinculado a la crisis económica, que explica asimismo el reflejado para el conjunto de las enseñanzas de régimen general.

Informe 2014 sobre el estado del sistema educativo
www.mecd.gob.es

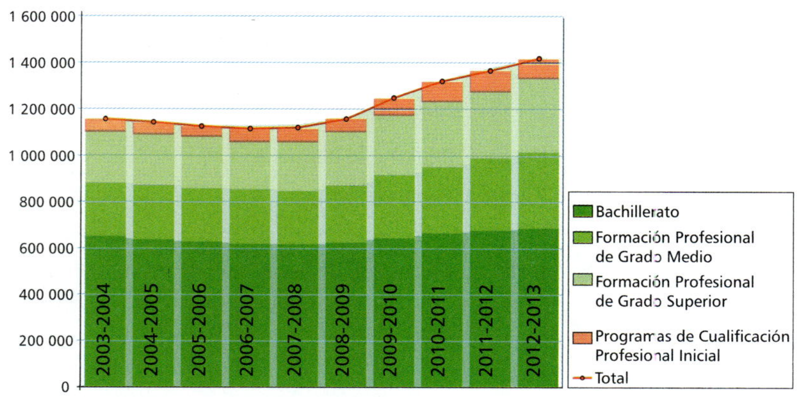

ACTIVIDADES

1. Explica el significado de las estructuras subrayadas. Ten en cuenta el contexto en el que se encuentran.
2. ¿Qué dato está analizando el texto y en qué periodo?
3. ¿En qué tipo de centros se produce un mayor incremento? ¿En qué tipo de enseñanza es más llamativo?
4. Trata de explicar la relación que existe entre el mayor incremento en las enseñanzas de tipo profesional y la crisis económica.
5. Valora el léxico empleado en función del tipo de texto y su finalidad, ¿qué tipo de adjetivos predominan? ¿qué tipo de sustantivos?
6. ¿Qué tipo de gráfico se emplea? Observa la línea que representa los totales: indica si se produce un descenso en la escolarización y hasta qué año, luego observa el cambio de tendencia, ¿a qué puede deberse? ¿Por qué crees que hay un aumento tan grande de alumnado en todos los tipos de enseñanzas? Ten en cuenta que se centra en enseñanzas postobligatorias, aquellas en las que el alumnado es mayor de dieciséis años.

RECURSOS VERBALES Y NO VERBALES DE LOS TEXTOS EXPOSITIVOS

El texto expositivo (que busca ampliar el conocimiento del receptor, presentarle información, etc.) ha de elaborarse de acuerdo con ciertos requerimientos expresivos imprescindibles: claridad, concisión, carácter completo, exposición lógica, objetividad, neutralidad subjetiva y emocional.

Esos rasgos definen la comunicación científica y técnica, y a ellos deben someterse los **recursos verbales** y **no verbales.**

Las características lingüísticas de los textos expositivos se estudiarán en la unidad siguiente, aquí comentaremos dos de los **recursos verbales** más útiles para aportar claridad al contenido: la **síntesis** o resumen y la **ejemplificación.** La primera sirve para centrar el tema y mantener la idea central en la mente del receptor. La segunda tiene un papel fundamental a la hora de explicar contenidos, especialmente en las exposiciones divulgativas, cuando el receptor no es un especialista en la materia.

En cuanto a los **recursos no verbales,** su misión es ayudar en la comprensión del texto, o también ampliar y concretar algo de lo recogido en el mismo. Para los **textos orales,** son los elementos **paraverbales** y **gestuales** (señaladores, ilustrativos, expresivos...), pero también la exposición oral puede apoyarse en **imágenes,** mediante presentaciones, diapositivas, vídeos...; en **los textos escritos,** son elementos **icónicos,** visuales. Estos elementos sirven para explicar el contenido, para sintetizar...

Los recursos no verbales de tipo visual más importantes son:

- **El esquema:** representación con signos gráficos, viñetas, números, letras... que ordena y jerarquiza la información, facilitando la estructura del texto. Se incluyen aquí los títulos y subtítulos jerarquizados:

1 TIPOS DE TEXTOS

2 TEXTOS NARRATIVOS

2.1 ORGANIZACIÓN ESTRUCTURAL
2.2 ELEMENTOS NARRATIVOS
2.3 RASGOS LINGÜÍSTICOS

3 TEXTOS DESCRIPTIVOS

3.1 LA DESCRIPCIÓN OBJETIVA
3.1.1 RASGOS LINGÜÍSTICOS

3.2 LA DESCRIPCIÓN SUBJETIVA
3.2.1 RASGOS LINGÜÍSTICOS

- **El diagrama o mapa conceptual:** es una representación de las relaciones entre determinados conceptos. Puede ser de muchos tipos: **radial** (la idea principal se pone en el centro), **en árbol** (la idea principal se pone arriba y el resto, jerarquizada en orden descendente; este es el tipo de diagramas que aparecen al comienzo de cada unidad), **de flujo**, de **causa-efecto**, etc.

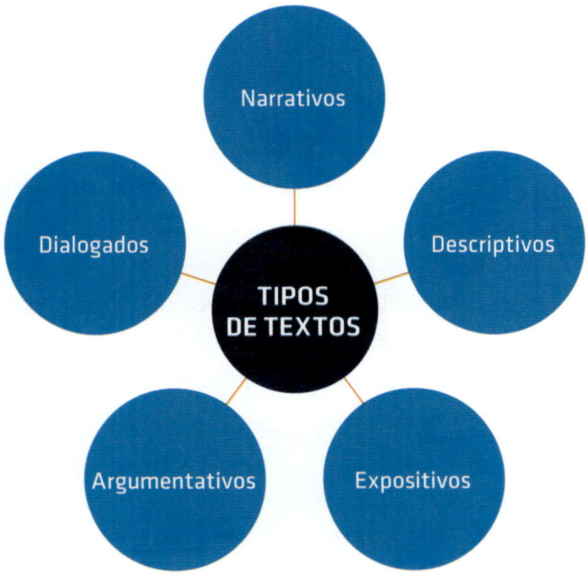

- **Los gráficos:** facilitan la comprensión de las ideas de un texto, especialmente las relativas a porcentajes y datos estadísticos. Hay diferentes tipos de gráficos: **lineales** (para representar series en el tiempo, como las temperaturas), **gráfico de barras** (con la que se puede comparar la diferencia de frecuencia o intensidad de un dato, como el del texto inicial de la unidad), un gráfico **circular** (se puede ver cómo se distribuyen los datos en forma de porcentajes respecto al total), **pictogramas** (se emplean símbolos en lugar de barras para representar los datos).

- **Imágenes:** ilustran la exposición; pueden ampliar la información de forma visual (una representación de un volcán en un texto explicativo) o pueden ser meros apoyos visuales. Pueden incluir **símbolos** (signos con una significación establecida de forma convencional) e **iconos** (signos que mantienen una relación de semejanza con la realidad).

Relación con la situación comunicativa

La **situación comunicativa** (tipo de emisor, tipo de canal, ámbito de uso, etc.) determinará un empleo diferente de los recursos verbales y no verbales.

Una exposición divulgativa presentará más resúmenes, definiciones y ejemplificaciones aclaratorias que una exposición especializada. En función del grado de conocimiento del receptor, abundarán más las imágenes de apoyo (como en un libro de texto para primaria), o los recursos especializados (climogramas, gráficas estadísticas...).

ACTIVIDAD

1. Clasifica los recursos no verbales que aparecen en el texto inicial sobre el Bachillerato y explica su función.

ESCUCHAR

Cuando se realizan exposiciones orales se utilizan recursos verbales, pero en muchas ocasiones también es necesario apoyar la exposición en recursos no verbales.

ACTIVIDAD

1. Visualiza el siguiente vídeo de la Universidad de Murcia sobre cómo hacer presentaciones orales (desde el minuto 1:25 hasta el 3:48) y contesta las preguntas:

   https://www.youtube.com/watch?v=BlFuXG_uBHU

   a. ¿Cuál es el tema del texto? Escribe un resumen del mismo.

   b. En la exposición se utiliza una presentación como texto de apoyo; se trata de un recurso no verbal que, a su vez, incluye distintos tipos de recursos no verbales: identifícalos, clasifícalos y explica su función.

Pautas de expresión escrita

Buscar y seleccionar la información: las fichas-resumen

Los textos expositivos deben estar caracterizados por la objetividad, la exactitud y la posibilidad de verificar los datos aportados. Por esto, es necesario, en primer lugar, manejar **fuentes de información** fiables y, en segundo lugar, recopilar y contrastar todos esos datos obtenidos, para lo cual resulta muy útil la elaboración de distintos tipos de **fichas** como las **fichas de resumen.**

Fuentes de información

Personales
Basadas en la observación directa de la realidad: trabajo de campo y de laboratorio, entrevistas con testigos de un acontecimiento...
Documentales (escritas)
• **Bibliográficas:** libros, publicaciones periódicas... • **Documentación legal** de temas históricos, sociológicos... • **De archivo:** documentos históricos manuscritos o impresos.
Audiovisuales y arqueológicas
• **Obras de arte** (pintura, escultura, música, arquitectura...), **cinematografía, fotografía,** grabaciones, etc. • **Restos arqueológicos.**
Tecnológicas
• **Bases de datos** informatizados, internet.

La principal utilidad de las fichas es resumir, ordenar, clasificar y conservar toda la información y documentación empleada. Las fichas pueden ser: bibliográficas, de citas textuales o fichas de resumen, donde se recogen el tema, las ideas principales o datos interesantes del documento utilizado.

EJEMPLO DE FICHA DE RESUMEN

Palacios, Emilio: *El teatro popular español del siglo XVIII*. Milenio, Lleida, 1998.

343 páginas

Estudio muy completo de los géneros del teatro popular en el siglo XVIII (comedias de santos, de guapos, de figurón, el drama sentimental...) y autores relevantes como Cañizares, Moncín y Comella.

Pautas de expresión y comprensión oral

Los textos de apoyo

Los textos de apoyo facilitan la expresión y comprensión de un texto oral. Entre ellos destacan el **índice** y el **guion o esquema;** con ellos podemos sintetizar un texto escuchado, pero también resulta útil para la exposición: ayuda al público a comprender el contenido global y al emisor a no perder el hilo del discurso.

El discurso debe estar bien **organizado y jerarquizado,** y esta organización se plasmará en el guion, en el que **no hay que incluir excesiva información** (es un apoyo para la exposición) y deberá realizarse con una letra suficientemente grande y a doble espacio (nos ayudará a seguir el curso de la exposición sin perdernos).

Para realizar una exposición oral es muy interesante utilizar textos de apoyo. Estos pueden ser diapositivas, presentaciones con el ordenador, vídeos, etc.

Las imágenes ayudan a fijar las ideas en la mente del receptor, pero hay que tener en cuenta una serie de consejos, especialmente en el caso de las presentaciones por ordenador:

- La presentación es un **apoyo** de la intervención, no una copia: se deben evitar las diapositivas llenas de texto, que aburrirían al receptor. Es mejor utilizar **palabras clave** y frases sintéticas.
- Aprovechar las diapositivas para incluir **imágenes, gráficos, fotografías,** etc. que ilustren lo que decimos: el ojo recuerda mejor las imágenes que las palabras.
- Utilizar **títulos** que capten la atención del público, mejor que títulos que se limiten a describir lo que aparece en la pantalla.
- No conviene abusar de las transiciones y de los efectos ópticos, que terminan mareando. Ni utilizar muchos tipos de letras de difícil lectura, por muy atractivas que resulten.
- El uso del ordenador no debe entorpecer nuestros **movimientos y gestualidad:** es preferible utilizar un sistema inalámbrico que nos permita movernos con naturalidad.

ACTIVIDAD

1. Elabora una ficha resumen para alguno de los recursos utilizado en algún proyecto de los propuestos al final de las unidades. También puedes hacerla sobre alguno de otra asignatura.

ACTIVIDAD

1. Con el proyecto seleccionado para la actividad anterior, elabora un posible guion para hacer una exposición oral y un listado de imágenes que te serían útiles para realizarla.

EVALUACIÓN COMUNICACIÓN

03.3 Cambios en la atmósfera

Desde que se formó la Tierra, la atmósfera terrestre no ha tenido siempre su composición actual. En su evolución pueden reconocerse tres etapas:

- **Atmósfera primaria**

  La primera atmósfera terrestre contenía gases como hidrógeno y helio, capturados de la nebulosa protosolar.

  Los planetas gigantes retuvieron esta atmósfera por gravedad, pero en los terrestres fue disipada por el viento solar y los choques de los planetesimales.

- **Atmósfera secundaria**

  Se formó cuando la corteza estaba ya consolidada. La componían gases expulsados del manto durante las emisiones volcánicas de hace casi 4 500 millones de años: hidrógeno, carbono y nitrógeno, que se combinaron entre ellos para dar amoniaco, metano y vapor de agua.

- **Atmósfera terciaria**

  Hace unos 2 500 m.a., a comienzos del Proterozoico, la densa atmósfera terrestre que existía había desaparecido debido a procesos de meteorización, que retiraron parte del CO_2 para transformarlo en roca caliza, y a las cianobacterias, que consumían CO_2 y liberaban oxígeno.

  Durante el Arcaico, el oxígeno reaccionaba con el hierro emitido por los volcanes y no se acumulaba, pero en el Proterozoico, tras agotarse el hierro, empezó a hacerlo, lo que dio lugar a la atmósfera terciaria actual.

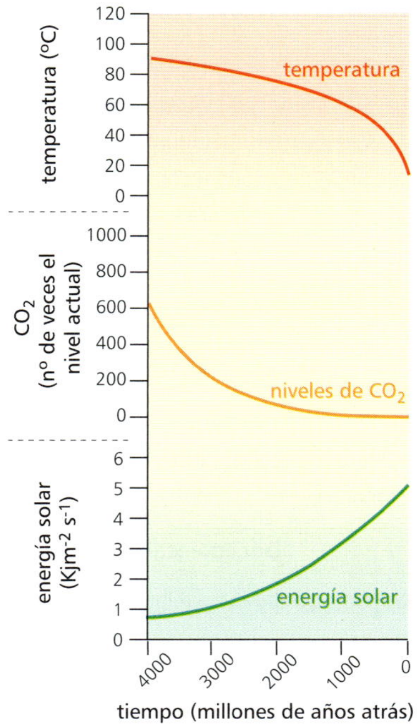

Evolución de la temperatura terrestre, los niveles de CO_2 y la radiación solar.

VV AA
Biología y Geología 1.º Bach
Edelvives, 2015

ACTIVIDADES

Leer

1. Resume brevemente el contenido de este texto.
2. Identifica las ideas principales y las secundarias.
3. Localiza los recursos verbales y los no verbales y explica su función.

Escribir

4. Elabora una ficha resumen sobre el vídeo que has visto en el apartado de *Escuchar*. Busca más fuentes de información sobre el tema y elabora una ficha bibliográfica sobre ellas.

Escuchar

5. Observa el siguiente vídeo hasta el minuto 4:50 y contesta:

   www.rtve.es/alacarta/videos/el-tiempo/cielos-nubosos-precipitaciones-mayor-parte-peninsula-baleares/2873008/

   a. Señala el tema del vídeo.
   b. Identifica y explica el contexto (ámbito de uso, destinatarios...).
   c. Localiza las ideas principales del texto. Identifica también la información secundaria.
   d. Identifica los recursos verbales empleados y su función.
   e. Identifica y clasifica los recursos no verbales empleados y señala su función; distingue, entre ellos, los recursos gestuales y gráficos.

Hablar

6. Elabora una exposición oral hablando de la meteorología de tu localidad. Emplea recursos verbales y no verbales (mapas, fotografías, etc.).

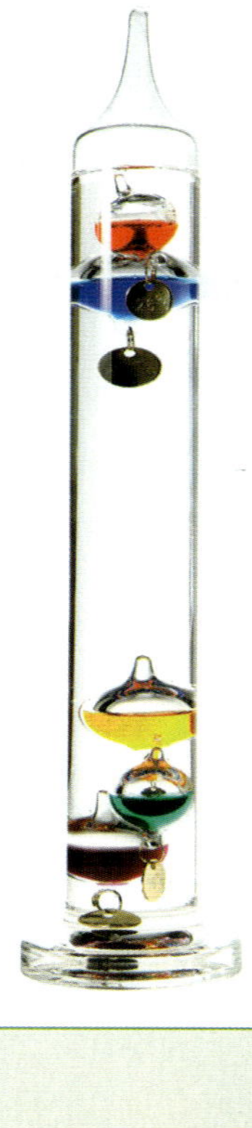

El pan civil

En la antigua Roma, de la que sin duda provenimos, existía un Patriciado compuesto por los descendientes de los moradores primitivos de la ciudad, unas familias que gozaban de desmedidos privilegios; y luego estaba la plebe, el populacho, una turba «recién llegada» a la ciudad del Tíber que tenía muchas obligaciones y poquitos derechos. Hasta que un día se hartaron, se plantaron y obligaron a los patricios a negociar un acuerdo. El patricio Mennenio Agripa fue muy popular y querido entre los plebeyos, los convenció de que era mejor convivir en paz y concordia contándoles la parábola del estómago y los miembros del cuerpo humano: habiendo reñido el estómago y el resto de los miembros del cuerpo humano, decidieron separarse, pero no tardaron en darse cuenta de que todos morirían de inanición pues el estómago no recibía alimento y los demás miembros carecían de jugos vitales, de modo que decidieron volver a unirse. Esta era una alegoría alusiva al «cuerpo social». El Patriciado era el estómago; lo demás, la plebe. Ya entonces, cada ciudadano indigente (y eran casi una octava parte de los plebeyos) recibía de acuerdo con la ley Casia Terencia cinco modios de trigo todos los meses. Lo que constituía un socorro público denominado «derecho al pan civil». Y lo recibieron incluso durante las duras crisis alimentarias que azotaron Roma.

Actualmente, con los aterradores porcentajes de paro que sufrimos, «el pan civil» también debe ofrecerse si no queremos que la sociedad reviente de impotencia y miseria. El pan civil es, por ejemplo, detener los desahucios y ofrecer una moratoria en los casos en que gente honrada y cumplidora, golpeada por la crisis y la falta de trabajo, se vea empujada al suicidio o a la calle.

Ángela Vallvey
La Razón
15 de noviembre de 2012

ACTIVIDADES

1. Indica cuál es el tema del texto y qué tesis defiende la autora.
2. Realiza un resumen del mismo.
3. Identifica su estructura interna y los tipos de argumentos utilizados.
4. Aunque nos encontramos ante un texto fundamentalmente argumentativo, aparecen secuencias propias de otras tipologías textuales; localízalas, di a cuáles pertenecen y justifícalo por sus rasgos lingüísticos.
5. Identifica los rasgos lingüísticos propios de la argumentación que aparecen en el texto, con ejemplos del mismo.
6. Señala el ámbito de uso, género y subgénero del texto.

DIARIO DE APRENDIZAJE

¿En qué ocasiones podría serme útil algo de lo que he aprendido en esta unidad?

04 EL SN, EL SADJ Y EL SPREP

SINTAGMA NOMINAL

- Funciones
  - SUJETO
  - TÉRMINO DE UNA PREPOSICIÓN
  - APOSICIÓN
  - COMPLEMENTO DIRECTO
  - COMPLEMENTO INDIRECTO
  - COMPLEMENTO CIRCUNSTANCIAL
  - COMPLEMENTO PREDICATIVO
  - ATRIBUTO
  - VOCATIVO
- Estructura
  - DETERMINANTES
    - ARTÍCULOS
      - Determinados
      - Indeterminados
    - DEMOSTRATIVOS
    - POSESIVOS
    - NUMERALES Y CUANTIFICADORES
    - RELATIVOS
    - INTERROGATIVOS Y EXCLAMATIVOS
  - SUSTANTIVOS
    - Forma
      - Género
        - Masculino y femenino
        - Cambio de género:
          - Distinto morfema
          - Distinto lexema o raíz
          - Comunes: cambio de determinante
          - Epicenos
      - Número
        - Morfema *-s/-es*
        - Invariables: el determinante
    - Significado
      - Comunes
        - Concretos
        - Abstractos
        - Individuales
        - Colectivos
        - Contables
        - No contables
      - Propios

SINTAGMA PREPOSICIONAL

- Funciones
  - COMPLEMENTO DIRECTO
  - COMPLEMENTO INDIRECTO
  - COMPLEMENTO DE RÉGIMEN
  - COMPLEMENTO CIRCUNSTANCIAL
  - ATRIBUTO
  - COMPLEMENTO PREDICATIVO
  - COMPLEMENTO DEL NOMBRE
  - COMPLEMENTO DEL ADJETIVO
  - COMPLEMENTO DEL ADVERBIO
- Estructura
  - ENLACE
    - Preposición
      - Palabras invariables con valor relacional
    - Significado
      - Léxico
      - Gramatical
  - TÉRMINO
    - Sintagma nominal
    - Sintagma adjetival
    - Sintagma adverbial
    - Sintagma preposicional
    - Oración subordinada

- **NÚCLEO**
  - **PRONOMBRES**
    - Personales
    - Demostrativos
    - Posesivos
    - Cuantificadores y numerales
    - Interrogativos y exclamativos
    - Relativos
  - **ELEMENTOS SUSTANTIVADOS**
- **COMPLEMENTOS**
  - **SINTAGMA ADJETIVAL**
  - **SINTAGMA PREPOSICIONAL**
  - **SINTAGMA NOMINAL EN APOSICIÓN**
    - Especificativo
    - Explicativo
  - **PROPOSICIÓN SUBORDINADA**

SINTAGMA ADJETIVAL

- Funciones
  - **COMPLEMENTO DEL NOMBRE**
    - Especificativos
    - Explicativos
  - **ATRIBUTO**
  - **COMPLEMENTO PREDICATIVO**
- Estructura
  - **MODIFICADORES**
    - **CUANTIFICADORES DE GRADO**
    - **ADVERBIOS**
  - **NÚCLEO**
    - **ADJETIVO**
      - Forma
        - **Género y número**
          - Dos terminaciones: flexión de género y número
          - Una terminación: flexión de número
          - Invariables: sin flexión
        - **Grado**
          - Positivo
          - Comparativo
          - Superlativo
      - Significado
        - **Calificativos**
        - **Relacionales**
  - **COMPLEMENTOS**
    - **SINTAGMA PREPOSICIONAL**

ACTIVIDADES

El sintagma nominal

MODELO DE ANÁLISIS

El director de este proyecto, Trond Larsen,

El	director	de	este	proyecto,	Trond Larsen,
			Det	N (Sust)	
		Enl	SN-T		N (Sust)
Det	N (Sust)	S-Prep-CN			SN (Ap. expl.)
SN					

1. Localiza los sintagmas nominales del texto y analízalos según el esquema anterior.

> Más de 25 años de historia de videojuegos dan para mucho. La saga Final Fantasy ha dado algunos de los juegos más queridos por los jugadores. Pablo González Taboada, autor del libro *Final Fantasy. La leyenda de los cristales,* elige los cinco juegos favoritos de la serie de Square Enix y explica sus razones para ello. ¿Qué opinas de la lista? ¿Cuáles son los tuyos?
>
> *Los mejores Final Fantasy*
> www.meristation.com
> 8 de agosto de 2013

Los determinantes

2. Indica qué determinantes presentan un uso incorrecto: explica la incorrección y reescríbelos de forma correcta.
   - **a.** Las hablas meridionales han generalizado la pérdida de la *-s* final.
   - **b.** Se le confiscó una hacha.
   - **c.** Salió de su escondite, cuyos laberintos solo él conocía.
   - **d.** La piscina tiene poco agua.
   - **e.** El alta cima estaba cubierta de nubes.
   - **f.** El colonialismo se extendió por el África negra.
   - **g.** Tienes que firmar ese acta.
   - **h.** Con ese dinero se podría acabar con todo el hambre del mundo.

3. En el siguiente texto:
   - **a.** Señala los determinantes que aparecen y clasifícalos.
   - **b.** Indica, además, los casos en los que los sustantivos no van precedidos por determinante: explica por qué se produce este hecho y señala la relación de este fenómeno con el ámbito de uso, la tipología textual y la intención del autor.

> Teclear tan a menudo en nuestro móvil inteligente no solo está cambiando la forma en la que nos relacionamos socialmente y caminamos, por ejemplo, sino que también está alterando nuestro cerebro. Este cambio se produce debido al uso tan continuado y preponderante de los pulgares para utilizar nuestros dispositivos. El estudio ha sido llevado a cabo por un equipo de neuroinformáticos de la Universidad de Zurich y la Escuela Politécnica Federal de Zurich (Suiza) y lo recoge la revista *Current Biology.* [...]
>
> Para llegar a esta conclusión los científicos contaron con la participación de 37 personas diestras, 26 de ellas usuarios habituales de móviles con pantalla táctil y 11 usuarios que aún empleaban móviles antiguos. Analizaron la activación en la corteza sensoriomotora promovida por los movimientos de los dedos (pulgar, índice y dedo medio) mediante electroencefalografía. Los resultados revelaron que la representación cortical en los participantes que utilizaban *smartphones* o móviles inteligentes era distinta a la de los usuarios de móviles menos modernos y que cuanto más frecuente era su uso más influía en la actividad cortical puesto que mayor era la señal en el cerebro, sobre todo, en la zona que representaba al pulgar.
>
> Sarah Romero
> *Muy interesante,* 26 de diciembre de 2014

El sustantivo: forma y significado

4. Indica el género de: *agravante, armazón, maratón, arte, culebra, contraluz, tránsfuga, apócope, comitiva, apoteosis, antípoda* e *índole.*

5. Determina el género de los sustantivos subrayados y clasifícalos en función del mismo. Comenta las particularidades que encuentres relacionadas con los distintos significados en función del género.
   - **a.** Eres un gallina, insultas a los pequeños.
   - **b.** Sacó aguja e hilo del costurero.
   - **c.** El cuadro alcanzó un precio exorbitado en la subasta.
   - **d.** Les sorprendió la policía cuando robaban naranjas.
   - **e.** Se comporta como un cabeza loca, a pesar de su edad.
   - **f.** La juez que instruye el caso ha llamado a los testigos.
   - **g.** Las golondrinas han hecho sus nidos en el alero de la iglesia.
   - **h.** Montó en cólera al darse cuenta de que había perdido su capital.

ACTIVIDADES

6 Determina el número de los sustantivos subrayados y señala los casos especiales. Comenta las particularidades que encuentres relacionadas con los distintos significados y usos en función del número empleado.

a. Muestra gran celo en el cumplimiento del trabajo.

b. Los plásticos causan graves problemas medioambientales.

c. Ese chico tiene pocas luces.

d. Las Yamahas llevan ventaja en el campeonato.

e. Me encantan las natillas.

f. Las pymes exigen medidas extraordinarias de apoyo económico.

g. En los campus universitarios suele haber residencias para estudiantes.

h. Aquella fiesta fue un caos.

7 Localiza las sustantivaciones que se producen en las siguientes oraciones.

a. Un técnico de la empresa revisará las instalaciones.

b. Tenemos que analizar los pros y los contras de esta propuesta.

c. El joven se levantó de su asiento para cedérselo a la anciana.

d. No lo veo convencido, está poniendo muchos peros.

e. El ancho de la tela no da para cubrir el agujero.

8 Lee a continuación este artículo sobre una propuesta de la exministra de Igualdad, Bibiana Aído. ¿Qué opinas de la propuesta de la exministra? ¿Por qué considera Gregorio Salvador que es incorrecto?

> La ministra de Igualdad, Bibiana Aído, ha explicado que la palabra *miembra*, que utilizó el lunes en el transcurso de su primera comparecencia en la Comisión de Igualdad en el Congreso de los Diputados, se utiliza en Iberoamérica y planteó incluir en el diccionario este registro. Sin embargo, este término es incorrecto y no puede tener cabida en el diccionario, según ha declarado el académico de la Lengua Gregorio Salvador.
>
> En su comparecencia en el Parlamento, Aído se refirió a «los miembros y miembras de la comisión» y este martes, en *Los desayunos de TVE*, explicó que fue un lapsus provocado por su reciente visita a una cumbre en Latinoamérica «donde se utiliza una terminología similar», aunque añadió: «Pero no descarto que se pudiera incluir» la expresión en el diccionario.
>
> *El Mundo*
> 11 de junio 2008

9 Señala los sustantivos que aparecen en el texto y clasifícalos según su significado. ¿Qué tipo de sustantivos predomina? Relaciona su uso con el tema y el ámbito de uso, así como con la finalidad general del autor. ¿En una receta de cocina o en un manual de instrucciones habría el mismo tipo de sustantivos? Justifica tu respuesta.

> Este libro constituye una guía para dar sentido a lo aparentemente absurdo. En mi trabajo como psicólogo y (en la última década) como periodista del New York Times, he tenido la oportunidad de asistir a la evolución de nuestra comprensión científica del dominio de lo irracional. Desde esta privilegiada posición he podido constatar la existencia de dos tendencias contrapuestas, una que refleja la creciente calamidad de nuestra vida emocional y la otra que nos parece brindarnos algunas soluciones sumamente esperanzadoras.
>
> Daniel GOLEMAN
> *La inteligencia emocional*
> Kairós

Pronombres

10 Corrige los errores que encuentres en el uso de los pronombres personales.

a. No dejes que se caiga el cuadro, cógele.

b. A tu tío le vi ayer en el banco.

c. Le dio el recado y se marchó enseguida.

d. Los dije que no se movieran de aquí.

e. Al ver sus informes, les contrataron inmediatamente.

f. No se encuentra bien, la duelen las muelas.

11 Localiza los pronombres y clasifícalos.

a. Tengo que mirarme en el espejo.

b. Los jugadores se miraron.

c. Quédatelo, todo para ti.

d. Se mordió el labio.

e. Estas personas esperan que hagas algo.

f. Te damos las gracias.

g. Los dos hemos comprado otro coche.

h. ¿Qué te has creído?

i. Mi perro es más grande que el tuyo.

ACTIVIDADES

REFLEXIONA

Pronombres y situación de comunicación

Se llaman formas de tratamiento las variantes pronominales que se eligen para dirigirse a alguien en función de la relación social que existe entre el emisor y el receptor *(tú, usted, vos)*. En la actualidad se aprecia un uso predominante del trato de familiaridad que, según la RAE «constituye un signo de cercanía, de igualdad, asumida o presupuesta, y de solidaridad, favorecido tanto por el auge de los movimientos políticos igualitarios como por la estimación que se concede hoy al hecho mismo de ser joven». Sin embargo, se debe usar el tratamiento de cortesía *(usted)* con personas desconocidas, mayores, o en situaciones formales.

12 Describe dos situaciones diferentes en las que sea más adecuada cada una de estas variantes que se han descrito.

El sintagma adjetival

MODELO DE ANÁLISIS

Un hombre satisfecho de la vida

- la vida: la = Det; vida = N (Sust) → SN-T
- de = Enl; la vida = SN-T → SPrep-CAdj
- satisfecho = N (Adj); de la vida = SPrep-CAdj → SAdj-CN
- Un = Det; hombre = N(Sust); satisfecho de la vida = SAdj-CN → SN

13 Señala qué adjetivo en grado positivo corresponde a estos superlativos: *acérrimo, ternísimo, destrísimo, sapientísimo, crudelísimo, misérrimo, recentísimo, máximo, supremo, pulquérrimo, sacratísimo* y *aspérrimo.*

14 Escribe la forma de los superlativos sintéticos (con sufijo) que corresponde a estos adjetivos: *valiente, cierta, amable, probable, fiel* y *libre.*

15 ¿Son correctos los siguientes enunciados? Corrígelos explicando la incorrección que se produce.

a. Es más barato porque es de calidad más inferior.

b. Hay que rehogar la cebolla y la zanahoria picadas.

c. Tiene el pelo y la barba enmarañada.

d. Me he estudiado los temas más principales del libro.

e. Hay veces en que un tobillo o una muñeca rotas no muestran inflamación exterior.

f. La situación puede obedecer a una razón de tipo estratégico.

g. Estamos viviendo una situación muy extraordinaria.

h. Esa gente nos están molestando.

16 Localiza los adjetivos calificativos y precisa si son explicativos o especificativos. Señala también los adjetivos relacionales que encuentres y justifica que lo son.

a. Póngame una copa de vino tinto.

b. Te favorece más el vestido rojo.

c. Asistimos a una aburridísima conferencia sobre técnicas de desarrollo agrario.

d. Llevaba unas gafas oscuras y un sombrero de ala ancha.

e. Del manantial brotaba un agua pura y clara.

f. La piel seca necesita más crema hidratante.

17 Comenta el cambio de significado por el cambio de posición.

a. maestro antiguo	antiguo maestro
b. ojo bueno	buen ojo
c. literatura fantástica	fantástica literatura
d. piedra preciosa	preciosa piedra

18 Analiza los sintagmas adjetivales según el modelo.

a. Lo encontré muy mejorado de su enfermedad.

b. En aquellos momentos no eran conscientes del problema.

c. Has elegido una receta bastante más simple.

19 Localiza los adjetivos que aparecen en el texto, analiza su significado, su función y su posición respecto del sustantivo, cuando sea el caso. Reflexiona: ¿puedes establecer alguna relación entre la tipología textual, la intencionalidad del autor y el empleo concreto que hace del adjetivo? ¿Qué nos quiere transmitir con ellos el autor del texto?

> La casa era angosta, maloliente y oscura. Junto al establo nacía una escalera, en la que se acostaban las gallinas. Subió, pisando con cuidado los escalones apolillados que crujían bajo su peso. La niña la debió oír, porque gritó:
>
> —¡Pascualín! ¡Pascualín!
>
> Entró en una estancia muy pequeña, a donde la claridad llegaba apenas por un ventanuco alargado. Afuera, al otro lado, debían moverse las ramas de algún árbol, porque la luz era de un verde fresco y encendido, extraño como un sueño en la oscuridad. El fajo de luz verde venía a dar contra la cabecera de la cama de hierro en que estaba la niña. Al verla, abrió más sus párpados entornados.
>
> Ana María Matute
> *La rama seca.* www.ciudadseva.com

ACTIVIDADES

El sintagma preposicional

20 Localiza los sintagmas preposicionales e indica su estructura.

> En la edad contemporánea cualquier encuentro, aunque sea de Tercera y sin nada en juego, puede ser objeto de manipulación cuando entran en liza las apuestas a través de Internet [...]. Según datos recientes, ese sector mueve al año unos 200 000 millones, 10 veces más que el fútbol por sí mismo.
>
> *El País,* 8 de agosto de 2013

21 Expresa de modo correcto los siguientes enunciados.

a. A nivel de hospitales, la sanidad funciona mejor.

b. Encima de la mesa están las tareas a evaluar.

c. En base a la nueva ley, debemos hacerlo así.

d. Hay que cocinar los garbanzos en la olla a presión.

Repaso

22 Lee el siguiente texto y responde a las preguntas.

> El brillo de las medallas ayuda a avanzar en la consideración del deporte femenino. No solo cae el mito de la fortaleza del hombre y la debilidad de la mujer, sino que se abre paso el de la constancia de ellas a la hora del esfuerzo. Para que los éxitos no sean episódicos, hay que equiparar a mujeres y hombres en posibilidades. Las deportistas profesionales también deben encontrarse en condiciones de vivir de esa actividad como requisito para lograr buenos rendimientos, pese a las dificultades provocadas por la crisis económica. [...]
>
> «El brillo de las mujeres»
> *El País,* 5 de agosto de 2013

a. Enuncia el tema o idea principal y resúmelo.

b. Indica la categoría gramatical de las palabras subrayadas.

c. Comenta el género de las palabras *atletas* y *deportistas*.

d. Explica de qué clase son los siguientes sustantivos según su significado: *mayoría, brillo, oro, equipo, debilidad* y *década*.

e. Comenta el número del sustantivo *crisis*.

f. Busca un ejemplo de adjetivo especificativo.

ORTOGRAFÍA, NORMA Y USO

1 Elabora enunciados en los que aparezcan estas parejas de monosílabos, uno con tilde y otro sin ella, de forma que quede clara su función.

tú / tu	dé / de	cómo / como
qué / que	cuándo / cuando	dónde / donde
él / el	sé / se	sí / si
aún / aun	té / te	mí / mi

2 Copia y coloca la tilde donde sea necesario.

a. ¿Cuantos han venido?

b. Me contó como consiguió vender el piso.

c. Se le ha olvidado quien es.

d. La verdad, no se que decirle.

e. Le preocupa que su hijo suspenda.

f. ¿Se lo has traído?

g. Yo que tu no se lo diría.

h. Quien lo vio puede contártelo.

i. Desayuno te con leche.

j. Se mas educado, por favor.

k. Dile a tu padre que te de un justificante.

3 Completa los huecos con *de más* o *demás* según convenga.

a. Los ..... pasajeros descendieron del avión.

b. He visto películas ..... categoría que esa.

c. Por lo ....., en la reunión se trataron diversos asuntos.

d. Creo que has hablado ......

e. Cuando hay salud, todo lo ..... es secundario.

f. Han rebajado los bolsos, el calzado, los pañuelos y ..... accesorios.

g. Tratarán de evitar la deportación ..... de un millón de refugiados.

h. Me ha devuelto dos euros ..... .

4 Escribe cuatro oraciones con las palabras de cada pareja.

a. aparte / a parte

b. abordo / a bordo

c. mediodía / medio día

LEER Y ESCRIBIR

En esta ocasión, tendremos que reflexionar sobre cómo el lenguaje puede ser reflejo de las situaciones de discriminación, y, al revés, sobre cómo los cambios sociales y la igualdad entre hombres y mujeres deben reflejarse en el lenguaje, con voluntad de cambio y no siempre de forma espontánea. Atenderemos, por ello, al contenido, pero también a la intención instructiva del texto.

2.2.1. Discurso en el aula por parte del profesorado

Oralmente, y sobre todo si el discurso es relativamente espontáneo, es más difícil controlar la forma de expresarse. Asimismo, es importante cuidar un lenguaje igualitario creando hábitos de empleo de alternativas al masculino genérico, preparando previamente las exposiciones y procurando ajustarse al sexo de las personas que tenemos delante o a las que hacemos referencia, en especial en las apelaciones o referencias directas a personas concretas.

Recomendaciones:

- Evitar un uso exclusivo, o casi exclusivo del masculino genérico en sus exposiciones, especialmente en las apelaciones directas al conjunto del alumnado:
  - *Si alguno tiene más dudas sobre el tema, ahora es el momento para hacer las preguntas.*
  - *Si alguien tiene más dudas sobre el tema, ahora es el momento* [...].
  - *Muchos ya me habéis mandado los trabajos por correo electrónico, pero* [...].
  - *La mayoría ya me habéis mandado los trabajos por correo electrónico, pero* [...].
  - *Mucha gente ya me ha mandado los trabajos por correo electrónico, pero* [...].
- Emplear la forma femenina adecuada cuando se haga alusión o se cite a mujeres que ocupan un cargo o profesión, mujeres expertas o estudiosas de un área de investigación:
  - *La catedrático Mercedes Valdés ha ocupado la dirección de la Asociación International de Optometría.*
  - *La catedrática Mercedes Valdés ha ocupado la dirección de la Asociación International de Optometría.[...]*

Será necesario, igualmente, evitar el tratamiento asimétrico, que invisibiliza, subordina o connota negativamente respecto a las mujeres.

VV AA
Guía de uso para un lenguaje igualitario
http://www.uv.es

ACTIVIDADES

1. ¿Cuál es el tema del texto? Recuerda que el fragmento pertenece a una guía y que tiene una finalidad concreta.
2. Elabora un resumen del texto en el que aparezcan jerarquizadas las ideas principales y las secundarias.
3. ¿Qué significa «evitar el tratamiento asimétrico, que invisibiliza, subordina o connota negativamente respecto a las mujeres»? Explica el significado de las palabras subrayadas en este contexto particular y el contenido e intención del enunciado completo.
4. Observa los ejemplos de la primera recomendación, ¿qué alternativas propone al uso del masculino genérico?
5. En cuanto a la segunda recomendación, ¿qué otros ejemplos se podrían añadir al de *catedrática* que reflejen la adaptación del lenguaje a la incorporación de la mujer a nuevos campos profesionales?
6. ¿Qué tiempo verbal es el más empleado? Explica su uso en función del género textual. ¿Por qué las recomendaciones están encabezadas por un infinitivo? ¿Qué valor tiene en este contexto el uso del futuro en la recomendación final? ¿Cuál es la función o funciones del lenguaje que predomina en el texto? ¿Qué modalidad predomina? Relaciónalas con la tipología textual.
7. Ignacio Bosque, académico de la RAE, considera en un informe que, aunque el propósito de las guías de lenguaje no sexista es loable porque quieren contribuir a la igualdad de la mujer, no tiene sentido «forzar las estructuras lingüísticas para que constituyan un espejo de la realidad» ni «impulsar políticas normativas que separen el lenguaje oficial del real». ¿Cuál es tu opinión al respecto?

Características lingüísticas de los textos expositivos

Lee el siguiente texto expositivo sobre los *tsunami* y fíjate bien en su redacción para poder contestar luego a la pregunta.

> Un tsunami o maremoto (del japonés *tsu,* «puerto» o «bahía», y *nami,* «ola»; literalmente significa gran ola en el puerto) es una ola o un grupo de olas de gran energía que se producen cuando algún fenómeno extraordinario desplaza verticalmente una gran masa de agua.
>
> Se calcula que el 90% de estos fenómenos son provocados por terremotos, en cuyo caso reciben el nombre más preciso de *maremotos tectónicos.*
>
> La mayoría de los *tsunami* son originados por terremotos de gran magnitud bajo la superficie acuática. Para que se origine un *tsunami,* el fondo marino debe ser movido abruptamente en sentido vertical, de modo que una gran masa de agua del océano es impulsada fuera de su equilibrio normal. Cuando esta masa de agua trata de recuperar su equilibrio genera olas.
>
> El tamaño del *tsunami* estará determinado por la magnitud de la deformación vertical del fondo marino entre otros parámetros como la profundidad del lecho marino. No todos los terremotos bajo la superficie acuática generan *tsunami,* sino solo aquellos de magnitud considerable y cuyo hipocentro se genera en el punto de profundidad adecuado.
>
> Las condiciones necesarias para la formación de un *tsunami* son que los terremotos:
>
> - Tengan magnitud considerable (mayor de 6,5 en la escala de Richter) y que ocurran bajo el lecho marino.
> - Sean capaces de deformar el lecho marino.
>
> Debido a que la onda se propaga en toda la columna de agua, desde la superficie hasta el fondo, se puede hacer la aproximación a la teoría lineal de la hidrodinámica, A las profundidades típicas de 4-5 km las olas viajarán a velocidades en torno a los 600 km/h o más.
>
> Su amplitud superficial o altura de la cresta *H* puede ser pequeña, pero la masa de agua que agitan es enorme, y por ello su velocidad es tan grande; y no solo eso, pues la distancia entre picos también lo es. Es habitual que la longitud de onda de la cadena de maremotos sea de 100 km, 200 km o más.
>
> Oficina Nacional de Meteorología de República Dominicana
> www.onamet.gov.do

La clase de palabras más destacable es el sustantivo, puesto que se trata de nombrar ideas, aspectos o procesos.

El tiempo verbal propio de la explicación es el presente de indicativo, tiempo utilizado habitualmente para asociar el enunciado al momento de enunciación, pero también para darle un carácter intemporal, como en las declaraciones de valor universal.

Para lograr la cohesión textual, los pronombres relativos son los anafóricos más usados para establecer las referencias en el contenido.

El empleo de adjetivos y adverbios permite formular precisiones sobre la realidad que se aborda, pues dichas clases de palabras le atribuyen determinadas propiedades, o la cuantifican, individualizan o sitúan para su adecuada identificación; los **adjetivos** que se usan, imprescindibles, son **especificativos o clasificativos.**

Abundan las proposiciones causales, finales y modales, para demostrar, concretar y relacionar lo que se afirma.

La modalidad oracional es la enunciativa, con el tono neutro de la explicación, que no busca provocar un efecto estético o emocional, sino aclarar algo complejo.

Se suelen emplear construcciones en tercera persona gramatical; son muy infrecuentes las intervenciones en primera persona del emisor del texto, porque le restarían objetividad al mensaje.

Aparecen conectores (causales, ilativos, condicionales, concesivos, de equivalencia, modales...) y marcadores discursivos, que establecen relaciones lógicas entre los enunciados; también se recurre a los reformuladores (como *esto, es, es decir, o sea, en otras palabras...*).

Las construcciones oracionales suelen responder a dos fórmulas:

Síntesis: sujeto + *es* + atributo.

Análisis: sujeto + *tiene* + complemento.

Se emplea **terminología** específica del ámbito pertinente (tecnicismos), unívoca y abierta a los neologismos; y un léxico objetivo, sobre todo en las materias del conocimiento físico, experimental. En las materias humanísticas, están presentes los **cultismos** y los **sustantivos abstractos.**

Los textos expositivos los encontramos en todos los ámbitos del saber. En el texto que vas a leer a continuación se explica cuál es el gen del lenguaje.

El largo viaje de nuestros antepasados

Al analizar la metamorfosis que experimentamos hasta llegar a humanos, vemos que hemos mantenido muchas cosas de nuestros antepasados, que también vemos en el resto de los primates actuales, nuestros primos. Esto queda patente en el ADN: el 99 por ciento del nuestro es idéntico al de los chimpancés, por ejemplo. Nuestra conducta también es muy similar: somos sociables y territoriales, peleamos por defender el territorio. Por si fuera poco, bostezamos como los simios, aunque sin finalidad aparente.

En investigaciones recientes se ha descubierto un gen del lenguaje, el FOXP2 (necesario para establecer los circuitos neurales imprescindibles en el aprendizaje del lenguaje), que corrobora que la facultad del habla es innata, como sostienen Noam Chomsky o Steven Pinker. Sin este gen, que fue fraguándose con el tiempo, los niños no podrían aprender a hablar en solo tres años.

Lo curioso es que el lenguaje es muy importante para entendernos, pero también para confundir a los demás. Como estábamos sumidos en tantas peleas, el lenguaje fue una manera de distinguir a los foráneos de los intrusos. Por eso tenemos tantos idiomas y dialectos, y antes de que viajáramos fácilmente era posible adivinar a qué distancia estaba el pueblo del que venía un visitante solo con escuchar su dialecto.

Eduardo PUNSET
Excusas para no pensar. Destino

ACTIVIDADES

1. Después de ver las características lingüísticas de los textos expositivos en un texto científico, localiza y justifica con ejemplos del texto las características lingüísticas de la *Guía de uso para un lenguaje igualitario* o del texto de Eduardo Punset. Explica y comenta la función de cada una de las características en ese texto.

ESCUCHAR

El léxico de un texto expositivo varía según el tema, pero también según el receptor al que va dirigido y su grado de conocimientos sobre el tema.

ACTIVIDADES

1. Usando el código QR, accede al siguiente vídeo en el que se nos hace una breve recensión sobre Juan Goytisolo, ganador del premio Cervantes 2014. Fíjate en lo que se cuenta sobre él y en lo que dice el propio Goytisolo en esta noticia de Radio Televisión Española.
   a. Analiza el léxico connotativo empleado por Juan Goytisolo cuando habla de «contaminación» o de «tratamiento médico».
   b. ¿Qué registro utiliza el escritor? Justifica tu respuesta.
   c. La periodista utiliza un lenguaje denotativo, ¿cuáles son sus rasgos más destacados?

Juan Goytisolo, premio Cervantes 2014, es novelista, ensayista y prestigioso articulista en diarios como *El País*.

Pautas de expresión escrita

Elaborar un borrador

Tal y como hemos visto, una vez elaborado el plan de la exposición, recopilada la información y resumida y recogida esta en fichas resumen, se aborda otra fase de trabajo. A partir de aquí, llega un momento clave en la redacción de textos expositivos, sobre todo en el ámbito académico: **elaborar un borrador** del documento.

1. Antes de escribir el borrador tendrás que haber hecho una **distribución de los contenidos** en un guion (tal y como vimos en la unidad 2).
2. Recuerda que la estructura básica de un texto expositivo es:
   a. **Introducción** donde se señala el tema y los objetivos propuestos en el trabajo.
   b. **Desarrollo,** que puede presentarse bajo varias formas, como enumeraciones, una serie de causas-consecuencias, problema-solución, etc.
   c. **Conclusión,** que cierra el documento insistiendo en lo que se quiere demostrar o aportar.
3. **Desarrolla el guion** teniendo ya en cuenta la estructura que has elegido. Para ello, piensa en qué idea desarrollarás en cada párrafo (lo aconsejable es desarrollar una idea en un párrafo).
4. Ten en cuenta las **características del texto expositivo** que has visto y **aplícalas al redactar:**
   - Empleo de conectores y marcadores para relacionar las ideas, los párrafos, etc.
   - Escritura correcta de las oraciones (tiempos verbales, orden, etc.).
   - Empleo del léxico adecuado (sustantivos, adjetivación, tecnicismos…).
   - Ordena visualmente tu escrito con títulos, subtítulos, guiones, boliches… Y usa correctamente los signos como comillas, paréntesis, etc.

ACTIVIDAD

1. ¿Sueles emplear borradores para elaborar tus textos?
   a. En caso de que la respuesta sea negativa, ¿por qué? ¿Qué método empleas para elaborar una exposición o un trabajo?
   b. En caso de que la respuesta sea afirmativa, ¿se diferencia en algo tu forma de hacerlo de la que has leído? ¿En qué?

Pautas de expresión y comprensión oral

El léxico en relación con la situación comunicativa

Partiendo de los rasgos vistos con anterioridad en la exposición: tecnicismos, léxico objetivo, cultismos y sustantivos abstractos, etc., debemos ser capaces de exponer un tema de forma coherente adecuándonos a nuestra cultura y ámbito discursivo. Para ello debemos plantearnos las siguientes cuestiones:

1. **¿Sobre qué tema voy a exponer y en qué ámbito discursivo?** Dentro de tu ámbito académico, probablemente sea una exposición sobre cualquier tema de tu currículo independientemente de la asignatura: una generación literaria, resumen de un cuento del *Conde Lucanor,* la composición de la corteza terrestre… En la fase de documentación, tendrás que **buscar el significado** de los tecnicismos para facilitar la comprensión propia y ajena.
2. **¿En qué situación se va a dar mi exposición?** En el aula deberás prever las herramientas que vas a utilizar: pizarra digital o tradicional, ordenador con pantalla, etc. Debes emplear siempre un **léxico adecuado** evitando muletillas, coloquialismos inapropiados para el registro formal que requiere tu situación comunicativa.
3. **¿Quién o quiénes van a ser mis destinatarios?** Tus receptores serán tu profesor y tus compañeros, así pues has de emplear un registro formal basado en un léxico cuidado con la inclusión de algunos **cultismos o tecnicismos** relativos al tema de tu exposición, que deberás explicar a tus receptores, para que estos te comprendan. No incluyas términos cuyo significado desconozcas, porque mostrarás tu ignorancia; búscalos en el diccionario e incorpóralos a tu discurso; evita, asimismo, abusar de los tecnicismos, pues puede dificultar la comprensión de tu mensaje y aburrir a tus compañeros. Se trata de usar un léxico adecuado al tema, a la situación y a tus receptores, mostrando equilibrio entre lo nuevo que aportas y tu cuidada forma de expresión. Y sobre todo ensaya tu discurso, así comprobarás si te expresas bien y si eres comprendido. Puedes grabarte con tu móvil y escucharte después.

ACTIVIDAD

1. Elige un tema sobre el que te gustaría hacer una exposición ante tu clase (puede ser sobre cualquier asignatura o algún tema de tu interés). Elabora un listado de los cultismos o tecnicismos que crees que deberías emplear al hacer la exposición.

Literatura y cine, cine y literatura. ¿Libro o película?

La polémica entre la literatura, concebida como un arte, y el cine, calificado de espectáculo, es igual de antigua que la primera adaptación realizada en cine, es decir, igual de vieja que el propio cine.

De alguna manera, estas dos disciplinas tienen un mismo objetivo: contar historias, y uno de sus elementos básicos ha sido el mismo: la palabra. Si recordamos, el lenguaje cinematográfico se desarrolló ante el reto de narrar con claridad una historia en un tiempo determinado, sintetizando en una hora de proyección, cientos de páginas que constituyen un guion.

A través de los años, hemos sido testigos de múltiples cintas, que basadas en grandes obras de la literatura, han evidenciado la difícil tarea de representar para la pantalla, las imágenes literarias; esto, sin duda, ha resultado en aciertos y decepciones, sin embargo, resulta primordial reconocer que, si bien son dos medios distintos, esto no los hace incompatibles, sino complementarios.

Hoy, del mismo modo que a principios del siglo XX, hay quienes consideran que el cine es un modo de expresión tan nuevo que, necesariamente debe ser diferente de la literatura, con expresividad distinta, lenguaje diferente, que aporta nueva terminología y enfoque al arte. Otros, por el contrario, cada vez menos, consideran que el cine es un producto de la literatura, una nueva expresión de ella. En cualquier caso, cine y literatura están íntimamente unidos y condenados a encontrarse [...].

[...] Unas veces se realiza la adaptación de obras literarias al cine, que tiene la misma tradición centenaria que el séptimo arte y, casi siempre, renueva la eterna polémica: se suele rechazar la película lamentando que la complejidad del texto literario haya sido despreciada por la superficialidad de las imágenes. En ocasiones, se hace un guion (que no deja de ser una obra literaria) exclusivamente para el cine. A veces, las menos, tras la película, se ha escrito la obra literaria.[...]

El cine es rico en imaginación y cualquier idea la puede convertir (con mayor o menor fortuna) en imágenes y sonido.

Enrique MARTÍNEZ-SALANOVA SÁNCHEZ
www.uhu.es/cine.educacion

ACTIVIDADES

Leer

1 Resume el texto. Indica cuáles son las ideas principales y secundarias.

2 Localiza, con ejemplos del texto, las características lingüísticas de los textos expositivos. Señala los rasgos que no se ajusten a las características estudiadas. Relaciona su empleo con la finalidad del autor, con el carácter de la exposición y con el ámbito de uso en que aparece.

3 ¿Qué tipo de estructura sigue este texto?

Escribir

4 Como bien se dice en el texto anterior, muchas obras literarias han sido llevadas al cine. Pero el cine también ha tratado temas relacionados con la ciencia o con obras de ciencia ficción. Elabora un borrador de una exposición escrita sobre las relaciones entre cine y la ciencia ficción.

Escuchar

5 Utiliza el código siguiente QR para escuchar el audio hasta el minuto 2:58. Se trata del programa de RNE *No es un día cualquiera*.

a. Explica cuál es el ámbito de uso y la finalidad del programa.

b. En él se da una doble proceso de comunicación, explícalo.

c. Analiza el léxico del especialista. ¿Emplea y tecnicismos? Indica cuáles. ¿Los explican? ¿El especialista hace uso de muletillas, titubea...?

d. Explica a qué registro pertenece la expresión analizada en el audio y en qué situación comunicativa se da según la propia explicación del significado

e. ¿Qué relación se plantea entre la lengua y la literatura en el audio?

Hablar

6 Vas a realizar ante tus compañeros una exposición oral sobre el autor de un libro que te haya gustado. Ten en cuenta todas las consignas en torno a la exposición oral. Al final de tu exposición, pregunta a tus compañeros a cuántos de ellos les ha resultado interesante la información sobre el autor que has escogido: ¿lo conocían?, ¿han leído algo suyo?, ¿lo leerán ahora? Ello te dará una pista sobre el interés de tu exposición.

ACTIVIDADES

1 Lee el siguiente texto y contesta a las preguntas.

> Una expedición científica ha descubierto sesenta nuevas especies hasta ahora desconocidas, entre ellas seis tipos de ranas, una serpiente, once peces diferentes e infinidad de insectos, en la zona selvática menos accesible del sureste de Surinam. Según la organización ambientalista Conservación Internacional, un equipo de biólogos de varios países exploró áreas remotas sin influencia humana y se topó con decenas de especies endémicas de ese área del país que jamás antes habían sido catalogadas. [...]
>
> Los descubrimientos se efectuaron en la cuenca alta del río Palumeu, donde, por ejemplo, se notificó la existencia de la «rana cocoa», una especie de color chocolate que vive en los árboles y que se ayuda de la forma redondeada de sus dedos para adherirse a la cima de los árboles. «Como otros anfibios, su piel casi permeable le hace ser muy sensible a cambios medioambientales, especialmente del agua», dijo el director del proyecto de exploración, Trond Larsen, de Conservación Internacional, al presentar estos resultados. [...]
>
> El director ejecutivo de Conservación Internacional, John Goedschalk, apuntó que la riqueza de la vegetación y animal de los bosques de Surinam son una muestra de la importancia de mantener un desarrollo sostenible. Además, dijo que un territorio como Surinam puede ser un proveedor de agua en un mundo con sequías y graves carencias en el suministro de ese bien de primera necesidad.
>
> *ABC*, 14 de octubre de 2013

a. Localiza las aposiciones especificativas y explicativas.

b. En el primer párrafo hay un error de concordancia, corrígelo.

c. Indica la categoría gramatical de las palabras subrayadas.

d. Comenta el género de las palabras *rana* y *áreas*.

e. Explica de qué clase son los siguientes sustantivos según su significado: *equipo, anfibios, agua, riqueza, Palumeu.*

f. Localiza todos los adjetivos y determina su función. Señala cuáles son especificativos y relaciona su uso con el tipo de texto. Busca algún ejemplo de SPrep que sirva para el mismo fin.

g. Justifica el predominio de sustantivos abstractos en el último párrafo a partir del ámbito de uso, la tipología textual y la intencionalidad del autor.

2 Lee el siguiente texto y contesta a las preguntas.

> En la trilogía de *El Señor de los Anillos*, hay una escena en la que Gandalf (el mago bueno) está luchando con el balrog (la bestia mala) para que Frodo [...] cumpla con su misión. En ese momento, se sacrifica diciendo al resto de la expedición que siga adelante con la famosa frase: «¡Corred, insensatos!».
>
> Pues bien, yo creo que, en esa escena, además de hobbits, enanos, elfos y demás seres del mundo mágico de J. R. R. Tolkien, también estaba Karim Benzema, que hizo caso al mago, se subió a su Audi y le pillaron a 216 km/h circulando por la M-40 de Madrid. Porque es la única manera de entender la reacción de los responsables en este tema. La estrategia de comunicación ha sido intentar que esto pase haciendo el menor ruido posible, que se quede en una multa y una retirada de carnet, y que la atención se centre en cualquier otro sitio.
>
> Ángel Sanz
> «¡Corred, insensatos!»
> *Expansión*

a. ¿Qué oposición marcan los adjetivos *bueno* y *malo* del primer párrafo? ¿Qué significado tienen en este contexto?

b. ¿Cuál es la intención del autor? Busca ejemplos de léxico valorativo relacionado con esa intención.

c. Explica el uso de la primera persona y su relación con el tipo de texto.

d. Determina la forma y la función sintáctica de las palabras subrayadas en el texto.

e. ¿Por qué el autor escribe «la famosa frase» y no *una famosa frase*? ¿Qué presupone al utilizar el artículo determinado?

DIARIO DE APRENDIZAJE

¿Qué técnica he empleado para estudiar los sintagmas?

05 EL SINTAGMA VERBAL Y EL SINTAGMA ADVERBIAL

EL SV

Estructura

NÚCLEO

VERBO EN FORMA PERSONAL

- Flexión
  - **Morfemas o desinencias**
    - Persona
    - Número
    - Tiempo
    - Modo
    - Aspecto
- Formas verbales
  - **Simples**
  - **Compuestas**
  - Usos
    - **Rectos**
      - Anterioridad = pasado
      - Simultaneidad = presente
      - Posterioridad = futuro
    - **Desplazados**
      - Cuando el hablante usa los tiempos con valores distintos a los del paradigma (presente con valor de pasado, etc.)
- **Tipos de verbos**
  - Desde el punto de vista morfológico
    - Regulares e irregulares
    - Defectivos
    - Plenos o auxiliares
  - Desde el punto de vista sintáctico
    - Copulativos y predicativos
    - Transitivos e intransitivos
    - Pronominales y no pronominales

FORMA NO PERSONAL

- **Infinitivo**
  - Propiedades verbales
  - Propiedades nominales
- **Gerundio**
  - Propiedades verbales
  - Propiedades adverbiales
- **Participio**
  - Propiedades verbales
  - Propiedades adjetivas

Función — Constituyente básico de la oración

COMPLEMENTOS

PERÍFRASIS

Estructura

Verbo auxiliar
- Aporta contenidos gramaticales
- En forma personal

Nexo
- No es obligatorio
- Conjunciones y prep.

Verbo auxiliado
- Contenido semántico
- Determina el régimen verbal
- En forma no personal

Tipos

Modales
- Obligativas
- Aproximativas de conjetura
- Posibilidad

Aspectuales
- Ingresivas o de inminencia
- Incoativas
- Frecuentativas
- Reiterativas
- Terminativas
- Durativas

LOCUCIÓN VERBAL
- Conjunto de palabras en la que al menos una es un verbo
- Funcionan como un solo núcleo
- Tienen significado unitario; pueden sustituirse por un solo verbo
- Si tienen dos verbos, la forma no personal no puede cambiarse por otra

SINTAGMA ADVERBIAL

Estructura

Modificador
- Un adverbio cuantificable

Núcleo
- Adverbio o locución
  - Forma invariable; algunos reciben afijos
  - Simples, derivados o locuciones
  - **Según su significado**
    - Cantidad
    - Lugar
    - Tiempo
    - Aspecto
    - Modo o manera
    - Afirmación, negación y duda

Complemento
- S.Prep
- Otro adv.

Funciones
- Si complementa a un verbo, CC
- Modificador de un adj. u otro adv.
- Nexo oracional
- Adverbios oracionales

ACTIVIDADES

Clasificación de los verbos y conjugación verbal

EJEMPLO RESUELTO

Respond-	*-e-*	*-re-*	*-mos*
Lexema	VT	Desinencia de T, M y aspecto	Desinencia de N y P

1 Analiza las siguientes formas verbales separando sus componentes: lexema y desinencias, según el modelo: *trabajábamos, construíamos, amasando, pudiesen, comprarías, enviaste, evitarás, repitieran, bendecida.*

2 Localiza las formas verbales e indica su tiempo, modo y aspecto. Relaciona los distintos tiempos verbales usados con la tipología textual.

> [...] habían impedido que surtieran el efecto apetecido las innumerables instancias que a todas las jerarquías judiciales y de otra índole yo con infatigable regularidad cursaba y de hecho que mi estancia intramuros del manicomio contase ya seis largos años en los albores primaverales a que he aludido.
>
> Tesitura esta que, aun amarga, no me privó de percatarme de que de súbito mi compañero se callaba. Transcurridos unos minutos y extrañado de su silencio, cuchicheé:
>
> —Pepito, ¿qué haces?
>
> Solo el susurro de las hojas respondió a mi apercibimiento.
>
> —Pepito, ¿estás ahí? —insistí con idéntico resultado.
>
> Intuí que un peligro rondaba y, por lo que pudiera pasar, me puse en guardia, aunque la experiencia me ha enseñado que ponerse en guardia equivale normalmente a adoptar una expresión ladina y resignarse de antemano a lo que inexorablemente habrá de suceder.
>
> Eduardo Mendoza
> *El laberinto de las aceitunas.*
> Seix Barral

3 Analiza morfológicamente las siguientes formas verbales. Señala las irregulares y explica en qué consiste su irregularidad: *trajo, tuvieron, habían dicho, hayáis, tendréis, valga, puse.*

4 ¿Hay alguna irregularidad en las formas *venzáis, llegué, saquemos* y *consigue?* Explícala.

5 Conjuga el pretérito perfecto simple, el pretérito imperfecto de indicativo y el pretérito imperfecto de subjuntivo del verbo *andar.*

6 Escribe el pretérito imperfecto de indicativo, el presente de subjuntivo y el gerundio de *prever.*

7 Conjuga la primera persona del singular del presente de subjuntivo y del condicional simple de estos verbos: *caber, ir, errar, traer, resolver, concertar, tener, maldecir, competir, competer, anteponer, contravenir, constituir.*

8 Corrige las incorrecciones de las siguientes oraciones:

a. El otro día conducimos el coche nuevo de mi tío.
b. El servicio no nos satisfació en absoluto.
c. No te contradeciré nunca.
d. Cuando llamaste ya nos estábamos iendo de casa.
e. Te enfadaste con tu padre y él solo te estaba preveniendo.
f. Si todos se abstenieran, no se tomarían decisiones.
g. En ese momento me distraí y me salté el semáforo.
h. Tu maleta gris no cabió en el maletero, va en la parte de atrás del coche.
i. Ayer andaron más de 15 kilómetros haciendo una ruta de senderismo.
j. Ese accidente se produció por la negligencia del operario.

9 Clasifica los siguientes verbos desde el punto de vista morfológico, sintáctico y semántico (estado, acción, proceso): *anochecer, ocurrir, parecer, ir, parlotear, conseguir, poder, enorgullecerse.*

10 Los siguientes verbos están usados como pronominales; identifica aquellos que admiten un uso no pronominal y señala las diferencias semánticas y sintácticas que se producen en ese caso.

a. Deja ya de quejarte de tu mala suerte.
b. ¿Ya os marcháis? Es pronto aún.
c. Ayer me encontré con tu hermano en la parada del autobús.
d. Nos examinamos mañana.
e. Ya se han ocupado de ese asunto.
f. Me quedé pasmada al enterarme de la noticia.
g. Mi abuela se acuesta muy temprano.
h. ¿Se ha recuperado ya María de aquello?
i. Se sorprendió cuando me escuchó tararear esa canción.
j. ¿De qué te escondías ayer?

ACTIVIDADES

11 Clasifica los verbos según sean copulativos, semicopulativos o predicativos.

a. Marta se parece a su madre.
b. Andrés tiene tres hermanas mayores.
c. Los niños parecían entretenidos con la película.
d. Se hallaba en un estado de estupor.
e. Se mantiene firme en sus convicciones.
f. Ese perro está lleno de pulgas.
g. Eso es lo mejor que te ha podido pasar.
h. Subiremos por las escaleras porque el ascensor anda estropeado otra vez.

12 Construye una oración con cada uno de estos verbos: concernir, acaecer, acontecer y atañer.

Los usos del verbo. Usos rectos y trasladados

13 Comenta los usos rectos y trasladados de los tiempos verbales en las siguientes oraciones y explica su valor en cada caso.

a. El agua hierve a 100 grados.
b. Cervantes muere en 1616.
c. El mes que viene se celebran elecciones.
d. Estarás orgulloso de tu comportamiento.
e. ¿Podría dejarme un bolígrafo, por favor?
f. ¿Decías algo?
g. Espero que me aprueben.
h. Me pareció mal que no me prestara los libros.
i. La tierra gira alrededor del sol.
j. Cuando acabe esto, recojo.
k. Era una cálida mañana de primavera.
l. Si lo supiera, te lo contaba.
m. Colón descubre América en 1492.
n. Serían unas diez personas.
o. Por poco pierdo el tren.
p. En 1978 se aprueba el texto de la Constitución.
q. Quería pedir cita, por favor.
r. Tendrá alrededor de veinte años.

Formas no personales del verbo

14 Localiza las formas no personales y comenta su función.

¡Ay mísero de mí, y ay, infelice!
Apurar, cielos, pretendo,
ya que me tratáis así
qué delito cometí
contra vosotros naciendo;
aunque si nací, ya entiendo
qué delito he cometido.
Bastante causa ha tenido
vuestra justicia y rigor;
pues el delito mayor
del hombre es haber nacido.
Solo quisiera saber
para apurar mis desvelos
(dejando a una parte, cielos,
el delito de nacer),
qué más os pude ofender
para castigarme más.
¿No nacieron los demás?
Pues si los demás nacieron,
¿qué privilegios tuvieron
que yo no gocé jamás?

Pedro CALDERÓN DE LA BARCA
La vida es sueño

15 Señala los usos erróneos de las formas no personales y corrígelos. Indica la causa del error.

a. Salió de la cárcel y se fue lejos, no acordándose nunca más de aquellos años.
b. Siempre llevaba una mochila conteniendo fruta.
c. Se ofrece señora sabiendo cocinar.
d. Los jóvenes pasaron la jornada ordenando sus habitaciones.
e. Se declaró un incendio siendo apagado por los bomberos de la comunidad.
f. Tuvo un accidente resultando ileso.
g. Indicarles que, por orden de la autoridad, se suspenden los festejos hasta nuevo aviso.

16 Escribe los participios irregulares de estos verbos y forma una oración con cada uno de ellos: *elegir, prender, abstraer, concluir, convencer, incluir, nacer, poseer, sepultar.*

ACTIVIDADES

Perífrasis verbales

EJEMPLO RESUELTO

Para distinguir una construcción perifrástica se pueden hacer algunas pruebas. Si en la oración *Antonio va a estudiar psicología*, queremos saber si hay una perífrasis o dos verbos podemos seguir estos pasos:

- Intentar convertirla en oración interrogativa: *¿Qué va Antonio?* Vemos que *ir* no conserva su significado propio. Lo correcto sería *¿Qué va a estudiar Antonio?*
- Comprobar que el verbo auxiliado selecciona el sujeto y complemento de la oración: el CD *psicología* pertenece al verbo *estudiar* y no al verbo *ir.*

17 Localiza las perífrasis, clasifícalas y explica cómo se distinguen de otros casos en que aparecen dos verbos.

a. El corredor ya lleva ganadas varias etapas del *Tour.*
b. No podemos tolerar ese comportamiento.
c. Siempre voy a comer al mismo sitio.
d. Mi abuela anda preocupada por su salud.
e. El médico ha dicho que tienes que dejar de fumar.
f. Te dejo coger el coche si vas con cuidado.
g. El campamento de inglés viene costando unos mil euros.
h. ¿Te has dado cuenta de que llevas roto el pantalón?
i. Se echaron a reír cuando les pedí el coche.
j. Ya llevo hechos quince ejercicios.
k. Tú no vas a decirme cómo tengo que educar a mis hijos.
l. Si sigues actuando de esa manera, no te van a quedar amigos.
m. No quería irme así, pero no pude hacerlo de otro modo.
n. Se está quedando delgadísima; debe de pesar unos 45 kilos.
o. El lunes vuelvo a recoger los trabajos de los que tienen que repetir algún apartado.
p. No creo que tarde mucho, suele llegar siempre muy puntual.

El adverbio

18 Localiza y clasifica los adverbios y las locuciones adverbiales desde el punto de vista morfológico y semántico.

a. No salgas ahora: está lloviendo a mantas.
b. Es asombroso, canta fenomenal.
c. A pesar del dolor, no ha llorado nada.
d. Te lo digo de verdad, te sienta muy bien.
e. Esa es la casa donde viven mis abuelos.
f. ¿Cuándo sale el tren?
g. Estamos estupendamente bien, gracias.

19 Localiza las locuciones verbales y adverbiales y explica su significado.

a. Te lo estoy diciendo en serio.
b. La cueva era tan angosta que tuvieron que entrar a gatas.
c. Cuéntamelo todo con pelos y señales.
d. Tranquilo, ya ajustaremos cuentas.
e. No voy a andarme con rodeos, el examen está muy mal.
f. Haré lo que sea por mi familia, a mí no se me caen los anillos.
g. El matrimonio está pasando por una crisis pero intenta guardar las apariencias.
h. Se puso muy nerviosa y perdió los papeles completamente.
i. Es un pelota y siempre está riéndole las gracias al jefe.

20 Distingue los indefinidos de los adverbios de cantidad y especifica su función sintáctica.

a. Siento que me falta algo.
b. No te presto ninguna, tengo pocas.
c. ¿Habéis hecho bastantes bocadillos?
d. Duele demasiado.
e. Se han mojado algunos libros con la lluvia.
f. He salido poco este fin de semana.
g. No quedan latas de atún, compra alguna.

21 Indica la función sintáctica de los adverbios que aparecen en las siguientes oraciones.

a. Evidentemente, hemos llegado tarde.
b. Ahora ya amanece más tarde.
c. Hace mal tiempo, mejor nos quedamos dentro.
d. Había tanta gente que nos tuvimos que quedar de pie.
e. Podríamos ir mañana más lejos.
f. Ahora tengo poco tiempo para salir.

22 Clasifica los adverbios y las locuciones adverbiales según su significado.

a. Saldremos adelante, sin duda.
b. No te oirá: duerme como un tronco.
c. Se puso a dar golpes a diestro y siniestro y casi destroza el local.
d. Vamos rápido, que no llegamos.
e. Empezó a llover de repente.
f. No puedo atenderte, te llamo luego.
g. Te lo pido de rodillas, dámelo de una vez.
h. Esto lo arreglo yo en un periquete.

ACTIVIDADES

Estructura del sintagma adverbial

EJEMPLO RESUELTO

Se escondieron detrás de la puerta

- la puerta: Det + N (Sust) → SN-T
- de la puerta: Enl + SN-T → SPrep (CAdv)
- detrás de la puerta: N (Adv) + SPrep (CAdv) → SAdv

23 Analiza los sintagmas adverbiales según el modelo.

a. Sal de esta casa, fuera de aquí.

b. Ensayó el discurso delante de toda su familia.

c. El trabajo está ahí delante.

d. No veía bien y leía muy despacio.

e. La casa está muy cerca de la ciudad.

24 Comenta las palabras subrayadas en el texto, especifica su forma y función y a qué categoría gramatical pertenecen.

> Desde temprana edad, Sikrosio dejó bien sentado que no se trataba de una criatura tímida, paciente, ni escrupulosa en el trato con sus semejantes. [...] Pronunciaba estrictamente las palabras precisas para hacerse entender, y no solía escuchar, a no ser que se refiriesen a su persona o su caballo, lo que decían los otros. No detenía su pensamiento en cosa ajena a lances de guerra, escaramuzas o luchas vecinales [...]. Cuando no peleaba, distribuía su jornada entre el cuidado de sus armas y montura, la caza, ciertos entrenamientos guerreros y placeres personales (no muy complicados estos, ni, en verdad, exigentes). Era de natural alegre y ruidoso, y prodigaba con mucha más frecuencia la risa que la conversación. Sus carcajadas eran capaces de estremecer (según se decía) las entrañas de una roca, y aunque consideraba probable que un día u otro el diablo cargaría con su alma, tenía de esta una idea tan vaga y sucinta (en lo profundo de su ser, desconfiaba de albergar semejante cosa) que poco o nada se preocupaba de ello. Amaba intensamente la vida (la suya, claro está) y procuraba sacarle todo el jugo y sustancia posibles. A su modo, lo conseguía.
>
> Ana M.ª Matute. *Olvidado rey Gudú*. Espasa Calpe

ORTOGRAFÍA, NORMA Y USO

1 Completa con *a*, *ah* o *ha* donde corresponda:

a. Le (.....) costado mucho trabajo conseguir lo que tiene.

b. ¿Crees que te vas (.....) salir con la tuya?

c. ¿(.....) quién se lo (.....) vendido?

d. ¡ (.....), te he pillado con las manos en la masa!

e. No esperarán (.....) que tú los llames.

2 Distingue *ay*, *ahí* o *hay* en las siguientes oraciones:

a. (.....) que bajar a la panadería.

b. No dejes (.....) el paraguas, lo vas a perder.

c. ¡(.....) mi madre! ¿Seguro que hoy (.....) examen?

d. No (.....) nadie (.....).

e. Me temo que no (.....) nada que hacer.

3 Señala los errores, corrígelos y explica en qué consisten:

a. Inventar una frase con verbo.

b. Ves a tu casa.

c. Repartiros lo que queda.

d. No haced tanto ruido, que molestáis a los vecinos.

e. Deberíamos de advertírselo para que no lo engañen.

f. Sentarse ya, que va a empezar el espectáculo.

g. Debes de estudiar más si quieres aprobar el curso.

h. Estarse quietos ya, que no paráis.

i. Deben ser las 7 porque empieza a salir el sol.

4 Corrige los errores e indica de qué tipo son:

a. Hubieron muchas personas en la fiesta.

b. Habíamos muchos niños en el salón de actos.

c. Si hubiera habido menos personas, no se habría producido la avalancha.

d. Nos tememos que van a haber muchas discusiones por estos cambios.

e. Ayer hicieron cuarenta grados en Córdoba.

f. Había muchos visitantes en el museo porque fuera estaba lloviendo a mares.

5 Señala y corrige los errores en el empleo del adverbio; explica en qué consiste el error.

a. Detrás suyo hay una serpiente.

b. Esther llegó media empapada por la lluvia.

c. Se durmió de pura cansada.

d. No quiero más nada.

e. Salió adelante de mí.

LEER Y ESCRIBIR

El acceso a internet por parte de los jóvenes se ha convertido en tema de debate con argumentos opuestos incluso entre los especialistas. Los datos son objetivos, su interpretación, no.

[...] La edad del pavo siempre fue difícil, pero el nuevo *pavo* digital tiene desorientados a muchos progenitores que [...] compraron el móvil a sus niños para tenerlos más controlados, y han terminado con sus hijos localizados, sí, pero abducidos por una pantalla en la que no saben muy bien qué hacen ni con quién.

«Les estáis dando un BMW y les dejáis conducirlo solos, sin carné ni seguro. [...]». Esther Arén, inspectora jefe de la Unidad de Participación Ciudadana de la Policía, usa un estilo deliberadamente provocador para advertir a los padres sobre los riesgos de Internet y las redes sociales en conferencias [...].

El auditorio, padres y madres universitarios de clase media, recibe la charla asintiendo con la cabeza y sintiéndose personalmente aludido, según dirán luego. «Algunos, os quedaríais de piedra al ver el vocabulario y las fotos que suben vuestros hijos a las redes. No vale decir que no sabéis. Nunca es tarde. Se puede aprender a conducir a los 40. Habladles. Ponedles normas. Horarios. Haceos un perfil. Ved a quién y quiénes les siguen. El móvil se lo pagáis vosotros, y el wifi. Que no os chantajeen con su intimidad. Son vuestros hijos, son menores y son vuestra responsabilidad» [...].

Jesús Pernas, de 48 años, director del colegio público de Los Santos de la Humosa (Madrid), padre de un chico de 14 años, y consultor de redes y menores, tiene una visión diferente. [...] «Prohibirles y amenazarles es criminalizarles, reconocer nuestro fracaso e invitarles a mentirnos. Ellos buscan en la red lo mismo que nosotros a su edad: el amor, la reafirmación, la emoción. Un chico suele ser en la red como es en la vida real. Ya no se sienten niños, están en un momento de búsqueda, han de decidir su camino. Ahí es donde tienen que estar los padres. Ese es el verdadero abismo, lo de la brecha digital es una excusa. Hay que ponerte ante tu hijo y compartir su miedo. Hacer con él un trabajo emocional. Si le conquistas en la vida real, lo tendrás en la digital. Lo que no vale es quitarles el móvil. No es el futuro, sino el presente».

[...] Para Sara y sus amigos, la vida es simple. Pero la realidad es más compleja. Hay ciberacoso escolar. Hay *grooming*, adultos que se hacen pasar por niños para lograr imágenes o favores sexuales. Hay niños que quedan con desconocidos. Hay casos de adicción a las redes. Hay suicidios. Por haber, hay hasta expertos que aconsejan no permitir el uso del móvil hasta los 16 años, cuando el 83 % de los chicos de 14 ya tienen uno.

La inmensa mayoría de los niños y adolescentes usan el móvil para comunicarse y divertirse sanamente. La supervisión, los límites y las normas paternas (recomendadas por todos) parecen estrategias de sentido común para atravesar esa edad, la del pavo, que solo se cura con el tiempo.

LUZ SÁNCHEZ-MELLADO. *El País*, 25 de diciembre de 2014

ACTIVIDADES

1. El texto aborda un tema de mucho interés, ¿cuál es la realidad que analiza? ¿Desde qué punto de vista lo hace: informativo, descriptivo, argumentativo...? ¿Cuál es la intención del texto? Trata de distinguir el objeto (la realidad de la que se habla) de la intencionalidad con la que se escribe.
2. ¿En qué partes se divide el texto? Analiza su estructura teniendo en cuenta la respuesta anterior. ¿Hay un solo emisor o varios?
3. Explica el significado de las expresiones subrayadas en el texto. ¿Qué figura retórica aparece en ellas? Explica su uso en relación con el tipo de texto en el que se encuentra.
4. En el texto encontramos recursos lingüísticos propios de la función apelativa o conativa del lenguaje. Enuméralos y justifica su uso en el texto.
5. Explica el significado de estos términos en su contexto: *pavo, abducidos, charla, perfil, red, ciberacoso.*
6. ¿Has encontrado alguna incorrección ortográfica o gramatical? Busca y comenta en qué consiste.

LOS TIPOS DE ARGUMENTOS

Los **argumentos** se han definido como los razonamientos que se emplean para probar o demostrar algo expresado, o bien para convencer a alguien de aquello que se afirma o se niega.

Los argumentos versan sobre los siguienters aspectos:

un objeto		la tesis
Que es el asunto o tema en cuestión.	→	La postura que se adopta sobre él, que se sostiene o defiende.

La argumentación puede construirse sobre consideraciones de **carácter afectivo,** que busquen conmover por su carga emotiva, o bien sobre elementos racionales, al modo de las demostraciones científicas, del **razonamiento lógico:**

- Los **argumentos** que se manejan pueden ser ajenos al autor, y se incorporan para reforzar la tesis propuesta; constituyen así una **cita** o argumento **de autoridad**, que los convierte en más plausibles y razonables.

> La industria de la bicicleta emplea ya a más trabajadores que la minería, casi el doble que la industria del acero. — objeto
>
> Según el estudio *Job and job creation in the European cycling*, dado a conocer por *The Guardian*, si el actual 3 % de utilización de la bicicleta como medio de transporte creciera hasta un 6 %, los empleos alcanzarían el millón en 2020. — cita de autoridad
>
> El estudio es un mensaje claro y sencillo para la administración: invertir en la bici está justificado tanto por motivos de transporte, como por el cambio climático o la reducción del gasto sanitario. — tesis — argumentos
>
> *Bici y trabajo. El Ecologista*, invierno 2014-2015

- Para lograr persuadir al receptor y lograr su adhesión a la tesis propuesta, esta se puede apoyar en la **ejemplificación**, o bien se pueden igualmente aducir **datos** y hechos que la confirman. Es frecuente emplear las **máximas** y **refranes** como aseveraciones sentenciosas de verdades asentadas.

> Una función de gran formato, en suma, llena de sorpresas (las irrupciones del elefante, del saurio y de las criaturas acuáticas se llevan la palma) y bienhumorada, como la partitura que la sostiene (repleta de citas puestas en contexto irónico: desde el can-can de Orfeo en los infiernos hasta la danza de las sílfides de La condenación de Fausto), que silencia a la platea durante la parte más seria (el Preludio...) y la mantiene en ebullición el resto del tiempo. — ejemplificación — datos
>
> Javier Vallejo.
> *Preludio a la siesta del león de la Metro, El País,* 2 de enero de 2015

- Pero también cabe desmontar la posición opuesta; esta argumentación negativa es la **refutación**, y con este fin se presentan los **contraargumentos**, para anular la eficacia de lo que se rebate.

Observa un ejemplo de esto en el texto siguiente.

> «Las lechugas también sienten», el clásico argumento de gente que no está cómoda consigo misma. Comparar un geranio con un ternero es de hacérselo mirar, porque implica un grave problema de comprensión y la creencia ciega en una falacia elemental. [...] No les cocinaría carne a mis hijos, porque me he molestado en informarme lo suficiente como para entender que la carne que se consume es veneno. Tampoco les cocinaría transgénicos, ni les fumaría en la jeta.
>
> Mikel López Iturriaga. *Cómo convivir con vegetarianos sin acabar a tortas, http://blogs.elpais.com/el-comidista*, 11 de febrero de 2014

refutación

contraargumentos

- Un tipo muy empleado es el argumento ***ad hóminem***, que se dirige a una persona, y se basa en sus opiniones o actos, para combatirla o tratar de convencerla; en realidad, no se sostiene con razones, sino con ataques a la persona. Este argumento entra dentro de lo que se conoce como **falacias argumentales**, que, si bien parecen argumentos válidos, contienen, sin embargo, engaños, falsedades. Son un modo de razonar que conduce a un argumento incorrecto.
- Una argumentación adolece de **errores** cuando se aplica de modo no válido la lógica de los argumentos, por ejemplo, por elevar a la categoría de general lo que solo es un caso particular, o porque incurre en **círculos viciosos**, es decir, cuando dos cosas se explican una por otra recíprocamente, y ambas quedan sin explicación: *abrir es lo contrario de cerrar*, y *cerrar es lo contrario de abrir*. Otras veces se proponen infundadas relaciones de causa-efecto.

ACTIVIDADES

1. ¿Qué posturas se plantean en el texto inicial sobre el uso de internet? ¿Cuál es la tesis o postura defendida por el autor del artículo?
2. Enumera los argumentos a favor y en contra de las restricciones del uso de internet a los adolescentes.
3. ¿Crees que predominan las consideraciones de carácter afectivo o emotivo; o más bien las de tipo racional y lógico? Justifica tu respuesta con ejemplos.
4. ¿Encuentras algún argumento de autoridad? ¿Y algún contraargumento?
5. Ahora posiciónate: elige una de las posturas defendidas y añade algún argumento de ejemplificación basado en tu propia experiencia o en la de alguien conocido.

ESCUCHAR

- Los textos argumentativos se encuentran en todo tipo de ámbitos. En la radio, en las tertulias y en los espacios de opinión también encontramos este tipo de textos.

ACTIVIDADES

1. Analiza el siguiente audio e identifica su estructura.

   http://www.cope.es/player/El-comentario-de-Lama-en-La-Manana-22-01-15&id=2015012201500002&activo=10

   a. Resume el contenido del audio.

   b. Señala su tema. ¿Cuál es la postura del locutor sobre el mismo?

   c. Identifica su estructura.

   d. Comenta los recursos verbales empleados centrándote en el léxico y el registro: ¿de qué tipo es? Justifícalo con ejemplos del texto. ¿Es adecuado a la situación comunicativa? ¿Por qué?

Pautas de expresión escrita

Escribir el texto definitivo

Una vez que se ha elaborado el borrador y se han actualizado los datos y las fuentes consultadas (bibliografía, mapas, estadísticas, materiales gráficos...), ya es posible emprender la tarea de redactar el texto definitivo del documento académico donde expondrás tu investigación, estudio o análisis en torno a un tema concreto. Las partes o estructura de un documento académico, trabajo de investigación, etc., son las siguientes:

Portada	Donde figura el **título**, el **nombre del autor** y curso, nombre del profesor, fecha de entrega.
Índice o sumario	Debe contener todas las partes, capítulos o apartados del trabajo. Deberá ir paginado.
Presentación o introducción	Se exponen brevemente el propósito y los objetivos del trabajo, también se suelen adelantar las principales conclusiones o resultados obtenidos.
Cuerpo del trabajo	Es su parte más importante y más extensa, que variará según la materia tratada (contenido teórico, caso práctico, estudio técnico...). Suele organizarse en capítulos generalmente numerados.
Conclusiones	Donde se enumeran los resultados de la investigación o estudio, se señalan las ideas o tesis defendidas, etc.
Bibliografía	Se deben citar de manera normalizada todos los documentos consultados y utilizados para la realización del trabajo (consulta la unidad 7 para ello).

Para reescribir el texto a partir del guion elaborado, se debe volver a leer y tener en cuenta:

- ¿Qué errores y aciertos tiene el borrador en cuanto a estructura, para poder subsanarlos?
- ¿Se adecua el texto a la tipología textual que se ha solicitado (exposición, argumentación, etc.)? ¿Es correcta la estructura elegida?
- ¿Los párrafos del texto están relacionados; se sigue el texto con facilidad? ¿Has empleado los marcadores y conectores textuales adecuados?
- ¿Está el léxico bien escogido?
- ¿El formato del texto y la distribución del texto es correcta?

Pautas de expresión-comprensión oral

El turno de palabra y la gestualidad en el debate

La clase de texto oral en el que se emplea la argumentación por excelencia es el **debate,** en el que varias personas expresan su postura sobre un tema u objeto y la argumentan. A veces, tras una exposición es necesario regular un **coloquio o turno de intervenciones** para defender argumentos o refutarlos.

Tres son los integrantes básicos: el **moderador,** el **emisor** Y el **receptor** (independientemente de que estos dos últimos se intercambien de forma natural dentro del propio proceso de comunicación verbal ya analizado).

El **moderador** determinará quién hace uso de la palabra a partir de la observación y anotación de los participantes, evitando que dos o más personas hablen a la vez y controlando el tiempo de cada interlocutor. Como **emisores,** solicitaremos la palabra educadamente, sin precipitaciones, con el registro adecuado (formal) y siempre partiendo de las normas de cortesía (a través del *usted* y expresiones del tipo: *podría aclararme, me gustaría que me contestara...*). Como **receptores** de preguntas, responderemos al término de la formulación de cada una de ellas. **En ningún caso interrumpiremos** las intervenciones de los demás.

La **gestualidad** es un aspecto fundamental en la comunicación oral como complemento del discurso. El lenguaje **kinésico** (no verbal) posee elementos para atraer al receptor y para completar y aclarar muchos significados, pues expresa interés, entusiasmo, sorpresa, extrañeza.... Sin embargo, en un registro formal, deberemos dedicar especial atención a este aspecto, pues gesticular en exceso puede desviar la atención de nuestro discurso, explicación, pregunta o respuesta... Así, en la defensa de argumentaciones o contraargumentaciones evitaremos aspavientos, agachar la cabeza, demasiados movimientos con las manos, y con el cuerpo,... Por el contrario, miraremos de frente a nuestros receptores para mostrarles seguridad, serenidad y, sobre todo, educación.

ACTIVIDAD

1. Retoma tu guion de la unidad 4 sobre el cine y la ciencia ficción. Revísalo y amplíalo dándole la forma definitiva.

ACTIVIDAD

1. En los debates televisivos en los que participan políticos, periodistas, expertos, etc. ¿Se cumplen las normas sobre el turno de palabra? ¿Y las recomendaciones sobre el lenguaje kinésico?

EDITORIAL

El cine que queremos

Hay que remontarse al año 1977 para hallar la misma cuota de pantalla que ha alcanzado en 2014 el cine español: un 25,5 por ciento. O lo que es lo mismo: 21 millones de espectadores y más de 125 millones de euros de recaudación. Ciertamente, buena parte de estas cifras corresponden al auténtico terremoto que ha supuesto la película de Emilio Martínez-Lázaro *Ocho apellidos vascos* (que aportó cerca de la mitad de los espectadores registrados), pero sin desmerecer la contribución a este gran éxito de otra media docena de títulos (con *El niño,* de Daniel Monzón, a la cabeza, y *La isla mínima,* de Alberto Rodríguez, a la que todavía le queda un largo recorrido en las salas) que demuestra que el público español responde con entusiasmo al reclamo de un cine de calidad, alejado de maniqueísmos políticos y de las obsesiones temáticas. Así, esta reconciliación del cine patrio con su público natural se vio claramente reflejada en la celebración de la gala de los Premios Goya, una de las más brillantes que se recuerdan y de las que han cosechado mayor índice de audiencia. Divertida, despolitizada (salvo por la excepción del nostálgico Pedro Almodóvar, que se quedó en anécdota), nuestra gran fiesta del cine dio lugar a una de esas paradojas que hacen tambalearse muchas ideas preconcebidas. Y es que la legítima reclamación de la industria cinematográfica contra el excesivo «IVA cultural», que tuvo su lógico eco en el desarrollo de la gala y en el discurso del presidente de la Academia, Enrique González Macho, se producía, esta vez, en el año que mejor le ha ido a esa misma industria. Sería, sin embargo, erróneo extraer la conclusión contraria: que a mayores trabas impositivas, mejores desempeños, pero lo que sí parece cierto es que frente a la calidad, la originalidad y la sintonía con el espectador de las nuevas producciones, ese 21 por ciento de gravamen tiene una repercusión limitada. Ahora bien, una vez que España va superando los peores momentos de la crisis y se vuelve a la senda del crecimiento económico, conviene plantear la vuelta a la fiscalidad anterior, que, con seguridad, contribuirá a este relanzamiento del cine español al que estamos asistiendo, a ese cine que queremos y que venía reclamando desde hace mucho tiempo un público que, siempre, se muestra receptivo a las buenas películas. Aunque el ministro de Educación y Cultura, José Ignacio Wert, fue el destinatario de los reproches, lo cierto es que desde su Ministerio se viene reclamando al titular de Hacienda, Cristóbal Montoro, la rebaja del «IVA cultural» para este ejercicio de 2015 y que, en cualquier caso, la propuesta se incluirá en el programa electoral de los populares. Pero, en definitiva, ha sido un magnífico año para la industria cinematográfica española y es algo de lo que todos nos alegramos.

La Razón, 09 de febrero de 2015

ACTIVIDADES

Leer

1. Señala el tema del editorial del diario *La Razón.* Explica brevemente cuál es la tesis o idea principal que se defiende.

2. Comenta la organización de ideas de este texto periodístico de opinión, localizando las ideas principales y las secundarias.

3. Explica los argumentos empleados por el editorialista.

Escribir

4. En este artículo se aborda la función y repercusión social de los impuestos. Prepara un texto argumentativo sobre este tema. Debe ajustarse a lo visto sobre el texto definitivo.

5. Evalúa uno de los proyectos que hayas elaborado para alguna de las unidades y comprueba si cumple con todos los apartados del texto.

Escuchar

6. Visualiza el siguiente debate desde el minuto 2:10 y contesta:
http://www.rtve.es/alacarta/videos/para-todos-la-2/para-todos-2-debates-redes-sociales/991996/
   - **a.** Establece la estructura del mismo y resume el contenido.
   - **b.** Analiza la actitud de los participantes y del moderador. Debes fijarte no solo en la forma de hablar sino también de comportarse.
   - **c.** Escoge a uno de los participantes en el debate y analiza cuáles son la tesis y los argumentos que defiende.

Hablar

7. Realiza un debate con algunos compañeros. Podéis seguir el mismo tema del vídeo. Durante el debate, ¿quiénes han tenido más poder de convicción defendiendo sus argumentos?

1. La felicidad es...

Un deber mancomunado, en lugar de ser un derecho individual como muchos creen, a mi entender, erróneamente. El paradigma de la felicidad es una madre viendo a su recién nacido durmiendo en la cuna. La madre es feliz porque su hij@ está bien. La felicidad está en el cuidado de los demás. Si todos nos cuidáramos a todos, tendríamos un mundo mejor. [...]

4. Lo que más me indigna

La pereza y el miedo porque son los enemigos de la acción. La felicidad pilla a las personas «en gerundio», es decir haciendo cosas con significado. No se puede ser feliz por mucho tiempo tumbado en un sofá: acabaríamos siendo presa de la ansiedad y del aburrimiento. [...]

7. Mi principal virtud

[...] Yo le pongo muchas ganas a todo lo que hago. Con ilusión, con entusiasmo, la motivación y la perseverancia vienen solas... Como dice Pep Guardiola, si nos levantamos bien temprano y trabajamos, somos imparables. El éxito, la felicidad o la suerte solo se dan antes que el trabajo en el diccionario. [...]

18. ¿Cuánto tiempo al día dedico a pensar en mí mismo?

Las 24 horas y ninguna. Vivo pensando en cómo hacer felices a los demás haciéndoles la vida más fácil y con más sentido. Pero eso es imposible si no cuido de mí mismo, si no pongo todo el empeño en llegar a ser la mejor versión de mí mismo.

Joaquim Valls: *La vida es amar y ser amado*
www.piensaesgratis.com, 23 de febrero de 2012

ACTIVIDADES

1. ¿Qué tiempo verbal predomina en el texto? Relaciona su uso con el tipo de texto y su intención comunicativa.
2. Clasifica las formas no personales, señala si funcionan como verbos, adjetivos, sustantivos..., y si forman parte de una perífrasis o locución. ¿Son correctos todos los usos del gerundio?
3. Localiza cinco verbos irregulares y explica en qué consiste su irregularidad.
4. Analiza las expresiones *a mi entender* y *erróneamente* desde el punto de vista formal y sintáctico, ¿qué intención manifiesta el emisor con su uso?
5. Qué diferencia de función encuentras en *más* en este ejemplo: *la vida más fácil y con más sentido.*
6. Explica el uso de la arroba en *hij@*, ¿qué significa y a qué se debe su uso?
7. ¿Qué quiere decir que «la felicidad pilla a las personas "en gerundio", es decir haciendo cosas con significado»? Relaciona esta afirmación con el uso y la significación del gerundio en las perífrasis verbales.
8. Explica el significado de esta afirmación: «El éxito, la felicidad o la suerte, solo se dan antes que el trabajo en el diccionario». ¿Qué función del lenguaje nos ayuda a entenderla? ¿Por qué?

DIARIO DE APRENDIZAJE

¿Para qué me ha servido lo estudiado en esta unidad?

06 LA ORACIÓN GRAMATICAL. LA ORACIÓN SIMPLE

ENUNCIADO

Unidad mínima de comunicación

NO ORACIONAL

ORACIÓN

- Sintácticamente: autónoma
- Semánticamente: con sentido completo
- Con entonación propia
- Con intención comunicativa

Se compone de

SUJETO

- Semánticamente: designa la persona, animal o cosa que realiza, experimenta o padece la acción
- Sintácticamente: concuerda con el verbo en número y persona

AUSENCIA DE SUJETO

No aparece: sujeto omitido o elíptico

Sin sujeto: oraciones impersonales

- Con verbos de fenómenos naturales
- Verbos *haber, hacer, ser, estar, sobrar, bastar,* etc.
- Impersonales con *se* o reflejas
- Impersonales ocasionales con verbos en 3.ª pers. del pl.

PREDICADO NOMINAL

Núcleo

- Verbo copulativo *(ser, estar, parecer)*
- Verbo semicopulativo *(hallarse, permanecer,* etc.)

Complementos

- Atributo: SAdj, SN, SPrep, SAdv y O. sub. sust. Concuerda en género y número con el sujeto.
- Puede aparecer también el CI y el CC.

Según la modalidad

- Enunciativo o declarativo
- Exclamativo
- Dubitativo
- Interrogativo
- Imperativo o exhortativo

PREDICADO

- Semánticamente: es lo que se dice del sujeto
- Sintácticamente: el sintagma cuyo núcleo concuerda en persona y número con el sujeto

Tipos

PREDICADO VERBAL

clasificación

- Transitivas: con CD
- Intransitivas: sin CD
- Reflexivas y recíprocas
- Activas, pasivas o voz media

Núcleo

- Verbo predicativo con significado pleno

Complementos

- Se pueden clasificar en argumentales o adjuntos.
- CD: un SN, pronombre u O. sub. Sust. sustituible por *lo, la, los, las;* o un SPrep si es un CD de persona. Pasa a sujeto paciente en la pasiva.
- CI: un pronombre o un SPrep sustituible por los pronombres *le* y *les.*
- CRég: SPrep exigido por el verbo para completar su significado; pueden aparecer dos y son compatibles con el CD.
- CC: SAdv, SPrep, SN u O. sub.; es un adjunto del verbo. Tipos: lugar, tiempo, modo, cantidad, compañía, instrumento, medio, materia, finalidad, provecho o destinatario y causa.
- CPred: SAdj, SN y SPrep; es un «atributo» del verbo predicativo. Concuerda en género y número con el núcleo de Suj o del CD.
- CAg: SPrep con la preposición *por;* se corresponde con el sujeto en la oración activa.

ACTIVIDADES

Oraciones y enunciados

1 Determina si las siguientes secuencias son enunciados y explica su estructura.

a. Menudo embustero.
b. La primera persona de.
c. Lleno, por favor.
d. ¡Chitón!
e. Aunque caigan chuzos de punta.
f. Por encima de mi cadáver.
g. Seis seis nueve, cinco ocho uno, siete siete dos.
h. Cinco calles más arriba.
i. Sin problema.

Modalidad

2 Señala las modalidades de los fragmentos subrayados y explica mediante qué medios lingüísticos se expresan.

> Roberto se detuvo para tomar aliento, y continuó con más dulzura:
>
> —Aun así, ellos tienen la ventaja de estar en la corriente, se conocen unos a otros, conocen a los periodistas, y, amigo, <u>la prensa hoy es una fuerza bruta</u>. Pero tú no, tú no puedes acercarte a la prensa; necesitarías siete u ocho años de preparación, de buscar amistades, recomendaciones. Y mientras tanto, <u>¿de qué comes?</u>
>
> —No, si <u>yo no quiero ser como ellos</u>. Yo ya sé que soy un obrero.
>
> —<u>¡Obrero!</u> ¡Quia! <u>Ojalá lo fueras</u>. Hoy no eres más que un vago, y debes hacerte obrero. Lo que soy yo, lo que somos todos los que trabajamos. Muévete, actívate. Ahora la actividad para ti es un esfuerzo; haz algo; repite lo que hagas, hasta que la actividad para ti sea una costumbre. <u>Convierte tu vida estática en vida dinámica</u>. ¿No me entiendes? Quiero decirte que tengas voluntad.
>
> Manuel contempló a Roberto desanimado. Hablaban los dos en distinto idioma.
>
> Pío Baroja. *Mala hierba*. www.gutenscape.com

3 Cambia las oraciones interrogativas directas por indirectas y viceversa:

a. ¿Dónde vais a ir de vacaciones?
b. No me dijo por qué lo había hecho.
c. ¿Con quién vas a hacer el trabajo?
d. ¿Habéis recogido vuestra habitación?
e. La policía no logró averiguar cómo llegó hasta allí.
f. El detenido no confesó si era el dueño de la pistola.
g. ¿Cuántas veces tengo que decirte que apagues la luz?
h. Por fin supo en qué lugar estaba escondido el anillo.

4 Escribe un breve diálogo en el que predominen las modalidades exclamativa e interrogativa.

Sujeto

5 Señala el sujeto en las siguientes oraciones. Utiliza la prueba de la concordancia.

a. No se ve ninguna nube en el horizonte.
b. Le encantan los bocadillos de jamón.
c. Se me ha perdido un billete de 20 euros.
d. El jarrón chino lo ha roto mi hermano.
e. En las próximas horas tendrán lugar unas negociaciones definitivas.
f. Tu hermana y yo nos vemos a menudo en el trabajo.
g. Ha habido un corte de luz.
h. Esa película la vimos el año pasado.

Impersonalidad

6 Indica cuáles de las siguientes oraciones son impersonales y clasifícalas.

a. ¡Qué frío hace aquí! ¿Es que no hay calefacción?
b. Me voy ya, se me está haciendo muy tarde.
c. Este chico no hace nada por mejorar.
d. Se informó a todos los alumnos.
e. Es un trabajo demasiado extenso: sobra la mitad.
f. Se duerme mejor cuando no hace calor.
g. La nieve ha cubierto la carretera.
h. No se volvió sobre ese asunto.
i. En ese programa dicen muchas mentiras.

ACTIVIDADES

Predicado verbal y nominal

7 Localiza las oraciones copulativas e indica cuáles son sus atributos.

- **a.** Y aquel pisito les era muy querido.
- **b.** Aquellas fotos estaban desvaídas, curvadas.
- **c.** El retrato de Jean-Marie, de niño, ya estaba en el fondo de la maleta.
- **d.** Por fin, todo estaba listo.
- **e.** Es hora de marcharse.
- **f.** Todo estaba silencioso, oscuro, lúgubre tras los postigos cerrados.
- **g.** Su dolor era más visceral que el de sus compañeros.
- **h.** Por primera vez en su vida, una aventura era lo bastante seria como para apelar a su responsabilidad.
- **i.** Sabía que era más fuerte, más resistente al cansancio.
- **j.** Ya que estoy vivo, ¿no preferiríais celebrarlo con una comilona?

8 Construye varias oraciones copulativas en las que el atributo tenga forma de SN, SAdj y SPrep.

Los complementos del verbo

9 Localiza y distingue los complementos de régimen de los directos y de los indirectos.

- **a.** Ponle un poco más de sal al arroz.
- **b.** Nadal se enfrentará al norteamericano en la final.
- **c.** Obama hará una declaración sobre Siria en la Casa Blanca.
- **d.** El italiano se reafirma en su posición y relega a Casillas.
- **e.** Una cría de delfín salvada de una red de pesca encuentra a su madre.
- **f.** Nos mintió, abusó de nuestra confianza.
- **g.** ¿Es que no se te cae la cara de vergüenza?

10 Identifica los atributos y los complementos predicativos.

- **a.** Después de la fiebre, despertó sedienta y agotada.
- **b.** Tu conducta me parece inadecuada.
- **c.** Trabaja de camarera en un restaurante de la playa.
- **d.** Han sido unos comentarios muy indiscretos.
- **e.** ¿Estás seguro de que no ha llegado todavía?
- **f.** Contesté a su carta muy preocupado.
- **g.** Deberías ser más cariñoso con la abuela.
- **h.** Creo que lo has comprado muy caro.
- **i.** Has colgado el cuadro un poco torcido.
- **j.** Tu trabajo nos parece perfecto.

11 Localiza los complementos circunstanciales y los complementos de régimen.

- **a.** Tomamos café con nuestros amigos.
- **b.** Yo no me refería a tus amigos.
- **c.** La comida se estropeó por el calor.
- **d.** No podemos fiarnos del Betis.
- **e.** Se opusieron a los recortes con todas sus fuerzas.
- **f.** Tomamos café con frecuencia.
- **g.** Mezclo el café con la leche.
- **h.** No debes conformarte con un aprobado.

12 Distingue los complementos de régimen, los circunstanciales y los complementos agente.

- **a.** El barco fue detenido por transporte ilegal de mercancías.
- **b.** Tranquilízate, ella se ocupa de todo.
- **c.** El concejal es investigado por Hacienda por las irregularidades contables.
- **d.** Trabajas con buenos compañeros.
- **e.** Los ladrones rompieron el cristal con un martillo.
- **f.** Ya hemos separado los libros nuevos de los viejos.
- **g.** Ya me voy, he cumplido con mi horario.
- **h.** Traemos esto para el secretario.
- **i.** La selección fue recibida por el rey en el palacio de La Zarzuela.

Clases de oraciones predicativas

EJEMPLO RESUELTO

Papá, te has puesto la chaqueta del revés: oración transitiva, activa y reflexiva.

13 Clasifica las siguientes oraciones predicativas según el modelo.

- **a.** Villa se pierde la ida del Bernabéu.
- **b.** Pablo Alborán lidera las ventas de discos en 2013.
- **c.** Estas inversiones en los servicios de salud bolivianos han servido para salvar la vida de más de 230 000 niños.
- **d.** La ayuda al desarrollo sigue representando más del 60 % del gasto público en 43 de los países más pobres.
- **e.** Hay muchos graduados desempleados. Impersonal
- **f.** Los sistemas educativos con grandes resultados y poca inversión dan prioridad a la calidad de los profesores.
- **g.** China es conocida por la vaga definición de sus leyes de secretos de Estado. Pasiva
- **h.** Proust murió en 1922, con 51 años.
- **i.** El texto ha sido traducido por Esther Tusquets.

ACTIVIDADES

14 Distingue las oraciones pasivas reflejas de las impersonales.

a. Allí se discute de grandes cosas.
b. Se han abierto nuevas vías de comunicación.
c. En mi casa siempre se les llamó zarcillos a los pendientes.
d. Nunca se está seguro en esa empresa.
e. No se podrá cumplir con los plazos estipulados.
f. De eso no se debe hablar.
g. No se volvió sobre ese asunto.
h. Se le recibió y se le atendió con toda cortesía.
i. La agresión no se denunció.
j. El rebozado se hace con huevo y pan rallado.

Pasivas

15 Convierte en pasivas las siguientes oraciones, puedes usar la pasiva refleja o la pasiva perifrástica, ¿aprecias algún cambio en el estilo?, ¿en qué situaciones comunicativas las ubicarías?

a. Han admitido todas las solicitudes presentadas.
b. El inglés utiliza mucho la mayúscula.
c. El portavoz, Josu Erkoreka, ha criticado las medidas.
d. Repsol empezó sus prospecciones en Canarias el último trimestre de 2014.
e. La Comisión de Cultura aprobará la normativa para que pase al Senado en otoño.
f. Varias cadenas de comida rápida vendieron carne en mal estado en China.
g. La entrega de los premios la organizaron los miembros del comité de empresa.
h. Uno de los mejores arquitectos de Portugal diseñará el nuevo complejo turístico de Calpe.

16 Transforma en activas las siguientes oraciones pasivas.

a. El colombiano, máximo goleador del Mundial a los 23 años, será presentado hoy a las 20:00 h en el palco de honor del Bernabéu.
b. La investigación judicial será dirigida por el magistrado Pablo Ruz.
c. El excampeón del mundo en 1994 es elegido para sustituir a Scolari.
d. Se sustituye así la necesidad de mano de obra.
e. Estos meteoros se ven debido a su «escasa velocidad» al cruzar el firmamento.
f. El entrenador ha sido destituido por sus errores en los últimos partidos.
g. En este barrio se van a construir 300 viviendas
h. Nunca hasta ahora habían sido expuestas por el Museo Arqueológico unas piezas tan antiguas y valiosas.

Valores de *se*

17 Distingue los distintos valores de la forma *se* en estas oraciones.

a. Se acepta a todo el mundo.
b. Se cortó la mano con un cuchillo jamonero.
c. No se pudó dormir hasta las tres.
d. Tus padres se enorgullecen de ti.
e. Se lo advirtieron por última vez.
f. Se exceptúan algunos casos.
g. Se enfadaron por una tontería.
h. En la fiesta se exige traje de etiqueta.
i. Se ha leído tres veces ese libro.
j. Ese se ríe hasta de su sombra.
k. Pedro se afeitó la barba por una apuesta.
l. No se respira nada bien aquí.
m. Se la entregó a cambio de nada.
n. En este restaurante se come una carne excelente.
o. Los chicos se golpeaban con violencia.
p. Mañana se estrenará mi última comedia.
q. Se fueron sin una explicación.
r. Se condenó al criminal.
s. ¿Se acuerdan del viaje?
t. Se marcharon al terminar la reunión.

EJEMPLO RESUELTO

La	respuesta	quizá	entrañe	una	sorpresa	inesperada.
				Det	N (Sust)	SAdj-CN
Det	N(Sust)		N (V)	SN-CD		
SN-Suj		Mod Or.	SV-PV			

Oración dubitativa, personal, predicativa, transitiva.

18 Analiza las siguientes oraciones según el modelo.

a. El emocionante texto de *Celeste* plantea a la perfección el viejo dilema entre vida y obra.
b. ¡A los establecimientos comerciales les preocupan mucho los billetes falsos!
c. La pasión por el deporte se está cambiando por una operación capitalista.
d. Los jugadores daban el alma y el corazón en el campo por el placer de vencer.
e. Los funcionarios de los clubes se enriquecen ilícitamente.
f. Ojalá Brasil salga crecido con su rechazo a la Copa.
g. ¿Estas alternancias preposicionales conllevan un cambio notable en el significado?
h. Está en juego una apuesta arriesgada.

ACTIVIDADES

19 El siguiente fragmento está sacado de las normas de convivencia de una comunidad de vecinos. Léelo y responde a las preguntas.

> **2.6. Animales domésticos, silvestres y exóticos:**
>
> 2.6.1. Los propietarios de animales domésticos pondrán especial cuidado en que su presencia no moleste a la vecindad, no estando permitido que anden sueltos por las zonas comunes.
>
> 2.6.2. Se recuerda a los dueños que están obligados a declarar la posesión de los mismos en las oficinas municipales. El animal deberá llevar, necesariamente, su identificación censal de forma permanente.
>
> 2.6.3. Deberán ser conducidos con cadena o correa, irán provistos de bozal, en el caso de perros, cuando el temperamento del animal así lo aconseje, bajo la responsabilidad del dueño.
>
> 2.6.4. La utilización de los ascensores con animales de compañía se podrá hacer siempre que no coincida con la utilización del mismo por otras personas.
>
> 2.6.5. Se prohíbe la permanencia continuada de los perros en las terrazas, debiendo pasar la noche en el interior de la vivienda. Los propietarios podrán ser denunciados si el perro ladra por la noche.
>
> http://www.valcap.es/

a. Explica el valor y la función de las formas subrayadas.

b. Localiza las oraciones pasivas, señala cuál es su sujeto y el complemento agente.

c. ¿Crees que es correcto el uso de los gerundios en el texto? ¿Por qué?

d. ¿Qué tiempo verbal predomina? ¿Es un uso recto o un uso trasladado?

e. Relaciona el uso de la voz pasiva, las perífrasis y el tiempo verbal con la tipología textual y la intención comunicativa del texto.

f. Analiza sintácticamente: *El animal deberá llevar, necesariamente, su identificación censal de forma permanente.*

ORTOGRAFÍA, NORMA Y USO

1 Corrige las preposiciones incorrectas en estas oraciones.

a. A lo que se ve, nadie le ha explicado bien las condiciones del contrato.

b. No utilizó los medios adecuados, aunque fuera a buen fin.

c. Se excusó a pretexto de que no conocía la hora del evento.

d. Llegas tarde al respecto de la hora prevista.

e. Te esperaré cerca a la estación.

f. Contra gustos no hay colores.

g. El alcalde pronunció un discurso con motivo a las fiestas patronales.

h. Me ha mirado de abajo a arriba y no me ha gustado nada.

i. Mira en dirección de la montaña.

2 Corrige el uso incorrecto de las preposiciones en las oraciones siguientes y justifica el cambio desde un punto de vista sintáctico o semántico; justifica también las oraciones correctas.

a. Confío de que me estén esperando cuando llegue.

b. No me alegro a costa de los infortunios de los demás.

c. Acordamos de no consumir más agua de la necesaria.

d. No confío a nadie mis problemas.

e. No confío a que tenga más suerte que otras veces.

f. Cuidaré a las plantas hasta que vengas.

g. ¿Seguro que cuidarás de mis plantas?

h. Fue de pie a trabajar: siempre que puede, procura caminar.

i. Fue de pie todo el trayecto, pues no había asientos libres.

3 Corrige los usos incorrectos de los pronombres en las siguientes oraciones.

a. Les dijeron a mi primo que no llegarían tarde.

b. A mi madre les dijeron cuatro frescas.

c. A los asistentes al acto se le enturbió la mirada a causa de las lágrimas.

d. A quien madruga las cosas les salen mejor.

e. El atracador le pegó tres tiros a los policías que fueron a detenerle.

4 Corrige los errores de concordancia que encuentres entre el sujeto y el predicado y justifica tu elección.

a. El paro y la delincuencia es la primera preocupación de la población.

b. La mayoría de las personas necesitan dormir 7 horas.

c. Se ha publicado las mejores poesías del autor.

d. Mis padres y yo suelen ir de vacaciones a la playa.

e. Se prohibieron la venta de vino y cerveza.

LEER Y ESCRIBIR

Las funciones del periodismo son informar sobre la actualidad de forma clara y objetiva, y enjuiciar y valorar la realidad tratando de convencer a los lectores de una determinada postura a través de una serie de argumentos. Según su finalidad, predominará la función representativa o conativa del lenguaje y los enfoques objetivos o subjetivos, incluso podrán aparecer recursos propios del lenguaje literario.

Los gitanos, contra la RAE por llamarles «estafadores» en su diccionario.

Nati VILLANUEVA / Madrid

Convocan una manifestación ante la Real Academia al considerar que alimenta los prejuicios hacia ellos

La Asociación Gitanas Feministas por la Diversidad ha convocado una **manifestación el próximo 7 de noviembre** frente a la sede de la Real Academia Española en Madrid para protestar por el hecho de que la última publicación de la edición 2014 les llame «estafadores». Es la **cuarta acepción de la definición de gitano**: «Que se sirve de engaños y artificios para defraudar a una persona en algún asunto. Que intenta engañar a alguien con astucias y mentiras».

A juicio de esta etnia, se trata de un término «obsoleto» que no hace más que alimentar «una serie de **prejuicios y estereotipos que ya existen sobre nuestro pueblo**».

La asociación recuerda que, en palabras de su director (José Manuel Blecua), **el diccionario no debe ser políticamente correcto**, «lo que nos lleva a pensar —dice el colectivo— que a los/las componentes de la RAE les gusta esta definición, ya que están de acuerdo en legitimarla aunque sea de manera lingüística», contribuyendo así a reproducir de nuevo los mecanismos de «manipulación, segregación y marginación de todo un pueblo y su cultura».

No es la primera vez que los gitanos piden a los académicos que revisen esta definición y rectifiquen. Tras solicitarlo en marzo de 2012 la Unión Romaní, **la RAE se comprometió a revisar esta acepción**, aunque ya advertía de que todas las decisiones que se adopten con el diccionario de la lengua tiene que ser consensuada con las Academias hispanoamericanas de la Lengua Española.

A juzgar por los dos años que han pasado desde esta reivindicación y que la nueva edición ya está a la venta, todo apunta a que ha triunfado la calle y no lo políticamente correcto.

ABC, 29 de octubre de 2014

ACTIVIDADES

1. Enuncia el tema del texto. ¿En qué parte de la noticia puedes situarlo?
2. ¿De qué hecho informa? ¿En qué parte del texto? ¿Responde a las cuestiones denominadas 6W?
3. Los gitanos protestan porque se les define con la palabra *estafador*, «un término obsoleto» que no hace más que alimentar «una serie de prejuicios y estereotipos que ya existen sobre nuestro pueblo». Busca el significado de ambas palabras. ¿Cuáles son esos prejuicios y estereotipos sobre el pueblo gitano?
4. ¿Qué significa la expresión *políticamente correcto*? Investiga cuál es su origen y busca ejemplos de su uso. ¿Puede relacionarse con el concepto de *eufemismo*?
5. ¿Cuál es el género de la palabra *componente*? ¿Por qué va precedida de los artículos *los/las*?
6. En el fragmento «todas las decisiones que se adopten con el diccionario de la lengua tiene que ser consensuada con las Academias hispanoamericanas de la Lengua Española» se han producido dos errores gramaticales. Explica en qué consisten y corrígelos ¿Encuentras algún otro error en el titular?
7. Aunque en la redacción de una noticia se evita la complejidad sintáctica, podemos encontrar una gran variedad de estructuras. Localiza oraciones compuestas.
8. ¿Crees que el lenguaje puede ser discriminatorio? Argumenta tu respuesta con ejemplos de situaciones o casos que conozcas.

LOS TEXTOS PERIODÍSTICOS INFORMATIVOS Y DE OPINIÓN: RECURSOS VERBALES Y NO VERBALES

La labor de la prensa para la comunicación en la sociedad es insustituible, y la trascendencia de su cometido supone una aportación primordial. La doble función que tiene asignada es la de **informar** y **opinar**; a eso apuntan la serie de textos que se publican en los medios periodísticos.

Textos periodísticos informativos

Entre ellos, el **texto informativo básico** es la **noticia**. Para la noticia, en especial, se debe observar rigurosa **neutralidad** y **objetividad** discursivas, atenerse solo a formular la información conocida, sin dar cabida a valoraciones ni estimaciones subjetivas.

El mensaje, pues, se circunscribe a la **función referencial**: datos contrastados, hechos constatados, fuentes fidedignas.

Recursos verbales

En el **plano léxico-semántico**, los textos informativos **no deben contener términos ambiguos**, es decir, carentes de precisión; se deben evitar términos evocadores, de significado más libre; son por completo inadecuadas las palabras que reflejan consideraciones o criterios particulares: *estupendo, ruin, torpe, maravilloso...* En la búsqueda de **precisión léxica**, el vocabulario se atiene a la **denotación**.

En el **plano morfo-sintáctico**, para adecuarse al rigor en la presentación de los datos, se destacan rasgos como el empleo exclusivo de **adjetivos especificativos** (no explicativos), o las formas gramaticales en **tercera persona**, o bien impersonales; las construcciones oracionales evitan la complejidad sintáctica, para que el avance en la lectura se produzca sin mayor esfuerzo por la densidad de su sintaxis.

La **modalidad** oracional es la **enunciativa**, puesto que se trata de presentar datos verificables, acontecimientos. Cuando la información se basa en declaraciones de alguien, en mensajes previos, se recurre a la **cita**, en estilo directo o indirecto.

Como no debe percibirse la voz personal de quien redacta el texto, no necesitan llevar firma, solo la agencia de prensa de donde procede, o las iniciales del periodista.

Textos periodísticos de opinión

A través de ellos (artículo de opinión o comentario, columna, editorial), la prensa proporciona una visión reflexiva, a la luz de determinados criterios ideológicos, políticos, culturales, etc., con los que se analiza y enjuicia la realidad.

Si responden al tipo de textos argumentativos (junto con expositivos, los que predominan en estos géneros), los autores ensartan una nutrida gama de **argumentos** (racionales o afectivos) para lograr la adhesión de los lectores, para que compartan su posición, el análisis que elaboran.

Recursos verbales

Tanto la **subjetividad** como la búsqueda de la **belleza** y el **interés** expresivo motivan que en ellos se recurra a un **léxico connotativo**, a **términos valorativos**.

Aquí puede aparecer toda la gama de **recursos retóricos** (metáfora, antítesis, hipérbole, paralelismo…) que son consustanciales a los textos literarios.

Por tanto, se reconoce en ellos la **función poética o estética**, y sus procedimientos expresivos asociados, en especial en los artículos o comentarios.

Los recursos no verbales en la prensa

Junto a la redacción de los textos, los medios periodísticos cuidan los componentes no verbales con los que aparecen publicados. Revelan la importancia con que cada medio trata un asunto (sobre todo en las páginas de información):

- Cuanto más importante considere el periódico una noticia, **mayor espacio** le dará.
- Las columnas que se dediquen **y el tamaño de las mismas** también refleja la importancia.
- La **distribución de los textos** en las páginas del periódico en papel no es fruto de la casualidad: así, la **mitad superior** es un espacio más importante que la inferior, como también **las páginas impares** (a la derecha, lo que las hace más cómoda para la lectura) sobre las pares, más incómodas para la lectura por su posición.
- La aparición o no de **fotos, gráficos, cuadros**, etc. está en consonancia con el tratamiento que el periódico le concede, igual que el **tipo de letra y el tamaño** empleado en los títulos.

ESCUCHAR

Los rasgos de los textos informativos y de opinión también se pueden observar en los textos orales y audiovisuales, así como elementos no verbales. La información en la prensa audiovisual va acompañada de imágenes y a veces de datos gráficos; y en las noticias orales también hay elementos no verbales, como cortinillas.

ACTIVIDADES

1. Analiza los recursos verbales y no verbales del los primeros 5 minutos de este programa (hasta el 4:55) de debate y entrevistas de RTVE.

   http://www.rtve.es/alacarta/videos/los-desayunos-de-tve/desayunos-tve-entrevista-eduard-punset/2022274/

   a. Localiza los recursos verbales que se utilizan propios de los géneros de opinión; clasifícalos y explícalos.

   b. Analiza algunos de los recursos no verbales que aparecen.

   c. ¿Existe algún tipo de interacción con el receptor del texto? ¿Cómo?

2. Escucha este breve noticiario del día 22 de noviembre de 2014 e identifica los rasgos de los géneros informativos presentes en este audio:

   http://www.cope.es/player/Avance-Mediodia-COPE-1400-22112014&id=2014112214000001&activo=10

   a. Identifica los rasgos lingüísticos de los géneros informativos.

   b. ¿Encuentras algún rasgo propio de los géneros de opinión?

   c. Reflexiona sobre la objetividad real de los géneros de información (relacionándola con la noticia inicial).

ACTIVIDADES

1. En la noticia inicial, al tratarse de un género periodístico de información, se presupone la objetividad y, por lo tanto, no debe percibirse la voz personal de quien redacta el texto, ¿crees que la noticia es totalmente objetiva? Comenta el párrafo final.

2. Explica el uso de las comillas y de la negrita en relación con el tipo de texto en el que se encuentran.

3. Observa las formas verbales y la modalidad oracional, ¿se corresponden con lo habitual en los géneros informativos?

Pautas de expresión escrita

La revisión del texto

Antes de entregar el documento a su destinatario es importantísimo revisar el texto cuya redacción has concluido en una primera versión completa. Para que la revisión sea realmente efectiva, debes comprobar los siguientes componentes:

- **Revisión del contenido**
  - El tema debe estar enfocado correctamente y debe mostrar con claridad expositiva sus objetivos, ideas y conclusiones aportadas.
  - Deben organizarse adecuadamente teoría y práctica, tesis y argumentos, gráficos y explicaciones, datos y comentarios, información y opinión.
- **Revisión de la estructura**
  - Los títulos, los capítulos y sus secciones deben coincidir con el índice.
  - Hay que comprobar las citas de las fuentes utilizadas, y de la bibliografía manejada.
- **Revisión de la ortografía, puntuación y léxico empleado**
  - Se deben corregir las erratas, las faltas ortográficas, los errores en los signos de puntuación.
  - El léxico debe estar empleado con precisión, evitando ambigüedades, imprecisiones, palabras baúl, etc.
  - Se debe cuidar la coherencia, cohesión y adecuación textuales, repasando errores gramaticales, repeticiones innecesarias, el uso de los marcadores discursivos…
- **La presentación y la organización gráfica,** que abarcan el tipo y el tamaño de letra, los márgenes, el formato de los párrafos, las sangrías, la numeración de páginas…

Una vez comprobados todos estos factores, tu trabajo académico o exposición acerca de un tema concreto está en condiciones de ser entregado a su destinatario. Sin embargo, también sería muy conveniente que otra persona revisara, aunque solo fuera superficialmente, el documento que has elaborado.

ACTIVIDAD

1. Por parejas, elegid uno de los textos que hayáis elaborado en alguno de los proyectos de final de la unidad. Intercambiaréis los textos y, siguiendo el guion anterior, revisaréis el texto del compañero. ¿En qué apartado de los anteriores habéis cometido más errores? ¿Cómo se podrían evitar ese tipo de errores a la hora de escribir el texto?

Pautas de expresión y comprensión oral

Elementos paraverbales

Los **elementos paraverbales** son aquellos que van más allá de lo verbal y lo complementan, aquellos que, relacionados con el lenguaje verbal y el proceso de comunicación, añaden matices diversos y contribuyen a lograr un sentido más preciso del texto.

Aunque siempre los relacionamos con la comunicación oral, también se pueden encontrar en la escrita (tipografía, negritas, disposición de elementos en el texto, interrogaciones, exclamaciones, etc.).

Los elementos paraverbales de la comunicación oral son los siguientes:

- La **entonación**. Con frecuencia variamos la entonación para atraer al receptor y captar su atención (interrogaciones, exclamaciones…), cambiamos el ritmo de nuestro mensaje imprimiéndole velocidad o ralentizándolo para motivar al oyente o modificamos el tono y volumen de la voz.
- Las **pausas**, los **silencios**, el **alargamiento** de las sílabas o palabras, las **repeticiones**, el **énfasis** son indicadores del especial interés del emisor por insistir en un elemento, su necesidad de procesar bien las ideas, su deseo de ver una respuesta *(feedback)* en los receptores, de invitar a una pregunta, etc.
- La propia **respiración, risa, llanto, suspiros**… expresan también datos del emisor, su estado de ánimo, su forma de enfrentarse al texto y su interés de interactuar de alguna manera con los oyentes mostrando sentimientos o emociones.

ACTIVIDAD

1. Analiza estos elementos en el vídeo de *Los desayunos de RTVE*, propuesto en la página anterior. Señala cuáles utiliza cada participante.

EVALUACIÓN COMUNICACIÓN

Los editores españoles lanzan un SOS

El sector plantea al Gobierno un Plan de Fomento del Libro y la Lectura para frenar la caída. «Es uno de los fracasos de la democracia», dice su nuevo presidente.

Winston Manrique Sabogal | Madrid

El ecosistema del mundo del libro en España está en riesgo, y con él el futuro de la principal industria cultural del país. Para intentar cambiar ese destino, la Federación de Gremios de Editores de España (FGEE) y demás grupos del sector (libreros, distribuidores e industria gráfica) propondrán al Gobierno un Plan Integral de Fomento del Libro y de la Lectura. Será en las próximas semanas y con petición de urgencia.

Este verdadero SOS del sector surge frente a la inacción o acción deficiente de los diferentes gobiernos ante la falta de políticas adecuadas en educación y fomento de la lectura, el equivocado enfoque más comercial que cultural del propio sector editorial y cierta apatía de la sociedad frente al libro. «No queremos un plan cosmético, sino integral. No queremos solo una campaña en televisión que diga "Leer es sano para el cerebro". Debe ser algo más serio, permanente y acorde a los tiempos de lo analógico y lo digital», reclama Daniel Fernández, nuevo presidente de la FGEE, en una entrevista con este diario.

[...] El libro electrónico es de lo poco que ha crecido en facturación. Sobrepasa los 80 millones de euros anuales, es decir el 3,7 % del total de venta obras en todos los formatos. Los que triunfan en digital son el texto no universitario y el de Ciencias Sociales y humanas, que representa el 58 % de ventas, mientras la literatura logra el 17,8 %. Se trata de un área de lento pero continuado crecimiento. Cada nuevo título se ofrece, prácticamente, de manera simultánea en papel y digital y las editoriales no paran de digitalizar su catálogo. La oferta en este formato alcanza ya los 122 000 títulos.

El cambio de paradigma empuja a la concentración de editoriales y permite la renovación del sector con nuevos sellos o librerías debido a los campos desatendidos que dejan las grandes marcas. Es el resurgimiento del editor artesano o del librero más especializado y cuidadoso.

Estamos ante un ecosistema anfibio, analógico y digital en su minuto uno de vida. Y es ahora cuando, más que nunca, el libro recuerda que no es un lujo o un capricho, sino una necesidad personal, social y nacional que contribuye a la evolución del ser humano.

El País, 5 de febrero de 2015

En caída libre

- Un 55 % de los españoles no lee nunca, o solo a veces.
- 40,6 % es la caída acumulada en facturación desde que empezó la crisis, en 2008.
- 300 millones de euros es lo que se deja de percibir cada año por la piratería editorial.
- 14,1 euros es el precio medio de un libro, frente a los 12,72 de hace diez años.
- 3 223 es la tirada media de ejemplares por título, mucho menor que hace unos años.
- El libro es la primera industria cultural de España. Aporta el 0,7 % del Producto Interior Bruto (PIB), con 2 700 millones de euros en 2013.

ACTIVIDADES

Leer

1. ¿Cuál es el tema del texto? Resume brevemente su contenido.

2. Este es un texto periodístico híbrido o mixto, donde coexisten la información y la opinión. ¿Qué elementos de una y otra observas?

3. ¿Con qué recursos no verbales podría enriquecerse el texto?

Escribir

4. Proponemos tres actividades:
   - a. Redacta un texto periodístico informativo relacionado con la biblioteca de tu centro.
   - b. Escribe un breve artículo de opinión sobre el mismo asunto.
   - c. Revisar y evalúa el texto informativo de uno de tus compañeros. Fíjate también en la presentación y organización gráfica.

Escuchar

5. Identifica los rasgos de los géneros de opinión del audio del programa *La reflexión en la Ondas Aragón*, de Daniel Pérez Calvo (20 de noviembre de 2014).

   http://podcast.ondacero.es/mp_series2/audios/ondacero.es/2014/11/20/00181.mp3

Hablar

6. Realiza un texto periodístico informativo sobre algún acontecimiento cultural de tu población.

¿Por qué Brasil está contra la Copa?

[...] El fútbol, y el deporte en general, han sido siempre usados y abusados por el poder en las dictaduras y en las democracias como opio del pueblo o como «hipnotismo» que decía el gran Sócrates. En las dictaduras **de forma descarada y zafia**, como cuando durante el franquismo, el feroz dictador Franco asistió al partido España-Rusia para recibir **de pie** el grito del estadio: «¡Franco, Franco, Franco!» como si hubiera sido el generalísimo y no el jugador del Zaragoza, Marcelino, el que marcó un gol contra la Rusia «comunista». [...]

Se ha dicho, con razón, que el fútbol y, en general, las grandes manifestaciones deportivas se han convertido en un sustituto de la guerra. Se enfrentan España y Francia o Brasil y Argentina, no con la fuerza de los cañones y los ejércitos, sino en los estadios, donde se intercambian las antiguas banderas de conquista, ahora como trofeos de paz.

Hoy, la violencia en los estadios entre adversarios acaba **con frecuencia**, también **aquí** en Brasil, en vandalismo y violencia con muertos y heridos. Vuelve la guerra a las gradas. ¿No tendrá que ver esa triste metamorfosis con la degeneración general de un deporte que ha acabado aprisionado en manos del gran capital especulativo mundial tras habérselo robado a los verdaderos aficionados? [...]

Juan Arias
El País, 28 de enero de 2014

ACTIVIDADES

1. Explica qué significan las expresiones subrayadas.
2. Extrae la idea principal de cada párrafo.
3. La oración *El fútbol, y el deporte en general, han sido siempre usados y abusados por el poder* es pasiva en su construcción; sin embargo, uno de los dos verbos no puede conjugarse en voz pasiva. Explica por qué. Señala las estructuras sintácticas propias de la oración pasiva que aparecen en ella.
4. Comenta la forma y la función de los *se* que aparecen en el segundo párrafo.
5. El tercer párrafo termina con una oración interrogativa: ¿qué función tiene en el texto?, ¿manifiesta ignorancia que requiere respuesta, o es otra la intención?
6. Explica la función de los pronombres enclíticos en *habérselo.*
7. Analiza sintácticamente: *Las grandes manifestaciones deportivas se han convertido en un sustituto de la guerra.*
8. ¿Qué función desempeñan las estructuras marcadas en negrita? Determina su forma.

DIARIO DE APRENDIZAJE

¿Qué conocimientos previos me han resultado útiles para entender esta unidad?

07 LA ORACIÓN COMPUESTA

ORACIÓN COMPUESTA

Contiene más de un verbo

SUBORDINADAS SUSTANTIVAS

- Insertas en una oración principal de la que forma parte

FUNCIONES

Las mismas que el sustantivo o el SN:

- Sujeto
- Complemento directo; si el verbo de la or. principal es de pensamiento o habla, puede ser estilo directo o estilo indirecto
- Atributo
- Término de un SPrep

CLASIFICACIÓN SEGÚN SU ESTRUCTURA

- Enunciativa: verbo en forma personal + *que;* verbo en forma personal sin nexo
- Interrogativas indirectas: con verbos de entendimiento, lengua o percepción. Pueden ser totales (con la conjunción *si),* o parciales (encabezadas por pronombres, adverbios o det. interrogativos; *cómo, cuántas, qué, quién,* etc.).
- Exclamativas indirectas: formalmente iguales a las interrogativas indirectas parciales
- Oraciones relativas sin antecedente expreso o adjetivas sustantivadas

SUBORDINADAS ADJETIVAS

- Realizan la función propia de un adjetivo: actúan como CN dentro de un SN

CON ANTECEDENTE EXPRESO

- El antecedente es el sustantivo al que complementan
- Van precedidas de un relativo, que funciona como nexo, hace referencia al antecedente y realiza una función en la subordinada
- El relativo puede ser:
  - Un pronombre, que realiza las funciones de un SN: *que, cual, cuanto, quienes*
  - Determinante: el relativo *cuyo*
  - Adverbios relativos: *cuando, donde* y *como*

SIN ANTECEDENTE EXPRESO

- Libres: No aparece el antecedente; introducidas por los pronombres relativos *quien* y *cuanto*
- Semilibres: precedidas de un artículo

SEMÁNTICAMENTE

- Especificativas: restringen el significado del antecedente
- Explicativas: añaden una aclaración

SUBORDINADAS ADVERBIALES

TEMPORALES

- Expresan circunstancias temporales de la oración principal.
- Introducidas por los nexos: *cuando, antes de (que), mientras que, en cuanto, apenas, después de (que),* etc.
- Pueden expresar anterioridad, simultaneidad o posterioridad a la acción de la oración principal.

LOCALES

- Indican situación espacial de la oración principal
- El nexo es *donde* (sin antecedente)

MODALES

- Indican cómo se desarrolla lo enunciado en la oración principal.
- Los nexos: *como, según, conforme,* etc.

OTRAS CONSTRUCCIONES

- Comparativas: formadas por dos términos; cuantificador + nexos *que, como...*
- Consecutivas: expresan la consecuencia causada por la intensidad o grado con la que se ha producido algo.
- Consecutivas ilativas: expresan una consecuencia que se deriva de la principal. Nexos: *conque, pues, luego,* etc.
- Causales: indican la causa directa de lo expresado en la principal. Nexos: *porque, pues, puesto que,* etc.
- Finales: expresan el propósito o finalidad de lo dicho en la principal. Nexos: *para (que), a (que), a fin de que,* etc.
- Condicionales: el contenido de la principal depende de una condición indicada en la subordinada. Nexos: *si, como, mientras,* etc.
- Concesivas: expresan una dificultad para lo que se afirma en la principal, pero no impide su cumplimiento. Nexos: *aunque, a pesar de que,* etc.

ORACIONES YUXTAPUESTAS

- Unión de oraciones sin nexos. Se consideran coordinadas. Pueden establecer otras relaciones que se aclaran por el contexto.

ORACIONES COORDINADAS

- No tienen dependencia sintáctica entre sí.

CLASIFICACIÓN

- Copulativas: tienen una relación de adición. Nexos: *y, e, ni.*
- Adversativas: indican oposición o contradicción. Pueden ser restrictivas (nexos *pero, aunque, mas, no obstante,* etc.); o excluyentes (nexos: *sino, sino que, antes, antes bien, por el contrario,* etc.).
- Disyuntivas: indican exclusión, elección ante varias opciones. Nexo: *o.*
- Distributivas: se consideran un tipo de disyuntivas con nexos discontinuos: *bien... bien, ora... ora, ya... ya...*
- Explicativas: la segunda oración explica el contenido de la primera. Nexos: *es decir, esto es, o sea.*

ACTIVIDADES

Oración simple y oración compuesta. Yuxtaposición

1 Señala si las siguientes oraciones son simples o compuestas. En el caso de las compuestas, distingue si lo son por coordinación o por subordinación:

a. Ya era yo bastante mayorcito cuando me enteré de que los turrones de Jijona no son de Gijón.

b. Entre sus amigos gozaba de una admiración sin límites.

c. Estoy segura de que mis hermanos sintieron el mismo pavor que yo.

d. Se acomodó el nudo de la corbata y recibió las felicitaciones de sus amigos.

e. Es casi seguro que pinto mi casa este verano.

f. Los exámenes donde más éxito tuvieron los alumnos fueron el de alemán y el de francés.

g. Llamaron un taxi y encargaron al chófer que siguiera de cerca a los bomberos.

h. Sergio está muy esperanzado con su última entrevista de trabajo.

2 Distingue las oraciones simples con perífrasis de las compuestas. Especifica el tipo de perífrasis y, en el caso de las compuestas, el tipo de subordinada.

a. Tengo la impresión de que lo conozco de algo.

b. Los chicos de la otra calle echaron a correr como gallinas, hacia sus casas.

c. Se debió de herir en una pierna con el alambre de la verja.

d. No olvidéis sacar la basura.

e. El atracador escapó disfrazándose de policía.

f. Iba contando su historia a todo el mundo.

g. El Sr. Atienza tendrá que informar sobre una joven promesa del arbitraje el próximo domingo.

h. Vicente decidió pasar la mañana paseando por El Pardo.

3 Explica qué valor adquiere la yuxtaposición en los siguientes enunciados.

a. Gritó con todas sus fuerzas, nadie la escuchaba.

b. Me encargaré yo de los preparativos: no quiero que falle nada.

c. Duerme muy poco: acabará mal.

d. Está empezando a nevar, ponte la bufanda.

e. Por la mañana hace deporte, prepara la comida, hace los recados...

f. No podía recibir llamadas, se quedó sin batería.

g. Quéntar le trae muchos recuerdos: es su localidad natal.

h. Se cayó de la moto; casi se rompe un brazo.

Coordinación

4 Señala los nexos que aparecen en estas proposiciones coordinadas y clasifícalas.

a. Date prisa o no llegaremos a tiempo.

b. El lunes tengo que ir al dentista, o sea, que no podemos jugar al pádel.

c. No has hecho los ejercicios ni has preparado los resúmenes para el examen.

d. Se merece un escarmiento, sin embargo, le daremos otra oportunidad.

e. No se rindió, sino que trabajó con todas sus fuerzas.

f. A veces se muestra cariñoso, otras está intratable.

5 Clasifica las siguientes proposiciones adversativas en restrictivas o exclusivas. Cuando sea posible, sustituye el nexo por otro sin que cambie el tipo de proposición.

a. No les preocupa el dinero perdido, sino el tiempo que has invertido en esta locura.

b. No voy a dejarte solo, por el contrario, te acompañaré con mucho gusto.

c. Esta vez te prestamos el coche, no obstante, será la última vez.

d. Aprobé Química, pero suspendí Biología.

e. No se rebelaron ante sus palabras, sino que se mantuvieron en silencio y cabizbajos.

f. Hemos decidido cerrar por las tardes, salvo los miércoles.

g. No compramos los edificios, sino que los reformamos y gestionamos en régimen de alquiler.

6 Analiza sintácticamente estas oraciones compuestas por coordinación.

a. El ajedrez moderno nació en España, un gran imperio entonces, y lo exportó a Europa y a América.

b. Mongolia evoca imágenes de estepas interminables; no obstante, la mitad de los mongoles respira el aire más contaminado del planeta.

c. Todos los títulos de esta lista de lectura han sido descatalogados por la editorial, pero podrías encontrarlos en la feria del libro antiguo y de ocasión.

d. Los niños y yo cogeremos el primer vuelo del sábado por la mañana, es decir, estaremos ahí a mediodía para la comida familiar.

e. Ese equipo de científicos ha recibido una importante subvención para un programa bianual e investigarán las causas de una extraña enfermedad infecciosa tropical.

ACTIVIDADES

Subordinación

7 Escribe dos ejemplos de cada tipo de proposición subordinada. Señala la función que desempeñan en relación con el verbo principal.

8 Sustituye los sintagmas subrayados por proposiciones sustantivas, adjetivas o adverbiales según el ejemplo.

Ayer me contó una mentira. > Ayer me contó que lo había contratado el Real Madrid.

a. Su hermana es aquella chica tan sonriente.

b. No busques más: las gafas están ahí.

c. Le pasan esas cosas por distraído.

d. La empresa busca un programador experto.

e. Los vecinos se han quejado del ruido de las obras.

f. Nunca había viajado en un coche con tanto espacio en los asientos de atrás.

g. Su tutora tiene mucho interés en las actividades extraescolares.

h. No tienes que copiar el modelo; hazlo a tu manera.

i. Este año la fiesta de fin de curso se celebrará en el palacio de congresos y exposiciones.

9 En estas oraciones aparecen subordinadas sustantivas. Clasifícalas por su estructura y determina su función en relación con el verbo principal.

a. Me acuerdo de que yo mordía la cadenita de la medalla.

b. Ya han averiguado quién ha robado el cuadro.

c. No se sabe si subirán los impuestos de la gasolina.

d. No los veo seguros de que podamos arreglarlo.

e. Quien a buen árbol se arrima, buena sombra lo cobija.

f. Ni te imaginas cuánto cuesta.

g. Las que llamaron ayer han venido esta mañana.

h. Al final encontraron la forma de traerlo hasta aquí.

i. Nunca ha perdido la esperanza de que su amiga de la infancia regrese algún día al pueblo.

10 Distingue las subordinadas sustantivas de las adjetivas y señala la función que desempeña cada una.

a. Es mejor que te vayas.

b. Hemos visto una peli que nos ha recomendado Ramón.

c. Espero que tu trabajo vaya bien.

d. Puedes invitar a quien tú quieras.

e. Nos ha dicho que traerá una tarta que hace su abuela.

f. Insistieron mucho en que nos quedáramos a cenar.

g. Dime con quién andas y te diré quién eres.

h. Que seas pequeño no justifica tu comportamiento.

11 Convierte las interrogativas directas en indirectas y viceversa. Identifica la función de las partículas interrogativas.

a. No sabemos por qué han suspendido la reunión.

b. ¿Qué intentas decirme?

c. ¿Son ciertos los rumores sobre tu fichaje por el Barcelona?

d. Me preguntó si queríamos participar en el negocio.

e. Averigua cuántos kilos necesitamos.

f. ¿Veré alguna vez ordenada esta habitación?

g. ¿Cuándo estrenarán la última película de Mario Casas?

h. Ya hemos decidido cuál será expuesta en la sala de trofeos de la tercera planta.

i. Después de varios intentos, averiguó cómo se pasaba a la siguiente pantalla del videojuego.

12 Escribe un ejemplo con cada una de las funciones que puede desempeñar una subordinada sustantiva.

13 Localiza el antecedente de las proposiciones adjetivas de estos fragmentos.

a. Ese es también el momento en el que las imponentes centrales térmicas que han sido engullidas ya por la megalópolis se encuentran al máximo rendimiento.

b. Calculo que un 30% de todos los vehículos que hay ahora en la calle es de este modelo.

c. Y cuando esta empresa tenga apartamentos en ciudades donde tiene hoteles, buscaré hoteles fuera del grupo.

d. Había pedido ser recibido por el rey cuya monarquía quiere abolir.

e. La Casa del Rey aplicará el mismo criterio que siguió don Juan Carlos, quien recibió a los responsables de prácticamente todos los partidos.

f. Usa un móvil del principio de los tiempos que no tiene conexión a internet.

g. Hablamos con un vecino del barrio cuyo testimonio nos dejó impactados.

h. Muchas veces la manera como me mira me hace sonrojar.

i. Me he dejado en casa la lista de la compra que hice esta mañana.

14 Explica la diferencia formal y de significado entre estas oraciones:

a. El candidato, que no había preparado el debate, fue barrido por su oponente.

b. El candidato que no había preparado el debate fue barrido por su oponente.

ACTIVIDADES

15 ¿Qué función desempeñan los relativos en el texto?

> Como muchas otras empresas de Silicon Valley (la famosa zona de San Francisco en la que tienen sede numerosas firmas tecnológicas), YouTube se forjó en el garaje de una casa (la de Hurley) y con la intención de solucionar un problema que irritaba a sus impulsores.
>
> Después de una cena, los cofundadores, que se conocían por trabajar en la compañía de pagos PayPal, se frustraron al ver lo difícil que les resultaba compartir unos vídeos que habían grabado. Echaron mano entonces de sus ahorros y en enero de 2005 acordaron diseñar el famoso portal, cuyo dominio registraron en febrero.
>
> EFE/ Fernando MEXÍA
> *YouTube cumple 10 años como «rey» del vídeo.*
> *ABC*, 15 de febrero de 2015

16 Indica la función de las proposiciones subordinadas adjetivas sustantivadas:

a. Cómprate lo que tú quieras.
b. El que más grita no es necesariamente quien tiene la razón.
c. Serán aceptados cuantos presenten su solicitud a tiempo.
d. Me pregunto de lo que sería capaz.
e. Daremos el premio a los que consigan más respuestas en menos tiempo.
f. ¡Sálvese quien pueda!
g. Cuanto acontece en la vida es una oportunidad de aprender.

17 Distingue las subordinadas sustantivas de las adjetivas y las adverbiales.

a. ¿No sabéis dónde vive su familia?
b. Habrá que buscar un sitio donde esconderlo.
c. Donde tú vayas, allí estaré.
d. Se lo dices cuando quieras, no hay prisa.
e. Averiguaré cuándo llegan para ir a esperarlos al aeropuerto.
f. En la fiesta recordamos aquellos años cuando éramos niños.
g. Dime, ¿cómo se hace este ejercicio?
h. Se ha salido con la suya, lo haremos como él quiera.
i. No entiendo la manera como ha podido escapar de la jaula.

18 Clasifica las adverbiales circunstanciales e indica su función en relación con el verbo principal.

a. Desde que llegó, no ha parado de reír.
b. Donde vamos no hay conexión a internet.
c. El médico hablará con ustedes apenas termine la operación.
d. Gastamos agua como si nos sobrara.
e. En cuanto lo llamaron, se marchó con su familia.
f. Debemos actuar conforme dicta la ley.

19 Determina de qué tipo son las subordinadas adverbiales.

a. No es el león tan fiero como lo pintan.
b. Cuando el río suena, agua lleva.
c. Más sabe el diablo por viejo que por diablo.
d. Tanto va el cántaro a la fuente, que acaba por romperse.
e. Cuando las barbas del vecino veas pelar, pon las tuyas a remojar.
f. Aunque la mona se vista de seda, mona se queda.
g. No por mucho madrugar, amanece más temprano.
h. Resultó peor el remedio que la enfermedad.

20 Clasifica las proposiciones subordinadas y determina la clase y la función de las palabras subrayadas.

a. Como no prestas atención, no te has enterado de lo que te ha dicho.
b. Cuando ella falta al trabajo, es que está enferma de verdad.
c. Han detectado varios contagios, de modo que iniciarán una vacunación masiva.
d. Nos hemos metido en un lío, excepto que aparezca el dinero.
e. Reunió a toda su familia con el propósito de arreglar de una vez las desavenencias.
f. Como no llueva esta primavera, habrá cortes de agua durante el verano.

21 Analiza sintácticamente las siguientes oraciones:

a. Como era mucho mayor que nosotros, lo seguíamos adonde él quisiera.
b. Cuando estaba a punto de perder el control, recordó los consejos de su padre.
c. En 1964 cambió el nombre del producto más exitoso y puntero para que sonara menos local.
d. Yo pensaba que, como en el Polo Norte hacía mucho frío, en el Polo Sur hacía mucho calor.
e. La Secretaría de Universidades dice que no dispone de los suspensos en esta materia del año pasado.
f. Eran tan elevadas sus expectativas que, a la fuerza, tuvo que decepcionarse.

ACTIVIDADES

22 Lee el texto y responde a las preguntas.

> La gramática se aleja a veces de la vida, pero los términos que usa al definir sus conceptos la evocan muy a menudo. Eso facilita que hoy nos tomemos a broma sus paradojas con estos *desaforismos* para aficionados a los juegos lingüísticos.
>
> Una rata dura más tiempo que un rato.
>
> En la oración «El boxeador dio un puñetazo al árbitro», el árbitro recibe directamente el puñetazo, pero es el complemento indirecto.
>
> Un problema de «sintaxis» también se da cuando no hay huelgas del transporte. [...]
>
> Pensar no es un verbo reflexivo. [...]
>
> Los posesivos son a menudo pura ilusión. Decimos «duermo en mi casa» o «voy a mi empresa». Pero «mi casa» es del banco. Y «mi empresa» es de... ¡anda, qué casualidad!
>
> Si usamos más los verbos imperativos para rogar, deberían llamarse rogativos. [...]
>
> En la oración «el policía detuvo al ladrón», el sujeto es dos veces agente.
>
> Álex GRIJELMO
> *Chascarrillos gramaticales, El País,* 18 de enero de 2015

a. ¿Qué tipo de proposición subordinada aparece en el primer aforismo? Señala cuáles son su nexo y su verbo. ¿Qué característica del género de los sustantivos no sexuados utiliza para hacer el chiste?

b. Demuestra que la afirmación del aforismo 2 es cierta.

c. Realiza el análisis sintáctico completo del tercero. ¿Por qué *sintaxis* está escrita entre comillas?

d. ¿Encuentras algún ejemplo de estilo directo? Explica su estructura.

e. ¿Cuál es el verbo principal del sexto aforismo? ¿Cuántas proposiciones subordinadas hay y de qué tipo son?

f. Explica el significado del séptimo: ¿por qué se utilizan las comillas en esta ocasión?

g. Explica la forma y la función sintáctica de las estructuras subrayadas en el texto.

ORTOGRAFÍA, NORMA Y USO

1 Escribe *con que, con qué, conque, sino, si no* o *sino* que donde corresponda.

a. ..... me devuelves el libro, no te volveré a prestar ninguno.

b. ¿ ..... se come el sushi?

c. ¿ ..... ya te has comprado la moto?

d. Estas son las zapatillas ..... practico la marcha.

e. Llueve mucho ..... no iremos a correr.

f. Me conformo ..... saques un 7 en el examen.

g. No corre ..... vuela.

h. No sale ..... entra.

i. No solo estudia inglés ..... también habla francés perfectamente.

j. No tenemos ..... preparar el pastel.

k. Pensaba que ..... venías conmigo no me dejarían entrar.

2 Corrige, cuando sea necesario, los quesuismos y los usos incorrectos de *cuyo* que aparecen en el texto; explica el error.

a. Manuela, que su madre es enfermera, fue a visitarla ayer al hospital.

b. Sabemos que su hermana estudia Medicina y cuyo hermano ha empezado 5.º de Primaria.

c. El árbol cuyos frutos son las nueces y que su tronco alcanza los dos metros es el nogal.

d. Nos explicó que su mayor interés era el violín, que su técnica la fascinaba desde pequeña.

3 Corrige, cuando sea necesario, el dequeísmo presente en las oraciones; justifica el cambio desde un punto de vista sintáctico.

a. Me pareció de que llegábamos tarde.

b. Nos aconsejaron de que hiciéramos pronto las tareas.

c. No te dejaré el coche a menos de que me asegures que irás con cuidado.

4 Corrige, cuando sean necesario, el queísmo presente en las oraciones; justifica el cambio desde un punto de vista sintáctico.

a. Te traeré el libro a condición que me prestes la moto.

b. Nos asombró el hecho que no hubiera agua corriente en aquella zona.

c. Tengo ganas que llegue el verano porque puede que me vaya de viaje a París.

d. Nos informaron que el tren llegaba con retraso.

e. Me fío que aprobaré el examen: he estudiado mucho.

LEER Y ESCRIBIR

Un texto publicitario se elabora fundamentalmente con la finalidad de convencer al destinatario de la necesidad de adquirir un producto. Para ello, los creativos publicitarios procuran que el mensaje adopte una forma atractiva, impactante o artística. Pero, además de esta finalidad comercial, la publicidad se puede también utilizar para promocionar y dar a conocer instituciones, grupos, ideas o, como en este caso, campañas de solidaridad para las que se necesita la colaboración de los ciudadanos.

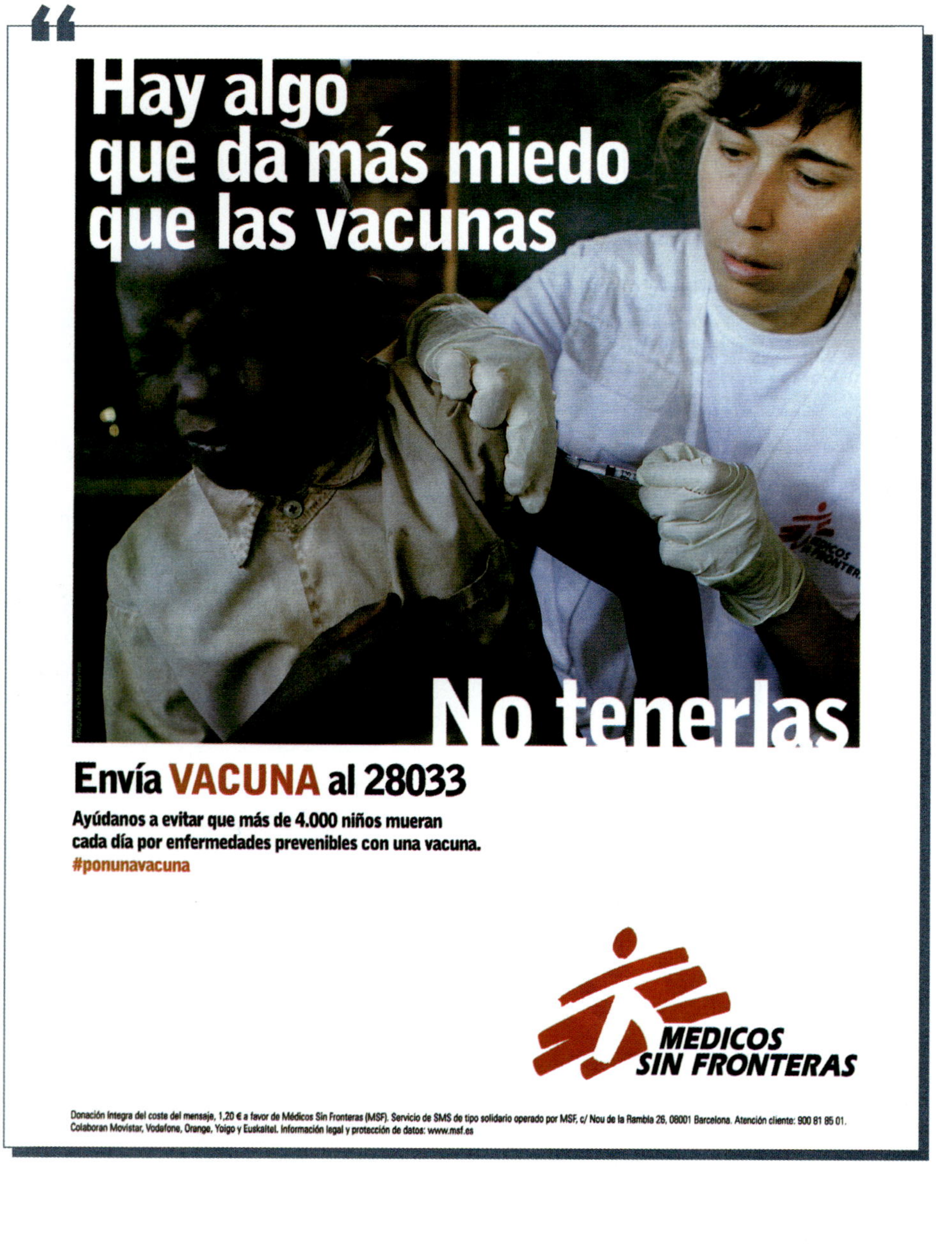

ACTIVIDADES

1. Observa la imagen y el texto que aparece en ella, ¿quién es el emisor?, ¿qué mensaje pretende transmitir? ¿Cuántos códigos utiliza? ¿Cuál es el eslogan? Explica su significado.

2. En la imagen aparecen dos personas, ¿quiénes son?, ¿cuál es el gesto de cada una? ¿Qué realidades diferentes representan?

3. Además de persuadir, en este caso, el mensaje publicitario también pretende denunciar una situación, ¿cuál es? ¿Crees que pretende algo más que conseguir dinero para vacunas? ¿Qué sabes de la ONG Médicos Sin Fronteras?

4. El mensaje publicitario debe ser inteligible, fácil de descifrar por el receptor; ¿crees que la imagen puede entenderla todo el mundo? ¿Cómo pretende convencer al receptor, mediante argumentos racionales o mediante recursos emocionales? Explícalo.

5. Relaciona el fragmento *Envía vacuna al 28033* con el uso del teléfono en las sociedades modernas. ¿Qué significa el símbolo # y la expresión que sigue detrás?

6. ¿Resulta atractivo el mensaje? ¿Qué te ha parecido más interesante? ¿Consigue el propósito para el que ha sido elaborado?

CARACTERÍSTICAS DE LOS TEXTOS PUBLICITARIOS: EL LENGUAJE PERSUASIVO

La publicidad como actividad comunicativa tiene como objetivo informar al público sobre productos comerciales, servicios, prácticas de consumo, etc., siempre con el propósito de difundir y, fundamentalmente, de **promocionar** y **promover** lo anunciado: es, por tanto, una *información persuasiva*.

Estos mensajes se elaboran para **atraer** y **convencer** a los destinatarios, quienes pertenecen a un grupo social concreto, de cuyos gustos e intereses se parte para crear el anuncio. Además de su finalidad comercial, para vender algo, la publicidad se puede dedicar a la **propaganda** de ciertas instituciones, grupos diversos, formaciones políticas, etc.

Los procedimientos que se aplican para convencer al receptor radican en:

- **Argumentos racionales,** para ponderar las cualidades del producto (calidad, precio, ventajas que comporta).
- Elementos de carácter emotivo, estético, es decir, **elementos simbólicos** asociados al producto (comprar un coche determinado supone poder llevar una vida de aventura, en parajes exóticos...).

Su **influencia** e impacto social son incalculables, porque, junto con el producto, venden modelos de vida, de relaciones y valores sociales. La publicidad propicia masivamente formas de consumo que se propagan desde los anuncios porque en ellos se muestra un mundo agradable, atractivo, un universo lúdico, idílico, que fascina al receptor. Para lograr un mayor efecto de seducción, los publicistas recurren a la **creatividad**.

Sin embargo, también los mensajes publicitarios traslucen a veces una determinada visión del mundo que resulta ya inaceptable; en particular en el tratamiento con que se representa a la mujer, sea como «objeto de adorno» para vender mejor algunos artículos, sea como simple ama de casa cuya felicidad y expectativas se ciñen a las labores domésticas; o bien mostrar que la mujer debe, ante todo, cuidar su aspecto, para lucir atractiva y gustar a los hombres. La publicidad no puede ser una plataforma mediática en la que se infiltre el **sexismo** u otras concepciones deformadoras de los seres humanos; es igualmente claro que ningún anuncio debe convertirse en un medio para estafar al consumidor o inducirle a engaño.

El lenguaje persuasivo

El lenguaje persuasivo tiene unas características lingüísticas:

- La **función apelativa** aflora en los anuncios como una constante del mensaje; se concreta con interpelaciones directas al destinatario (comprador, usuario, cliente), en forma de **imperativos, construcciones exhortativas:** *Llame ahora. Consigue el descuento. Que no te engañen.*
- A eso también se debe la presencia de **construcciones interrogativas:** *¿Has probado ya la nueva...? ¿Te gusta conducir?*

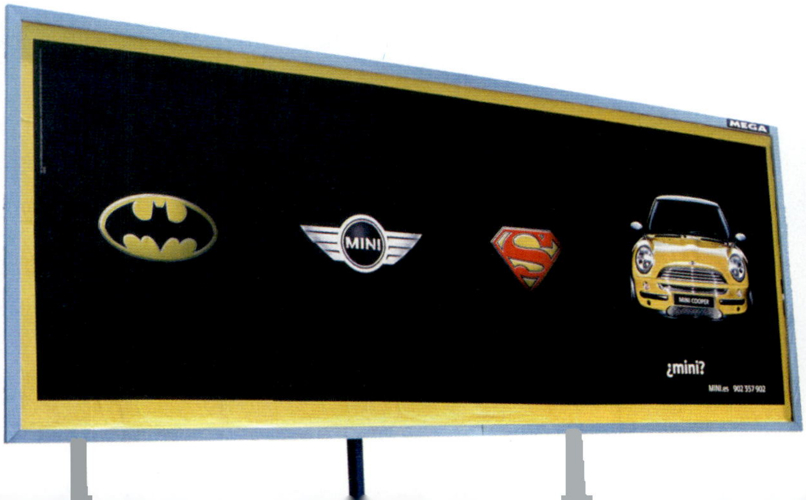

- Como se explotan las posibilidades expresivas de la lengua, la elaboración y el cuidado aplicados al mensaje comporta que el texto cumpla la función **poética**, con los **recursos retóricos** más comunes: metáfora, personificación, repeticiones varias...: *Nos gusta que te gustes. La vida es un viaje. Seguros X: El sol de la tranquilidad.*
- Las **hipérboles** son sumamente empleadas: *eficacia total.*
- El **adjetivo explicativo**, para enfatizar y dotar de significados secundarios, añade valor expresivo a la enunciación: *dulce corazón de leche.*
- Conviene a esta clase de mensajes el efecto sugeridor y evocador que aporta la **connotación** de las palabras del texto: *La chispa de la vida. Seguros X: el sol de la tranquilidad. Tu piel ideal;* así también se registran términos afectivos, diminutivos...
- Aunque, por otro lado, cuando se pretende ponderar las excelencias específicas de un productos, se da entrada a **tecnicismos:** *con ácido hialurónico;* o préstamos, mayoritariamente anglicismos: *Nivea black and white.*
- Una pieza verbal prototípica de los textos publicitarios es el **eslogan**, fórmula breve y original, para ser recordada asociada al producto: *La república independiente de tu casa. Ya es primavera en... Dale un buen mordisco a la vida. Yo no soy tonto.* Se busca un lenguaje vivo, directo, conciso, que cuaje en una «frase feliz»; debe llamar la atención al tiempo que alude a los intereses y preocupaciones del auditorio específico.

ACTIVIDADES

1. Imagina que el mismo mensaje de la campaña de Médicos Sin Fronteras va a emitirse por la televisión y la radio. ¿Harías algún cambio? ¿Por qué? Justifica y ejemplifica tu respuesta.

ESCUCHAR

El medio de difusión en el que aparecen los anuncios condiciona tanto su forma como su contenido, por eso no solo son importantes los recursos lingüísticos sino también los elementos gráficos, visuales y audiovisuales.

ACTIVIDADES

1. A partir del siguiente vídeo, contesta a las preguntas: https://www.youtube.com/watch?v=Ymic6NSaNkY

a. ¿A quién va dirigido este mensaje publicitario? Explica cuáles son los elementos o rasgos que lo muestran.

b. ¿Cuáles son los recursos utilizados para captar la atención del receptor?

c. ¿Qué personajes protagonizan el anuncio? ¿Por qué crees que la marca los ha elegido?

d. ¿En qué momento aparece el nombre de la marca que se publicita? ¿Por qué?

e. ¿Cuál es el mensaje último que se pretende transmitir? ¿Qué figura retórica aparece en el eslogan?

f. ¿Cómo se complementa la imagen, la palabra y la música?

g. En este anuncio se utiliza la enumeración, explica por qué y en qué momento se produce.

h. ¿Qué relación guarda este texto publicitario con el medio social?

Pautas de expresión escrita

La presentación del trabajo

Antes de dar la forma definitiva a nuestro trabajo académico o documento científico, es imprescindible incluir de forma sistemática y estructurada las fuentes utilizadas en nuestro trabajo y lo haremos a través de dos elementos:

Las **citas en el texto:** forma de **referencia breve** colocada entre paréntesis dentro de un texto (sistema autor-fecha, página) o añadida al texto como una **nota a pie de página** (sistema numérico).

> Varias notas destacan en el estilo de Juan Valera:
>
> «El protagonista masculino[1] de *Pepita Jiménez,* de Juan Valera, dice que "Pepita tendrá veinte años; es viuda; solo tres años estuvo casada. Era hija de doña Francisca Gálvez"» (Valera, 2001, 38). Lo cual sitúa al lector en los orígenes de este personaje.
>
> [1] Luis Vargas, era un joven con inquietudes religiosas; véase la «Introducción» (Castellón, 2001) a la obra *Pepita Jiménez* de Valera.

Las **referencias bibliográficas** permiten identificar la fuente de información impresa o electrónica. Normalmente se ordenan alfabéticamente por los apellidos del autor, la fecha y el título. Hay varios sistemas para las referencias bibliográficas: norma ISO 690, estilo APA...En la norma ISO 690 se cita así:

> APELLIDO(S), Nombre. Título del libro. Mención de traductor; prologuista; ilustrador; coordinador; etc.*. Nº de edición*. Lugar de edición: editorial, año de edición. N.º de páginas.
>
> VALERA, Juan. *Pepita Jiménez*. Introducción, edición y notas de CASTELLÓN ALCALÁ, Heraclia. Granada: Editorial La Vela, 2001. 265 páginas.

De este modo se expresan claramente las fuentes y materiales utilizados en nuestra exposición, evitando, además, una de las lacras de los actuales documentos académicos: el «copia y pega» de páginas web o de libros, que ni siquiera son citados.

ACTIVIDAD

1. Escribe un breve resumen sobre los recursos del lenguaje publicitario que aparecen en las páginas 87 y 88. Introduce en él una cita literal del texto, incluyendo la referencia como nota al pie. Después, haz la referencia bibliográfica completa según las normas ISO de este manual.

Pautas de expresión y comprensión oral

Pautas para elaborar un anuncio

Para elaborar un anuncio, partiremos de los conocimientos analizados anteriormente sobre los textos publicitarios. Nuestro texto (comercial o propagandístico) debe resultar atractivo y ha de persuadir al receptor. Para ello hay que:

1. Seleccionar **el tema y fin fundamental del anuncio:** ¿Queremos vender un producto? ¿Promocionar un libro o una obra de teatro? ¿Dar un mensaje de interés social?
2. Estudiar **sus cualidades, propiedades, finalidad, procedencia, aplicación, utilidad...** Los recursos partirán de estas características, pues solo seleccionaremos lo más interesante.
3. Preguntarse **a quién se dirige el mensaje.** Los recursos deben captar su atención. Carece de sentido emplear el tratamiento de *usted* en un anuncio de *Playmobil,* por ejemplo.
4. Buscar un **eslogan sugerente** a partir de los rasgos ya analizados.
5. Reflexionar sobre **la duración del anuncio y su soporte** (vídeo, cartel publicitario, fotografía, cuña radiofónica...). Una estructura clara y una extensión adecuada son la base de un buen anuncio: demasiado largo le restará interés y la excesiva simplificación hará que el receptor pierda ciertos significados.
6. Seleccionar **los recursos.** Pueden ser variados: recursos retóricos, juego de imágenes, palabras, música, colores... Su elección estará determinada en gran medida por el soporte del texto publicitario. El resultado debe ser sugerente, atractivo y persuasivo.
7. Analizar si se ha conseguido **el objetivo.** Con una encuesta se puede saber quién se ha sentido atraído por el anuncio y, por tanto, tendría una respuesta positiva ante el mismo (compraría el producto, iría al teatro, leería el libro...).

ACTIVIDAD

1. Escoge un anuncio publicitario que aparezca en prensa, analiza los tres primeros puntos y elabora una versión de este como un anuncio para televisión.

ACTIVIDADES

Leer

1. Explica quién es el destinatario del anuncio y cuáles son los recursos utilizados para captar la atención del receptor.

2. ¿Por qué hay palabras destacadas en negrita?

3. ¿Cuál es el mensaje último que se pretende transmitir?

4. ¿Cómo se complementan las imágenes y las palabras?

5. El plátano de Canarias está asociado a otras campañas vinculadas al deporte y a la lucha contra el racismo. ¿Por qué? ¿Qué opinión te merecen estas iniciativas?

Escribir

6. La defensa de una alimentación sana y, en particular, del consumo de fruta y verdura está presente en varias campañas publicitarias. Elabora un tríptico publicitario, destinado a escolares de secundaria, en el que se promuevan hábitos de vida saludables y una alimentación variada y equilibrada.

Escuchar

7. No toda la publicidad es comercial también la hay social o de propaganda, para promover ideas o valores que provoquen una determinada respuesta en el receptor. A partir del siguiente audio, contesta a las preguntas:

   http://www.fad.es/sites/default/files/Cun%CC%83a%20FAD%20C46_0.mp3?uuid=54ca91c894a9f

   a. ¿Qué tipo de mensaje transmite? ¿Con qué fin?
   b. ¿Qué recursos emplea? ¿Crees que estos son adecuados para el receptor al que va dirigido? Justifica tu respuesta.
   c. ¿Cuál es la relación del mensaje con el medio social?
   d. Explica la estructura del mensaje.
   e. ¿Qué figura retórica emplea el autor para provocar al receptor?
   f. Compáralo con la campaña de la FAD contra las drogas en televisión: https://www.youtube.com/watch?v=Bv3cR3YFFDo Analiza los diferentes recursos para cada uno de los soportes señalando las diferencias propias del medio.

Hablar

8. Partiendo de todo lo que ya sabes, haz una exposición oral sobre la publicidad. No olvides seguir los pasos adecuados para que tu exposición sea clara, inteligible y atractiva para tus oyentes. Para comprobarlo realiza un sencillo cuestionario en que estos evalúen tu intervención. Haz lo mismo tú con tus compañeros cuando sean ellos los que intervengan.

UN POCO MÁS ALLÁ

[...]

Cuando era niño, el día en que mi padre llegaba del mar,
solíamos esperarlo en el espigón más alejado del puerto,
mirando hacia el Oeste. Aunque al principio

no se veía nada, pronto
uno de nosotros divisaba en el horizonte
un punto negro, que poco a poco se convertía en barco.

Tardaba una hora en llegar hasta el espigón,
y giraba frente a nosotros antes de entrar a puerto.
Mi padre nos saludaba con la mano.

Nada más pasar el barco, corríamos
hacía el lugar donde atracaba.
Incluso estando en las últimas, mi padre

siempre alababa la vida,
nos decía que hay que vivir el momento,
que si siempre estás preocupado la vida se te escapa.

Y nos decía: tenéis que ir
más al Norte, no hay que echar la red
allí donde sabéis que seguro habrá pescado,

hay que buscar un poco más allá,
sin conformaros con lo que ya tenéis.
«La muerte no vencerá»,

escribió Dylan Thomas,
pero de vez en cuando gana,
y así terminó también la vida de mi padre,

como un barco que se pierde en el horizonte
girando hacia el Oeste,
dibujando recuerdos en su estela.

Kirmen Uribe
http://kirmenuribe.com/es/testuak/poemak

ACTIVIDADES

1. Elabora un resumen del texto. ¿Cuál es el mensaje que el padre trata de transmitir a sus hijos?
2. ¿Qué significado tienen los puntos cardinales norte y oeste en los versos 17 y 26?
3. Explica de qué tipo son las palabras subrayadas y qué proposiciones introducen.
4. Localiza las perífrasis verbales y clasifícalas.
5. Analiza las diversas formas de *se* que aparecen en el texto. Determina su forma y su función sintáctica.
6. En el texto aparecen ejemplos de estilo directo y de estilo indirecto. Localízalos y compara su estructura.
7. Busca ejemplos de oraciones impersonales.
8. Analiza sintácticamente:
   - **a.** Nada más pasar el barco, corríamos hacía el lugar donde atracaba.
   - **b.** Pronto uno de nosotros divisaba en el horizonte un punto negro, que poco a poco se convertía en barco.

DIARIO DE APRENDIZAJE

¿Cómo me he sentido en las ocasiones en las que he ayudado a un compañero a entender algún contenido de esta unidad? ¿Y cuando he sido ayudado?

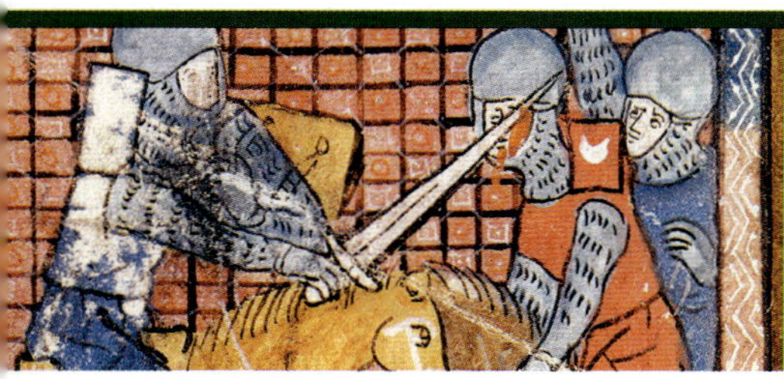

08 LA EDAD MEDIA

LITERATURA EN LA EDAD MEDIA

POESÍA LÍRICA MEDIEVAL HISPÁNICA

Características

POPULAR Y TRADICIONAL

- Difundida por los juglares
- Difusión oral y procedencia anónima
- Tema amoroso
- Naturaleza y ambiente rural
- Estructuras métricas: estructura paralelística, *leixaprén*, estructura zejelesca y del villancico castellano (estribillo y glosa)

CULTA Y CORTESANA

- Influencia provenzal
- Autor culto conocido
- Cantada en ambientes palaciegos por trovadores o juglares
- Métrica regular y rima consonante
- Tema principal: el amor cortés

Procedencia

INFLUENCIA ÁRABE

- Jarchas: siglos X-XI, en lengua mozárabe y transcritas con grafías árabes y hebreas

CASTELLANA

- Temática muy diversa: voz poética de mujer que se lamenta por la ausencia del amado (también: malmaridadas, malmonjadas), canciones de trabajo, canciones de boda, mayas, albadas, alboradas, serranillas
- Estrofas: villancico

GALAICO-PORTUGUESA

- Cantigas de amigo
- Cantigas de amor
- Cantigas de escarnio y maldecir

CATALANA-PROVENZAL

- Origen: la Provenza, Francia (siglos XII-XIII)
- Tema del amor cortés
- Poesía culta

MESTER DE JUGLARÍA Y CANTARES DE GESTA

Narraciones en verso de hazañas *(gestas)* de un héroe individual o colectivo

RASGOS

Generales

- Carácter anónimo y oral
- Carácter tradicional
- Carácter realista o historicista

Formales

- Rima asonante
- Verso irregular
- Fórmulas orales, epítetos épicos, voces narrativas y figuras de repetición

OBRAS

Fragmentos de: *Cantar de Roncesvalles* y *Las mocedades de Rodrigo*

El *Cantar de Mio Cid*

- Autoría y fecha: según la teoría neotradicionalista, fueron dos juglares entre 1110 y 1140, y, según la neoindividualista fue un poeta culto en el siglo XIII
- Estructura: 3730 versos divididos en tres cantares *(Cantar del destierro, Cantar de las bodas y Cantar de la afrenta de Corpes)*
- Estilo: utiliza el epíteto épico, pleonasmos, paralelismos, anáforas y construcciones dobles, fórmulas dirigidas al oyente y elementos dramáticos; contiene episodios humorísticos

MESTER DE CLERECÍA

Conjunto de obras narrativas en verso, de origen culto y escritas por clérigos (siglos XIII-XIV)

RASGOS

- Lenguaje cuidado y conciencia de autoría literaria
- Temas religiosos e históricos
- Intención didáctica y moralizante
- Empleo de fuentes escritas (la Biblia) o procedentes de la antigüedad clásica
- Uso de la cuaderna vía

PERIODOS

- Siglo XIII: Gonzalo de Berceo *(Milagros de Nuestra Señora)*
- Siglo XIV: Juan Ruiz, arcipreste de Hita *(Libro de buen amor)*

PROSA MEDIEVAL

Primeros testimonios (siglo X): glosas emilianenses y glosas silenses (lengua romance)

Reinado de Fernando III: documentos de la Cancillería en castellano

Siglo XIII: consolidación de la prosa castellana (Escuela de Traductores de Toledo y Alfonso X el Sabio)

ANTERIOR A ALFONSO X

Obras literarias

- Cuentos moralizantes (ejemplos): *Calila e Dimma* y *Sendebar o Libro de los engaños y de las mujeres*

Obras no literarias

- Obras doctrinales: *Libros de los cien capítulos, Bonium o Bocados de oro* y *Poridat de poridades*
- Textos históricos o crónicas y textos jurídicos: *Fuero Juzgo* y *Libro de los fueros de Castilla*

DESDE EL REINADO DE ALFONSO X

Prosa alfonsí

- Obras históricas: *Estoria de España* y *Grande e General Estoria*
- Obras jurídicas: *Siete partidas*
- Tratados científicos: *Libros del saber de Astronomía, Tablas alfonsíes* y *Lapidario*
- Libros de entretenimiento: *Libros de ajedrez, dados e tablas*

Don Juan Manuel

- *Libro del caballero y del escudero*
- *Libro de los estados*
- *El conde Lucanor* (51 ejemplos)

Prosa novelesca

- Novela de aventuras: *La gran conquista de Ultramar*
- Novela caballeresca: *El libro del caballero Zifar*

REINTERPRETA

ACTIVIDADES

1. Lee estos versos de Manuel Machado, de su poema «Castilla».

> [...] El ciego sol, la sed y la fatiga
> Por la terrible estepa castellana,
> al destierro, con doce de los suyos
> —polvo, sudor y hierro— el Cid cabalga.
>
> Cerrado está el mesón a piedra y lodo.
> Nadie responde... Al pomo de la espada
> y al cuento de las picas el postigo
> va a ceder. ¡Quema el sol, el aire abrasa!
>
> A los terribles golpes
> de eco ronco, una voz pura, de plata
> y de cristal, responde... Hay una niña
> muy débil y muy blanca
> en el umbral. Es toda
> ojos azules, y en los ojos, lágrimas.
>
> Oro pálido nimba
> su carita curiosa y asustada
> —«Buen Cid, pasad...! El rey nos dará muerte,
> arruinará la casa,
> y sembrará de sal el pobre campo
> que mi padre trabaja...
> Idos. El cielo os colme de venturas...
> ¡En nuestro mal, oh Cid, no ganáis nada!».
> Calla la niña y llora sin gemido...
>
> Un sollozo infantil cruza la escuadra
> de feroces guerreros,
> y una voz inflexible grita: «¡En marcha!».
> El ciego sol, la sed y la fatiga.
> Por la terrible estepa castellana,
> al destierro, con doce de los suyos
> —polvo, sudor y hierro—, el Cid cabalga.
>
> Manuel MACHADO
> *Alma. Caprichos. El mal poema*
> Castalia

a. El poeta sevillano recrea un pasaje muy conocido del inicio del *Cantar de Mio Cid.* Compara ambos fragmentos: ¿en qué incide Manuel Machado y en qué el anónimo cantar de gesta?

b. ¿Se atiene Machado a lo que se dice en el *Cantar de Mio Cid?*

2. Redacta la carta que la niña del poema de Manuel Machado escribiría para suplicar clemencia al rey Alfonso VI, en nombre del Cid, dadas sus virtudes y cualidades guerreras, sociales, humanas y familiares.

3. Lee el siguiente texto.

> **Título 21. De los caballeros y de las cosas que les conviene hacer**
>
> *Defensores* son uno de los tres estados por los que Dios quiso que se mantuviese el mundo; pues bien así como los que ruegan a Dios por el pueblo son dichos *oradores,* y otrosí los que labran la tierra y hacen en ella aquellas cosas por las que los hombres han de vivir y de mantenerse se llaman *labradores,* y otrosí los que han de defender a todos son dichos *defensores.* Por ello los hombres que tal obra han de hacer tuvieron por bien los antiguos que fuesen muy escogidos; y esto fue porque en defender yacen tres cosas: esfuerzo, honra y poderío.
>
> Alfonso X. *Las siete partidas.* Linkgua

a. ¿Qué sistema social define Alfonso X en este fragmento?

b. ¿Cuáles son las características más importantes que definen a estos tres estados o estamentos?

4. ¿A qué movimiento o tendencia literaria de la Edad Media peninsular asociarías esta imagen? Elabora una lista de instrucciones para componer un poema propio de este movimiento literario, que solía utilizar la cuaderna vía.

LÍRICA POPULAR PENINSULAR EN LA EDAD MEDIA

Texto 1

Oh tú, mi dulce dueño Ibrahim,
ven a mi casa por la noche.
Si no, si es que tú quieres,
yo me iré a la tuya.
¡Dime dónde te encontraré!

***

¿Qué haré, madre?
Mi amado está en la puerta.

***

Has de saber, amor mío:
quédome yo sin dormir.
Ven ya, ven, amigo mío:
no sé sobrellevar tu huir.

Texto 2

Quantas sabedes amar amigo
Quantas sabedes amar amigo
treides comig' a lo mar de Vigo.
E banhar nos emos nas ondas!

Quantas sabedes amor amado,
treides comig' a lo mar levado.
E banhar nos emos nas ondas!

Treides comig' a lo mar de Vigo
e veeremos lo meu amigo.
E banhar nos emos nas ondas!

Treides comig' a lo mar levado
e veeremo' lo meu amado.
E banhar nos emos nas ondas!

Traducción de la primera estrofa

Cuantas sabéis amar a amigo
Cuantas sabéis amar a amigo
venid conmigo a la mar de Vigo
y nos bañaremos en las olas.

Texto 3

Cervatica, que no me la vuelvas[1],
que yo me la volveré.

Cervatica tan garrida,
no enturbies el agua fría,
que he de lavar la camisa
de aquel a quien di mi fe.

Cervatica, que no me la vuelvas,
que yo me la volveré.

Cervatica tan galana.
no enturbies el agua clara,
que he de lavar la delgada[2]
para quien yo me lavé.

Cervatica, que no me la vuelvas,
que yo me la volveré.

Texto 4

Quiero dormir y no puedo,
que el amor me quita el sueño.

Manda pregonar el rey
por Granada y por Sevilla
que todo hombre namorado
que se case con su amiga.
Que el amor me quita el sueño.

Quiero dormir y no puedo
que el amor me quita el sueño.

[Qué todo hombre namorado
que se case con su amiga.]
¿Qué haré, triste cuitado
que es ya casada la mía?
Que el amor me quita el sueño.

Lírica española de tipo popular
(ed. de Margit Frenk Alatorre)
Cátedra

[1] **no me la vuelvas:** no me la enturbies o revuelvas.

[2] **delgada:** se refiere a 'prenda delicada', la camisa antes mencionada.

ACTIVIDADES

1. Todas estas composiciones pertenecen a la poesía lírica popular hispánica. Señala y explica, al menos, dos elementos comunes o coincidencias en ellas. ¿Hay alguna excepción en estas coincidencias? Coméntala.
2. Identifica y reconoce las jarchas, las cantigas de amigo y las composiciones de la lírica popular castellana que hayas identificado en la actividad anterior. Justifica tu respuesta.
3. El texto 2 está compuesto en gallego-portugués. Continúa la traducción al castellano de sus versos teniendo en cuenta los tres primeros versos ya traducidos.
4. Comenta el uso de la estructura paralelística o *leixaprén* en este poema.
5. En los dos últimos poemas se observan las estructuras zejelesca y del villancico. Localízalas y explícalas.
6. ¿Qué otras diferencias encuentras respecto al contenido o al tema en las dos últimas composiciones?

EL *CANTAR DE MIO CID*

Camino del destierro

El Cid entra en Burgos, donde el Rey ha prohibido que le den posada y le vendan provisiones. El Cid alza su tienda en un arenal cerca de la ciudad.

[Comienza el manuscrito de Per Abbat]

Con lágrimas en los ojos, muy fuertemente llorando,
la cabeza atrás volvía y quedábase mirándolos.
Y vio las puertas abiertas, y cerrojos quebrantados
y vacías las alcándaras sin las pieles, sin los mantos,
sin sus pájaros halcones, sin los azores mandados.
Suspiró entonces el Cid, que eran grandes sus cuidados.
Habló allí como solía, tan bien y tan mesurado:
—Gracias a ti, Señor Padre, Tú que estás en lo más alto,
los que así mi vida han vuelto, mis enemigos son, malos.
Allí aguijan los caballos, allí los sueltan de riendas.
En saliendo de Vivar, voló la corneja a diestra,
y cuando en Burgos entraron les voló a la mano izquierda.
Se encogió de hombros el Cid, y meneó la cabeza:
—¡Albricias, Fáñez, albricias!, pues nos echan de la tierra,
con gran honra por Castilla entraremos a la vuelta.

Nuestro Cid Rodrigo Díaz en Burgos con su gente entró.
Es la compaña que lleva, de sesenta, con pendón.
Por ver al Cid y a los suyos, todo el mundo se asomó.
Toda la gente de Burgos a las ventanas salió,
con lágrimas en los ojos, tan fuerte era su dolor.
Todos diciendo lo mismo, en su boca una razón:
—¡Dios, qué buen vasallo el Cid! ¡Así hubiese buen señor!

Poema del Cid
(ed. de Francisco López Estrada)
Castalia

Defensa de Valencia (vv. 1620-1740)

El Cid, una vez conquistada Valencia, consigue reunirse allí con doña Jimena y sus dos hijas, pero el rey de Marruecos, furioso por la humillación de la derrota, emprende el asedio de Valencia.

[...] Ahora quiero contaros noticias de allende el mar,
de Yúsuf, aquel Rey moro, el que en Marruecos está

Furioso estaba el Rey moro por nuestro Cid don Rodrigo:
—¡Que en tierras de mi heredad esté tan firme metido,
y que el Cid no lo agradezca sino al Señor Jesucristo!
Aquel Rey de Marruecos sus fuerzas ha reunido:
cincuenta mil hombres de armas, valientes son y aguerridos.
Pusiéronse a navegar, en las barcas se han subido.
Van a buscar en Valencia a nuestro Cid don Rodrigo.
Cuando llegaron las naves todos fuera se han salido.
Llegaron, pues, a Valencia, que del Cid es la conquista;
plantaron allí sus, tiendas esas gentes descreídas.
Estas noticias al Cid pronto le fueron venidas.

—¡Demos gracias al Señor, nuestro Padre Espiritual!
Todo el bien que tengo yo, todo aquí delante está.
Con afán gané Valencia; la tengo por heredad.
A menos que a mí me maten, no la puedo yo dejar.
A Dios y a Santa María gracias yo les quiero dar
que a mi mujer y a mis hijas las pueda tener acá.
Aquí me viene mi gozo de tierras de allende el mar.
He de vestir ya las armas, que no lo puedo dejar.
Mis hijas y mi mujer, ellas me verán luchar;
en tierras que son ajenas, verán cómo hay que morar.
Harto verán con sus ojos cómo aquí se gana el pan.
Con su mujer y sus hijas arriba al alcázar va.
Miraban por lo más lejos; las tiendas vieron plantar.
—¿Qué es esto, Cid, que aquí veo? ¡Que Dios os salve de mal!
—Por esto, mujer honrada, no tengáis ningún pesar;
Riqueza es que se nos viene, maravillosa y sin par.
Vos vinisteis hace poco, y un presente os quieren dar.
Hemos de casar las hijas, y os traen así el ajuar.
—A vos esto os agradezco, y a Dios, Padre Espiritual.
—En esta sala, mujer, del alcázar vos quedad.
No tengáis miedo ninguno porque me veáis luchar,
que Dios y Santa María aquí favor me darán.
El corazón se me crece porque vos delante estáis.
Con Dios en este combate la victoria he de alcanzar.

Poema del Cid
(ed. de Francisco López Estrada)
Castalia

ACTIVIDADES

1. Resume brevemente el contenido de los dos fragmentos del *Cantar de Mio Cid*.
2. Según el contenido de los fragmentos, ¿a qué cantar pertenecería cada uno? Justifica tu respuesta.
3. Explica las circunstancias del contexto histórico medieval hispánico, así como de los factores sociales, culturales o literarios, que hayas observado en estos dos fragmentos.
4. La trama del *Cantar de Mio Cid* se organiza en un doble proceso de pérdida y recuperación del honor. En estos dos fragmentos, explica qué honor ha perdido y posteriormente recuperado el Cid: ¿el honor público o la honra familiar? Justifica tu respuesta.
5. Comprueba si la métrica de estos dos fragmentos se corresponde con la estructura métrica del *Cantar de Mio Cid*. ¿Cuántas tiradas hay en el primer fragmento? ¿Y en el segundo? ¿Cuáles son, en tu opinión, las causas de los cambios de tirada?
6. Localiza y comenta el uso del epíteto épico, de fórmulas dirigidas al oyente o de elementos dramáticos en los dos fragmentos del *Cantar de Mio Cid*.
7. De existir hoy en día los cantares de gesta, ¿sobre qué personajes o personalidades se compondrían? Escribe una breve reflexión sobre ello.

COMENTARIO DE TEXTO

LOS *MILAGROS DE NUESTRA SEÑORA*, DE GONZALO DE BERCEO

Milagro V. El pobre caritativo

Era un omne pobre que vivié de raziones,
non avié otras rendas nin otras furcïones[1]
fuera quando lavrara, esto poccas sazones:
tenié en su alzado bien poccos pepïones[2].

Por ganar la Gloriosa que él mucho amava
partiélo con los pobres todo quanto ganava;
en esto contendié e en esto punnava,
por aver la su gracia su mengua oblidava.

Cuando este pobre hubo de este mundo a pasar,
la Madre muy gloriosa lo vino a convidar,
hablóle muy sabroso, quiéralo halagar,
oyeron sus palabras todos los del lugar:

Tú mucho codiciaste la nuestra compañía,
supiste por ganarla hacer buena maestría,
partías tus limosnas, decías Ave María;
por qué lo hacías todo yo bien lo entendía.

Sepas hoy que tu cosa toda es bien acabada,
es ésta en la que estamos la postrera jornada,
el ite missa est cuenta que ya es contada,
ya es venida la hora de cobrar la soldada.

Yo soy aquí venida por llevarte conmigo
al reino de mi hijo el cual es bien tu amigo,
do se ceban los ángeles del buen candeal trigo,
que las santas virtudes placer habrán contigo.

Cuando hubo la Gloriosa el sermón acabado,
desamparó la alma al cuerpo, venturado,
la tomaron los ángeles, un buen convento honrado,
y la llevaron al cielo, sea Dios alabado.

Los hombres por los cuales la voz fue antes oída,
muy prontamente vieron la promesa cumplida;
a la Madre gloriosa, la que es tan comedida,
todos le rendían gracias, cada uno a su medida.

Quien tales cosas oiga, será mal venturado,
si de Santa María no fuese muy pagado;
y si más no la honrase sería desmesurado,
que quien de ella se parte, es muy mal engañado.

Aún más adelante queremos aguijar,
que razón como esta no es razón de olvidar,
ya que estos son los árboles que debemos holgar,
en cuya sombra suelen las aves organar.

Gonzalo De Berceo
Milagros de Nuestra Señora
(ed. de Joaquín Benito de Lucas)
Bruguera

[1] **furcïones:** posesiones.

[2] **pepïones:** monedas castellanas de siglo XIII, de muy poco valor.

ACTIVIDADES

1. Adapta al castellano actual el texto de los ocho primeros versos. Realiza la transcripción en verso (aunque no coincida el número de sílabas) y procura conservar intacta la rima.

2. Realiza un análisis métrico de la segunda estrofa. Identifica y define la forma estrófica empleada en estos cuatro versos. ¿En qué movimiento literario medieval es utilizada de modo generalizado?

3. A partir del contenido de este fragmento, reflexiona brevemente sobre la importancia de la moral cristiana, los clérigos y los monasterios en la sociedad y en la cultura medievales.

EL *LIBRO DE BUEN AMOR*, DE JUAN RUIZ

Propiedades del dinero (estrofas 490-514)

Hace mucho el dinero, mucho se le ha de amar;
al torpe hace discreto, hombre de respetar,
hace correr al cojo, al mudo le hace hablar;
el que no tiene manos bien lo quiere tomar.

Aun al hombre necio y rudo labrador
dineros le convierten en hidalgo doctor;
cuanto más rico es uno, más grande es su valor,
quien no tiene dineros no es de sí señor.

Si tuvieres dinero tendrás consolación,
placeres y alegrías y del Papa ración,
comprarás Paraíso, ganarás la salvación:
donde hay mucho dinero hay mucha bendición.

Yo vi en corte de Roma, do está la Santidad,
que todos al dinero tratan con humildad,
con grandes reverencias, con gran solemnidad;
todos a él se humillan como a la Majestad.

Creaba los priores, los obispos, abades,
arzobispos, doctores, patriarcas, potestades;
a los clérigos necios dábales dignidades,
de verdad hace mentiras; de mentiras, verdades.

Hacía muchos clérigos y muchos ordenados,
muchos monjes y monjas, religiosos sagrados,
el dinero les daba por bien examinados:
a los pobres decían que no eran ilustrados.

Ganaba los juicios, daba mala sentencia,
es del mal abogado segura mantenencia,
con tener malos pleitos y hacer mala avenencia:
al fin, con los dineros se borra penitencia.

El dinero quebranta las prisiones dañosas,
rompe cepos y grillos, cadenas peligrosas;
al que no da dinero le ponen las esposas.
¡Hace por todo el mundo cosas maravillosas!

Juan Ruiz
Libro de buen amor (ed. de María Brey Mariño)
Castalia

ACTIVIDADES

1. Resume el contenido y señala el tema de este fragmento. Por las características que presenta, ¿es un texto narrativo o es argumentativo? Justifica tu respuesta señalando brevemente la organización de las ideas o estructura de este fragmento.

2. Explica el propósito o intención del Arcipreste de Hita y redacta una breve disertación sobre el poder del dinero en la sociedad.

3. El *Libro de buen amor* y los *Milagros de Nuestra Señora* pertenecen al mester de clerecía. Señala las diferencias que hayas encontrado entre este tipo de obras y los cantares de gesta (mester de juglaría) como el *Cantar de Mio Cid*.

4. ¿Qué diferencias observas en cuanto a su contenido entre el «Milagro V» de Berceo y los versos del Arcipreste de Hita sobre el dinero? ¿Representan una misma visión del mundo o una misma actitud ante el dinero?

COMENTARIO DE TEXTO

EL CONDE LUCANOR, DE DON JUAN MANUEL

Cuento XXXVII
Respuesta que dio el conde Fernán González a los suyos después de la batalla de Hacinas

Una vez volvía el conde de una batalla muy cansado, maltrecho y pobre; antes de que pudiera descansar, le llegó la noticia de que se preparaba otra nueva guerra. Muchos de los suyos le aconsejaron que descansara algún tiempo y que luego podría hacer lo que le pareciera más conveniente. El conde preguntó a Patronio su opinión sobre este asunto. Patronio le dijo:

—Señor, para que podáis hacer lo mejor y más conveniente, me gustaría mucho contaros la respuesta que dio una vez el conde Fernán González a sus vasallos.

El conde preguntó a Patronio qué les había dicho.

—Señor conde —dijo Patronio—, cuando el conde Fernán González venció al rey Almanzor en Hacinas, muchos de sus soldados murieron y muchos supervivientes e incluso él mismo recibieron graves heridas. Antes de que pudiesen curar, supo el conde que el rey de Navarra iba a atacar sus tierras, por lo que ordenó a los suyos aprestarse a luchar contra los navarros. Sus soldados le contestaron que los caballos estaban cansados, que ellos también lo estaban y que, aunque por esto no evitara entrar en combate, debía hacerlo porque él y todos los demás estaban malheridos, por lo que convenía esperar a que todos estuviesen curados.

»Cuando el conde vio que todos querían rehusar la lucha, valorando más la honra que el cansancio, se dirigió a ellos con estas palabras:

»—Amigos, por las heridas no abandonemos la empresa, pues las nuevas heridas, que ahora nos causarán, harán que nos olvidemos de las recibidas en Hacinas, frente al moro Almanzor.

»Al ver los suyos que al conde no le preocupaban ni el cansancio ni sus heridas por defender su honra y su tierra, marcharon junto a él. El conde y sus soldados ganaron esta nueva batalla y salieron muy victoriosos.

»Vos, señor conde Lucanor, si queréis hacer lo que se debe para defender a los vuestros, vuestras tierras y ensalzar vuestra honra, nunca sintáis el dolor, las fatigas o los peligros, sino obrad de forma que los nuevos peligros y dolores os hagan olvidar los pasados.

El conde vio que este ejemplo era bueno, obró según el consejo de Patronio y le fue muy bien.

Y juzgando don Juan que este cuento era muy bueno, lo mandó poner en este libro e hizo los versos que dicen así:

Tened esto por cierto, pues es verdad probada:
que la holganza y la honra no comparten morada.

Don Juan Manuel. *El conde Lucanor*
(Ed. y versión actualizada de Juan Vicedo)
Aguaclara

ACTIVIDADES

1. Resume brevemente el contenido del cuento XXXVII. ¿Qué problema le plantea el conde a Patronio? ¿Qué le aconseja Patronio?

2. Señala la organización de las ideas del fragmento y localiza la estructura narrativa típica de los 51 cuentos o ejemplos de *El conde Lucanor*.

3. Lucanor y Fernán González comparten la condición de ser condes, explica cuáles son las características, las obligaciones y los privilegios que otorga pertenecer a la nobleza en una sociedad feudal. ¿Con qué intención escribiría este relato el infante don Juan Manuel, miembro de la alta nobleza castellana?

4. A pesar de haber sido escrito en la Edad Media, este cuento o ejemplo contiene consejos prácticos que ahora, en el siglo XXI, también serían útiles. Escribe algún caso o algún problema actual (puede ser ficticio) en que puedan aplicarse las enseñanzas contenidas en este cuento.

“

La mujer perfecta medieval *(Aquí habla de la respuesta que don Amor dio al arcipreste)*

Si leyeres a Ovidio, que por mí fue educado,
hallarás en él cuentos que yo le hube mostrado,
y muy buenas maneras para el enamorado;
Pánfilo, cual Nasón, por mí fue amaestrado.

Si quieres amar dueñas o a cualquier mujer
muchas cosas tendrás primero que aprender
para que ella te quiera en amor acoger.
Primeramente, mira qué mujer escoger.

Busca mujer hermosa, atractiva y lozana,
que no sea muy alta, pero tampoco enana;
si pudieres, no quieras amar mujer villana,
pues de amor nada sabe, palurda y chabacana.

Busca mujer esbelta, de cabeza pequeña,
cabellos amarillos, no teñidos de alheña[1];
las cejas apartadas, largas, altas, en peña;
ancheta de caderas, esta es talla de dueña.

Ojos grandes, hermosos, expresivos, lucientes
y con largas pestañas, bien claros y rientes;
las orejas pequeñas, delgadas; para mientes
si tiene el cuello alto, así gusta a las gentes.

La nariz afilada, los dientes menudillos,
iguales y muy blancos, un poco apartadillos,
las encías bermejas, los dientes agudillos,
los labios de su boca bermejos, angostillos.

La su boca pequeña, así, de buena guisa,
su cara sea blanca, sin vello, clara y lisa;
conviene que la veas primero sin camisa
pues la forma del cuerpo te dirá: ¡esto aguisa!

[...] Si tiene los sobacos un poquillo mojados
y tiene chicas piernas y largos los costados,
ancheta de caderas, pies chicos, arqueados,
¡tal mujer no se encuentra en todos los mercados!

En la cama muy loca, en la casa muy cuerda;
no olvides tal mujer, sus ventajas recuerda.
Esto que te aconsejo con Ovidio concuerda
y para ello hace falta mensajera no lerda.

Juan Ruiz
Libro de buen amor
(ed. de María Brey Mariño)
Castalia

[1] **alheña:** de las hojas molidas de la alheña, se obtenía tinte para el pelo.

ACTIVIDADES

1. Enumera las cualidades físicas que debe tener la mujer ideal según don Amor y Ovidio.

2. Además de describir las virtudes externas femeninas, ¿a quién se dirige el texto? ¿Qué trata de demostrar en su carácter argumentativo oculto?

3. Justifica con ejemplos del texto su tendencia literaria, sus rasgos formales y de estilo, la intención y el punto de vista desde el que se enfoca el tema. ¿Pertenece al siglo XIII o al siglo XIV? Explica tu respuesta.

4. ¿Pertenece este fragmento a la poesía lírica popular tradicional, al mester de juglaría o a otra tendencia poética? Realiza una breve comparación entre las diferentes variedades poéticas medievales.

5. ¿Se corresponde este modelo medieval de mujer ideal con el ideal femenino del siglo XXI, por ejemplo, en la publicidad? Redacta una breve reflexión comparando los prejuicios y las convenciones sociales que pesan sobre la mujer en la Edad Media y en el mundo actual.

DIARIO DE APRENDIZAJE

¿Qué grado de satisfacción he alcanzado con respecto al interés que me suscitaba el tema de esta unidad?

09 EL SIGLO XV: TRANSICIÓN AL RENACIMIENTO

POESÍA

LÍRICA

- Tipos
  - **POPULAR**
    - Villancicos y zéjeles
  - **CULTA: VARIAS TENDENCIAS**
    - Trovadoresca de origen provenzal
    - Italianizante
    - **Autores**
      - Marqués de Santillana: sonetos y *Serranillas*
      - Juan de Mena: *Laberinto de Fortuna*
      - Jorge Manrique: *Coplas por la muerte de su padre*
- Se recoge en
  - **CANCIONEROS**
    - *Cancionero de Baena*
    - *Cancionero de Estúñiga*
    - *Cancionero General*
- Temas
  - Amor según las teorías del amor cortés
  - Preocupaciones morales y doctrinales
  - Sátira
- Formas
  - Versos octosílabos y dodecasílabos
  - Cantigas, decires, glosas y coplas

ROMANCERO VIEJO

- **Procedencia y conservación**
  - Transmisión oral y escrita
- **Clasificación**
  - Épicos
  - Juglarescos (ciclos)
  - Noticieros
  - Novelescos y líricos
- **Formas**
  - Rima asonante en versos pares
  - Octosílabos

PROSA

NO FICCIÓN

Prosa didáctica

- Arcipreste de Talavera: *Corbacho*

Crónicas y colecciones biográficas

- Gutierre Díez de Games: *Victorial*
- Fernán Pérez de Guzmán: *Generaciones y semblanzas*

Prosa humanista

- Antonio de Nebrija: *Gramática de la lengua castellana*

FICCIÓN: GÉNEROS NOVELÍSTICOS

Antecedentes

- *Decamerón*
- Narraciones medievales en torno al ciclo artúrico

Novelas de caballerías

- Aventuras de un caballero andante, elementos fantásticos, batallas y heroísmo

Novela sentimental

- Tema amoroso y desenlace triste
- Anticipa rasgos de la novela actual
- Diego de San Pedro: *Cárcel de amor*

TEATRO

NUEVOS AUTORES

Representaciones litúrgicas

- Gómez Manrique
- Juan del Encina

MODALIDADES

Religioso

- *Auto de los Reyes Magos*

Profano

- Juegos de escarnio

LA CELESTINA

Autor

- Doble autoría

Género

- Teatro no representable
- Comedia humanística

Temas

- Loco amor: amor cortés y amor sexual
- Muerte
- Codicia
- Magia

Personajes

- Mundo renacentista: Melibea, Calisto, Pleberio y Alisa
- Mundo medieval: Celestina, Sempronio, Pármeno, Elicia y Areúsa

Estilo

- Ricos señores: estilo elegante y elevado
- Criados: lenguaje coloquial
- Celestina: lenguaje cambiante

REINTERPRETA

ACTIVIDADES

1 Lee el siguiente texto y responde a las preguntas.

> Romances, viejos romances, centenarios romances, romances populares: ¿quién os ha compuesto? ¿De qué cerebro habéis salido y qué corazones habéis aliviado en tanto que la voz os cantaba? Los romances evocan en nuestro espíritu el recuerdo de las viejas ciudades castellanas, de las callejuelas, de los caserones, de las anchas estancias con tapices, de los jardines con cipreses. Estos romances populares, tan sencillos, tan ingenuos, han sido dichos o cantados en el taller de un orfebre; en un cortijo, junto al fuego, de noche; en una calleja, a la mañana, durante el alba, cuando la voz tiene una resonancia límpida y un tono de fuerza y de frescura... ¿Los ha compuesto realmente el pueblo? ¿Los ha compuesto un tejedor, un alarife, un carpintero, un labrador, un herrero? O bien, ¿son estos romances la obra de un verdadero artista, es decir, de un hombre que ha llegado a saber que el arte supremo es la sobriedad, la simplicidad y la claridad?
>
> AZORÍN
> *Al margen de los clásicos*. Losada

a. ¿Por qué crees que se siguen recordando estos temas?

b. En la actualidad se siguen recordando hechos históricos famosos: ¿de qué forma?, ¿en qué tipo de textos?

2 ¿Con qué obra u obras de la literatura española relacionarías esta imagen? Explica por qué. En estos tiempos de crisis económica y social, ¿tiene valor el tópico de la mudable diosa Fortuna?

La Fortuna, con los ojos vendados, hace girar su rueda, en cuya cúspide se encuentra el rey Arturo.

3 Jorge Manrique relata en sus *Coplas por la muerte de su padre* que Rodrigo Manrique era muy famoso.

> Aquel de buenos abrigo,
> amado por virtuoso
> de la gente,
> el maestre don Rodrigo
> Manrique, tanto famoso
> y tan valiente;
> sus hechos grandes y claros
> no cumple que los alabe,
> pues los vieron,
> ni los quiero hacer caros
> pues que el mundo todo sabe
> cuáles fueron.
>
> Jorge MANRIQUE
> *Obra completa*. Espasa Calpe

Recoge la información necesaria de la biografía del padre de Jorge Manrique. Teniendo en cuenta los datos que hayas obtenido, reflexiona: ¿significa lo mismo ser «famoso» en la sociedad actual que en el siglo XV? Escribe tu opinión al respecto en una breve disertación.

4 Lee el comienzo de *La Celestina*. Explica cuál es su género y argumenta si el siguiente texto deja claro el género al que pertenece.

> Síguese la comedia o tragicomedia de Calisto y Melibea, compuesta en reprensión de los locos enamorados, que, vencidos en su desordenado apetito, a sus amigas llaman y dicen ser su Dios. Asimismo hecha en aviso de los engaños de las alcahuetas y malos y lisonjeros sirvientes.
>
> Fernando DE ROJAS
> *La Celestina* (ed. de José María Ruano de la Haza)
> http://aix1.uottawa.ca/~jmruano/celestina.moderna.pdf

5 Busca en Youtube el romance *Bravura de Rodrigo*, cantado por Joaquín Díaz. Escúchalo y responde a las preguntas.

a. Busca el texto en la página www.funjdiaz.net. ¿Qué diferencias percibes entre escucharlo y leerlo?

b. ¿Qué tipo de romance es?

c. Clasifícalo según su grado de fragmentarismo.

EL ROMANCERO

La leyenda celta de Tristán e Iseo (o Isolda) ha sido muy popular desde la Edad Media; incluso ha dado lugar a un libro de caballerías (*Libro del esforzado caballero don Tristán de Leonís y de sus grandes hechos en armas,* 1528), a la ópera de Wagner *Tristán e Isolda* en el siglo XIX, o a una película de cine (2006) con el mismo título. El siguiente romance es una versión de esta leyenda en el que analizaremos las características de los romances.

Romance de don Tristán de Leonís y de la reina Iseo, que tanto amor se guardaron

Herido está don Tristán
de una mala lanzada,
diérasela el rey su tío
por celos que de él cataba;
diósela desde una torre,
con una lanza herbolada.[1]
El hierro tiene en el cuerpo,
de fuera le tiembla el asta.
Mal se queja don Tristán,
que la muerte le aquejaba;
preguntando por Iseo
muy tristemente lloraba:
—¿Qué es de ti, la mi señora?
Mala sea tu tardanza,
que si mis ojos te viesen
sanaría esta mi llaga.
Llegó allí la reina Iseo,
la su linda enamorada,
cubierta de paños negros,
sin del rey dársele nada:
—¡Quién vos hirió, don Tristán,
heridas tenga de rabia,
y que no halle maestro
que supiese de sanarlas!
Júntanse boca con boca
llora el uno, llora el otro,
la tierra toda se baña;
allí donde los entierran
nace una azucena blanca

Ramón MENÉNDEZ PIDAL
Flor nueva de romances viejos
Espasa Calpe

[1] **herbolada:** envenenada.

ACTIVIDADES

1. Este romance presenta una estructura propia de un texto narrativo. Señala y explica cómo el autor anónimo organiza el argumento, la figura del narrador y su punto de vista, y los diferentes tipos de discurso narrativo.

2. Según el tema y el contenido de este romance , ¿en qué grupo podría ser clasificado? Explica tu respuesta.

3. Comenta los elementos característicos del estilo de los romances que hayas encontrado en el *Romance de don Tristán de Leonís y de la reina Iseo.* Observa especialmente:
   - Las figuras de repetición.
   - La alternancia verbal entre presente y pretérito para dar viveza al ritmo de la narración.
   - El fragmentarismo: ¿es un romance-cuento o un romance-escena? Explica tu respuesta.

4. Define la forma métrica de este poema. Analiza métricamente los doce versos iniciales.

5. En este romance se observan claramente dos grandes temas:
   a. El adulterio o las relaciones amorosas extraconyugales de una mujer casada.
   b. La lucha del amor como fuerza incontenible de la naturaleza, contra el poder y el autoritarismo, que el rey, tío de Tristán, representa.

   ¿Aparecen algunos de estos temas en otros poemas, obras teatrales, novelas, películas o series de televisión? Explica o comenta tu respuesta. ¿Por qué crees que esto es un tema o tópico de la literatura, el cine, etc.?

6. Escribe un breve romance sobre algún hecho actual o bien uno lírico. Aplica las características del estilo de los romances. Después, explica qué tipo de romance sería según su grado de fragmentarismo.

COPLAS POR LA MUERTE DE SU PADRE, DE JORGE MANRIQUE

En esta selección de las *Coplas por la muerte de su padre* aparecen los elementos y características principales de esta obra, que se pueden relacionar con la época en la que vive y escribe el autor. Se trata de analizar tanto la forma como el contenido.

I

Recuerde el alma dormida,
avive el seso y despierte
contemplando
cómo se pasa la vida,
cómo se viene la muerte
tan callando,
cuán presto se va el placer,
cómo, después de acordado,
da dolor;
cómo, a nuestro parecer,
cualquiera tiempo pasado
fue mejor.

III

Nuestras vidas son los ríos
que van a dar en la mar,
que es el morir,
allí van los señoríos
derechos a se acabar
y consumir;
allí los ríos caudales,
allí los otros medianos
y más chicos,
y llegados, son iguales
los que viven por sus manos
y los ricos.

V

Este mundo es el camino
para el otro, que es morada
sin pesar;
mas cumple tener buen tino
para andar esta jornada
sin errar.
Partimos cuando nacemos
andamos mientras vivimos
y llegamos
al tiempo que fenecemos;
así que cuando morimos
descansamos.

X

Los estados y riqueza,
que nos dejen a deshora
¿quién lo duda?
no les pidamos firmeza,
pues son de una señora
que se muda.
Que bienes son de Fortuna
que revuelven con su rueda
presurosa,
la cual no puede ser una
ni estar estable ni queda
en una cosa.

XIV

Esos reyes poderosos
que vemos por escrituras
ya pasadas,
con casos tristes, llorosos,
fueron sus buenas venturas
trastornadas;
así que no hay cosa fuerte,
que a papas y emperadores
y prelados,
así los trata la Muerte
como a los pobres pastores
de ganados.

XVI

¿Qué se hizo el Rey Don Juan[1]?
Los Infantes de Aragón[2]
¿qué se hicieron?
¿Qué fue de tanto galán,
qué de tanta invención
que trajeron?
¿Fueron sino devaneos,
qué fueron sino verduras
de las eras,
las justas y los torneos,
paramentos[3], bordaduras
y cimeras[4]?

XVII

¿Qué se hicieron las damas,
sus tocados y vestidos,
sus olores?
¿Qué se hicieron las llamas
de los fuegos encendidos
de amadores?
¿Qué se hizo aquel trovar,
las músicas acordadas
que tañían?
¿Qué se hizo aquel danzar,
aquellas ropas chapadas[5]
que traían?

XXIII

Tantos duques excelentes
tantos marqueses y condes
y varones
como vimos tan potentes,
di, Muerte, ¿do los escondes
y traspones?
Y las sus claras hazañas
que hicieron en las guerras
y en las paces,
cuando tú, cruda, te ensañas,
con tu fuerza las aterras
y deshaces.

Jorge MANRIQUE
Obra completa. Espasa Calpe

[1] El rey Don Juan II de Castilla.

[2] Don Enrique y don Juan, hijos de Fernando de Antequera, rey de Aragón.

[3] **paramentos:** adornos de los caballos.

[4] **cimeras:** adornos normalmente de plumas, sobre el yelmo o casco.

[5] **chapadas:** bordadas en oro y plata.

ACTIVIDADES

1. Resume brevemente el contenido de esta selección de las *Coplas por la muerte de su padre.*

2. Clasifica las coplas según se plantea el tema de la muerte en ellas.

3. Teniendo en cuenta el hecho de que la obra presenta una estructura argumentativa o doctrinal, a pesar de tratarse de una elegía o planto medieval, responde a las preguntas.
   a. ¿Cuál es la tesis que defiende Jorge Manrique?
   b. ¿A quién se dirige el poeta?

4. En estas coplas seleccionadas aparecen algunos tópicos muy frecuentes en la literatura española y universal: el paso del tiempo *(tempus fugit)*, la vida como río *(vita flumen)* o como camino, el poder igualador de la muerte, la mudable Fortuna y el tópico del *ubi sunt.* Localiza dónde se encuentran estos tópicos.

5. Analiza métricamente la copla V. Localiza la estrofa empleada por este poeta castellano.

6. Jorge Manrique reflexiona, entre otros asuntos, sobre la brevedad de la vida, el paso del tiempo y cómo acaban los bienes materiales. ¿Este tema, hoy en día, sigue estando vigente? Escribe una breve disertación (de unas veinte líneas, al menos) sobre este asunto.

COMENTARIO DE TEXTO

LA CELESTINA, DE FERNANDO DE ROJAS

A continuación se reproducen dos fragmentos de *La Celestina*. El primero corresponde al inicio de la obra y, el segundo, al núcleo central de la acción. Aunque en ambos se trata el tema del amor, se puede comparar qué visión se da en cada uno de ellos y si está relacionada con el concepto de amor de la época.

Texto 1: la Celestina y los criados

Acto primero

CELESTINA.—[...] Has de saber, Pármeno, que Calisto anda de amor quejoso. Y no lo juzgues por eso por flaco, que el amor todas las cosas vence. Y sabe, si no sabes, que dos conclusiones son verdaderas. La primera, que es forzoso el hombre amar a la mujer y la mujer al hombre. La segunda, que el que verdaderamente ama es necesario que se turbe con la dulzura del soberano deleite, que por el hacedor de las cosas fue puesto, porque el linaje de los hombres perpetuase, sin lo cual perecería. Y no solo en la humana especie; mas en los peces, en las bestias, en las aves, en las reptilias y en lo vegetativo, algunas plantas han este respeto, si sin interposición de otra cosa en poca distancia de tierra están puestas, en que hay so determinación de herbolarios y agricultores, ser machos y hembras. ¿Qué dirás a esto, Pármeno? ¡Neciezuelo, loquito, angelico, perlica, simplecico! ¿Lobitos en tal gestico? Llégate acá, putico, que no sabes nada del mundo ni de sus deleites. ¡Mas rabia mala me mate si te llego a mí, aunque vieja! Que la voz tienes ronca, las barbas te apuntan. Mal sosegadilla debes tener la punta de la barriga.

PÁRMENO.—¡Como cola de alacrán!

CELESTINA.—Y aun peor: que la otra muerde sin hinchar y la tuya hincha por nueve meses.

PÁRMENO.—¡Hi!, ¡hi!, ¡hi!

CELESTINA.—¿Ríeste, landrecilla, hijo?

Fernando DE ROJAS
La Celestina (ed. de José María Ruano de la Haza)
http://aix1.uottawa.ca/~jmruano/celestina.moderna.pdf

La Celestina, de Pablo Picasso.

ACTIVIDADES

1. Resume las ideas sobre el amor que manifiesta Celestina en este fragmento.

2. Explica qué visión tienen del amor Celestina y los criados: como algo material y sexual de donde se puede obtener un beneficio económico, como algo espiritual y emocional, como un pecado condenable... Justifica tu respuesta.

3. Celestina es una vieja alcahueta. Busca el significado de *celestina* y de *alcahueta* en el diccionario. Responde a las preguntas.
   - a. ¿Crees que existen personas actualmente que realicen un papel similar en nuestra sociedad?
   - b. ¿Ejercen este papel algunos programas televisivos dedicados a la búsqueda de pareja?
   - c. ¿Cómo establecen contacto las personas interesadas en mantener una relación amorosa?
   - d. ¿Crees que la tecnología ha modificado la forma en la que las personas se relacionan?

Texto 2: los enamorados

Acto catorce

MELIBEA.—Mucho se tarda aquel caballero que esperamos. ¿Qué crees tú o sospechas de su tardanza, Lucrecia?

LUCRECIA.— Señora, que tiene justo impedimento y que no es en su mano venir más presto.

MELIBEA.—Los ángeles sean en su guarda, su persona esté sin peligro, que su tardanza no me es pena. Mas, cuitada, pienso muchas cosas que desde su casa acá le podrían acaecer. ¿Quién sabe, si él, con voluntad de venir al prometido plazo en la forma que los tales mancebos a las tales horas suelen andar, fue topado de los alguaciles nocturnos y sin le conocer le han acometido, el cual por se defender los ofendió o es de ellos ofendido? ¿O si por caso los ladradores perros con sus crueles dientes, que ninguna diferencia saben hacer ni acatamiento de personas, le hayan mordido? ¿O si ha caído en alguna calzada o hoyo, donde algún daño le viniese? ¡Mas, oh mezquina de mí! ¿Qué son estos inconvenientes, que el concebido amor me pone delante y los atribulados imaginamientos me acarrean? No plega a Dios que ninguna de estas cosas sea, antes esté cuanto le placerá sin verme. Mas escucha, que pasos suenan en la calle y aun parece que hablan de estotra parte del huerto.

[...]

CALISTO.—¿Por qué, mi señora? Bien me huelgo que estén semejantes testigos de mi gloria.

MELIBEA.—Yo no los quiero de mi yerro. Si pensara que tan desmesuradamente te habías de haber conmigo, no fiara mi persona de tu cruel conversación.

SOSIA.—Tristán, bien oyes lo que pasa. ¡En qué términos anda el negocio!

TRISTÁN.—Oigo tanto que juzgo a mi amo por el más bienaventurado hombre que nació. Y por mi vida que, aunque soy muchacho, que diese tan buena cuenta como mi amo.

SOSIA.—Para con tal joya quienquiera tendría manos; pero con su pan se la coma, que bien caro le cuesta: dos mozos entraron en la salsa de estos amores.

TRISTÁN.—Ya los tiene olvidados. ¡Dejaos morir sirviendo a ruines, haced locuras en confianza de su defensión! [...] Veslos a ellos alegres y abrazados y sus servidores con harta mengua degollados.

MELIBEA.—¡Oh mi vida y mi señor! ¿Cómo has querido que pierda el nombre y corona de virgen por tan breve deleite? ¡Oh pecadora de mi madre, si de tal cosa fueses sabidora, cómo tomarías de grado tu muerte y me la darías a mí por fuerza! ¡Cómo serías cruel verdugo de tu propia sangre! ¡Cómo sería yo fin quejosa de tus días! ¡Oh mi padre honrado, cómo he dañado tu fama y dado causa y lugar a quebrantar tu casa! ¡Oh traidora de mí, cómo no miré primero el gran yerro que seguía de tu entrada, el gran peligro que esperaba!

[...]

CALISTO.—Ya quiere amanecer. ¿Qué es esto? No me parece que ha una hora que estamos aquí y da el reloj las tres.

MELIBEA.—Señor, por Dios, pues ya todo queda por ti, pues ya soy tu dueña. [...] Sea tu venida por este secreto lugar a la misma hora, porque siempre te espere apercibida del gozo con que quedo, esperando las venideras noches. Y por el presente te ve con Dios, que no serás visto, que hace muy oscuro, ni yo en casa sentida, que aún no amanece.

CALISTO.—Mozos, poned la escala.

SOSIA.—Señor, vesla aquí. Baja.

Fernando DE ROJAS
La Celestina (ed. de José María Ruano de la Haza)
http://aix1.uottawa.ca/~jmruano/celestina.moderna.pdf

ACTIVIDADES

1. ¿Qué elementos encuentras en este fragmento que permiten identificarlo como texto dramático? Explica tu respuesta.
2. Comenta el comportamiento de los personajes que intervienen en el texto. Presta atención especialmente a:
   a. Melibea y Calisto como jóvenes señores enamorados.
   b. Los criados: ¿son leales a sus señores?, ¿actúan movidos por la lealtad y el servicio a ellos? ¿Y Lucrecia?
3. Teniendo en cuenta todos los fragmentos vistos de *La Celestina*, explica las diferencias que encuentras entre el lenguaje que emplean Calisto y Melibea y el usado por Celestina, sobre todo, y por los criados (Pármeno, Sempronio, Tristán y Sosia).

COMENTARIO DE TEXTO

EL MARQUÉS DE SANTILLANA

Carta proemio al Condestable Pedro de Portugal

¿Y qué cosa es la poesía, que en el nuestro vulgar 'gaya ciencia' llamamos, sino un fingimiento de cosas útiles, cubiertas o veladas con muy hermosa cobertura, compuestas, distinguidas y escandidas por cierto cuento, peso y medida? Y ciertamente, muy virtuoso señor, yerran aquellos que pensar quieren o decir que solamente las tales cosas consistan y tiendan a cosas vanas y lascivas; que bien como los fructíferos huertos abundan y dan convenientes frutos para todos los tiempos del año, así los hombres bien nacidos y doctos, a quien estas ciencias de arriba son infusas, usan de aquellas y del tal ejercicio según las edades. Y si por ventura las ciencias son deseables, así como Tulio quiere, ¿cuál de todas es más prestante, más noble y más digna del hombre, o cuál más extensa a todas especies de humanidad? Ca[1] las oscuridades y cerramientos de ellas, ¿quién las abre, quién las esclarece, quién las demuestra y hace patentes sino la elocuencia dulce y hermosa habla, sea metro, sea prosa?

Íñigo López de Mendoza
Carta proemio al Condestable Pedro de Portugal
www.cervantesvirtual.com

[1] **ca:** porque.

Canción

Recuérdate de mi vida,
pues que viste
mi partir e despedida
ser tan triste.

[I]

Recuérdate que padesco
e padesçí
las penas que non meresco,
desque vi
la respuesta non devida
que me diste;
por lo qual mi despedida
fue tan triste.

[II]

Pero no cuydes, señora,
que por esto
te fue ni te sea agora
menos presto;
que de llaga non fingida
me feriste;
así que mi despedida
fue tan triste.

Íñigo López de Mendoza
Poesías completas
Alhambra

ACTIVIDADES

1. ¿Cómo define la poesía el Marqués de Santillana?
2. Según el Marqués de Santillana, ¿en qué consiste la utilidad de la poesía y en qué se diferencia de la prosa? ¿A qué tipología textual pertenece el primer texto?
3. La lengua y la ortografía castellanas durante el siglo xv eran bastante diferentes a las actuales. Localiza y enumera algunos ejemplos de estas diferencias lingüísticas u ortográficas en la canción.
4. Resume brevemente el contenido de la canción del Marqués de Santillana. ¿En qué estado se encuentra el yo poético que aparece en estos versos? ¿Cuál es su actitud ante la dama?
5. ¿Su visión del tema amoroso es propia del amor cortés? Explica tu respuesta.

Acto décimo

MELIBEA.—¿Cómo dices que llaman a este mi dolor, que así se ha enseñoreado en lo mejor de mi cuerpo?

CELESTINA.— Amor dulce.

MELIBEA.— Eso me declara qué es, que en solo oírlo me alegro.

CELESTINA.—Es un fuego escondido, una agradable llaga, un sabroso veneno, una dulce amargura, una delectable dolencia, un alegre tormento, una dulce y fiera herida, una blanda muerte.

MELIBEA.—¡Ay mezquina de mí! Que si verdad es tu relación, dudosa será mi salud. Porque, según la contrariedad que esos nombres entre sí muestran, lo que al uno fuere provechoso acarreará al otro más pasión. [...] Quebrose mi honestidad, quebrose mi empacho, aflojó mi mucha vergüenza; y, como muy naturales, como muy domésticos, no pudieron tan livianamente despedirse de mi cara que no llevasen consigo su color por algún poco de espacio, mi fuerza, mi lengua y gran parte de mi sentido. ¡Oh!, pues ya, mi buena maestra, mi fiel secretaria, lo que tú tan abiertamente conoces en vano trabajo podré te lo encubrir! Muchos y muchos días son pasados que ese noble caballero me habló en amor. Tanto me fue entonces su habla enojosa cuanto, después que tú me le tornaste a nombrar, alegre. Cerrado han tus puntos mi llaga, venida soy en tu querer. En mi cordón le llevaste envuelta la posesión de mi libertad. [...]

¡Oh mi Calisto y mi señor! ¡Mi dulce y suave alegría! Si tu corazón siente lo que ahora el mío, maravillada estoy cómo la ausencia te consiente vivir. ¡Oh mi madre y mi señora!, haz de manera cómo luego le pueda ver, si mi vida quieres.

CELESTINA.—Ver y hablar.

MELIBEA.—¿Hablar? Es imposible.

CELESTINA.—Ninguna cosa, a los hombres que quieren hacerla, es imposible. [...] Ya lo tengo pensado, yo te lo diré; por entre las puertas de tu casa.

MELIBEA.—¿Cuándo?

CELESTINA.—Esta noche.

Fernando DE ROJAS
La Celestina (ed. de José María Ruano de la Haza)
http://aix1.uottawa.ca/~jmruano/celestina.moderna.pdf

ACTIVIDADES

1. Dando por válida la hipótesis de que *La Celestina* es una obra dramática, señala la organización del contenido y la estructura de este fragmento. Señala además qué elementos encuentras en este fragmento que permiten identificarlo como texto dramático. Explica tu respuesta.

2. ¿A qué variante o subgénero teatral pertenecería *La Celestina?* ¿Es *La Celestina* una obra dramática típica del teatro medieval? Enumera los rasgos fundamentales del teatro medieval y sus dos grandes tendencias o corrientes.

3. Comenta las características sociológicas y psicológicas, así como la actitud y el comportamiento, de los personajes que intervienen en este fragmento. Presta especial atención a Melibea frente a Celestina. ¿Actúa la joven protagonista como las damas típicas del amor cortés en la Edad Media o muestra otra actitud más «moderna» o libre? ¿Y Celestina actúa movida por la lealtad hacia quien ha contratado sus servicios? Explica tus respuestas.

4. Escribe un resumen de cuáles son las principales tendencias de la poesía en el siglo XV y señala sus principales autores.

5. Realiza un cuadro comparativo en el que expliques los distintos tipos de prosa en el siglo XV.

DIARIO DE APRENDIZAJE

¿Sobre qué tema de esta unidad me siento preparado para debatir con mis compañeros?

10 POESÍA ESPAÑOLA DEL SIGLO XVI

POESÍA ESPAÑOLA DEL SIGLO XVI

EL RENACIMIENTO Y LA POESÍA

TEMAS DE LA ANTIGÜEDAD

- Mitología y bucolismo pastoril
- Modelos literarios: Dante y Petrarca
- Neoplatonismo: el mundo refleja la belleza divina, todo es reflejo de la belleza de Dios
- Influjo humanista: literatura pastoril (égloga), oda, elegía, epístola

INNOVACIONES FORMALES

- Verso endecasílabo (endecasílabo propio y endecasílabo sáfico)
- Estrofas: soneto, octava real y terceto; el endecasílabo se combina con el heptasílabo (lira, silva y estancia)

TEMAS

- Amor
- Naturaleza
- Mitos grecolatinos

PRIMER RENACIMIENTO: REINADO DE CARLOS V

Influjos italianos

Autores

Juan Boscán

Hernando de Acuña, Gutierre de Cetina y Diego Hurtado de Mendoza (seguidores de Garcilaso)

Garcilaso de la Vega (1503-1536)

Características

- Influencia petrarquista
- Amor no correspondido
- Naturaleza idealizada
- Estilo elegante y sobrio
- Endecasílabo

Obras

- Cinco canciones
- Treinta y ocho sonetos
- Tres églogas (lo mejor de su poesía)

ESCUELA SEVILLANA

- Pérdida de la sencillez y del equilibrio: manierismo
- Fernando de Herrera y Baltasar del Alcázar

ETAPAS

SEGUNDO RENACIMIENTO: REINADO DE FELIPE II

Asimilación de los cambios
Inspiración: se cristianiza
Poesía religiosa: la ascética y la mística

Tendencias

POESÍA RELIGIOSA

Santa Teresa de Jesús

San Juan de la Cruz (1542-1591)

Características

- Místico universal
- Riqueza de los símbolos poéticos que emplea
- Influencias: la poesía bíblica, la poesía culta italianizante y la tradición española de la poesía popular y de los cancioneros
- Métrica: la lira (predominante) y el romance octosílabo

Obras

- Poemas: *Noche oscura*, *Cántico espiritual* y *Llama de amor viva*
- Prosa: *Subida del Monte Carmelo* y *Noche oscura del alma* (explican *Noche oscura*): *Cántico espiritual* y *Llama de amor viva* (sobre los poemas del mismo título)

ESCUELA SALMANTINA

Fray Luis de León (1527-1591)

Características

- Sentido de la proporción
- Preferencia por la lira
- Poemas: deseo de ascender y abandonar el mundo (engaño y falsedad), búsqueda de la felicidad en la contemplación de Dios (elevación del espíritu)
- Estilo sobrio y sencillo, poesía luminosa y armoniosa

Obras

- Odas de tema moral
- Odas de tema religioso
- *La profecía del Tajo*
- Prosa: *Cantar de los cantares* (traducción), *La perfecta casada, De los nombres de Cristo* y *Exposición del Libro de Job*

Francisco de la Torre

Francisco de Aldana

ÉPICA CULTA

Alonso de Ercilla

- *La Araucana*

REINTERPRETA

ACTIVIDADES

1 El poeta Rafael Alberti reconoció su admiración por Garcilaso, por su obra, e incluso por su figura humana. Lee estos textos.

> A partir de las obras de Boscán y Garcilaso, este nuevo estilo poético determinó la evolución de la poesía española, y la admiración por Garcilaso pervive a través de los siglos. Así lo manifestaba Rafael Alberti, que apunta cómo la poética garcilasiana marcó su obra: «Mi nueva lírica naciente no solo se alimentaba de canciones. Abrevaba también en Garcilaso y Pedro Espinosa. (Góngora vendría luego). Sonetos y tercetos me atraían por igual». Y lo recuerda y evoca al recorrer Toledo: «Me pareció entonces como si Garcilaso, un Garcilaso de hojas frescas y oscuras, se desprendiese de aquella enredadera y echase a caminar conmigo por el silencio nocturno de Toledo en espera del alba».
>
> Rafael Alberti
> *La arboleda perdida*
> Bruguera

Esa admiración de Alberti por el poeta toledano le inspiró algún poema.

> Si Garcilaso volviera
> yo sería su escudero;
> ¡qué buen caballero era!
> Mi traje de marinero
> se trocaría en guerrera
> ante el brillar de su acero;
> ¡qué buen caballero era!
> ¡Qué dulce oírle, guerrero,
> al borde de su estribera!
> En la mano, mi sombrero;
> ¡qué buen caballero era!
>
> Rafael ALBERTI
> *Marinero en tierra*
> Castalia

¿Puedes resumir qué rasgos garcilasistas son más del gusto de Alberti? Prepara una exposición oral con ellos.

2 Otro componente de la Generación del 27, Pedro Salinas, eligió una expresión tomada de un verso de Garcilaso, *La voz a ti debida,* como título de un libro de temática amorosa (1933). El verso corresponde a la segunda estrofa de la dedicatoria a una dama de la *Égloga III,* a quien Garcilaso asegura que seguirá alabando aun tras su propia muerte:

> [...] mas con la lengua muerta y fría en la boca
> pienso mover **la voz a ti debida.**
>
> Garcilaso DE LA VEGA
> *Poesías castellanas completas* (ed. de Elías L. Rivers)
> Castalia

Salinas recoge en este libro el deseo del enamorado, de resonancia neoplatónica, de descubrir la esencia de la amada:

> Es que quiero sacar
> de ti tu mejor tú.
> Ese que no te viste y que yo veo,
> nadador por tu fondo, preciosísimo.
> Y cogerlo
> y tenerlo yo en alto como tiene
> el árbol la luz última
> que le ha encontrado al sol.
>
> Pedro SALINAS
> *La voz a ti debida*
> Castalia

La herencia poética renacentista está vigente, como se ve, todavía en la actualidad. Eso es lo que se entiende por un «clásico», un modelo literario imperecedero. ¿Crees que hay en estos versos de Salinas el mismo concepto del amor que en los sonetos de Garcilaso?

3 Para comprobar si la voz garcilasiana (o de los posteriores poetas renacentistas, Fray Luis o San Juan) llega hasta tus oídos, compón un poema con uno de los tipos estróficos que se incorporaron en el siglo XVI:

- una lira
- una octava real
- un soneto o una estancia.

Los temas que ellos cultivaron también siguen siendo sugerentes: el amor, la naturaleza, la vida espiritual, etc.

GARCILASO DE LA VEGA

Soneto XXIII

En tanto que de rosa y azucena
se muestra la color en vuestro gesto,
y que vuestro mirar ardiente, honesto,
enciende al corazón y lo refrena;

y en tanto que el cabello, que en la vena
del oro se escogió, con vuelo presto,
por el hermoso cuello blanco, enhiesto,
el viento mueve, esparce y desordena:

coged de vuestra alegre primavera
el dulce fruto, antes que el tiempo airado
cubra de nieve la hermosa cumbre;

marchitará la rosa el viento helado.
Todo lo mudará la edad ligera
por no hacer mudanza en su costumbre.

Garcilaso DE LA VEGA
Poesías castellanas completas (ed. de Elías L. Rivers)
Castalia

ACTIVIDADES

1. Explica brevemente el contenido del poema: asunto o tema del que trata y apartados en los que lo va desarrollando.
   - **a.** ¿En qué tono se muestra la voz del poeta: severo, apesadumbrado, enamorado…?
   - **b.** ¿Cómo presenta a la mujer a quien se dirige?
2. Analiza métricamente sus características: medida de los versos, acentuación, rima, tipo de estrofa, encabalgamiento, etc.
3. Analiza los sustantivos del primer cuarteto y comenta sus particularidades.
4. Analiza los adjetivos del poema. Indica de qué tipo son.
5. Señala las numerosas figuras literarias que contiene. Revisten especial interés las metáforas: ¿con qué parte de la realidad están relacionadas?, ¿qué valores connotativos aportan al poema?
6. La poesía renacentista hace uso de los tópicos de la tradición clásica; ¿en cuál se basa este poema? Cita con qué expresiones concretas aparece aquí el tópico recreado.
7. El consejo que propone el poema, ¿te parece que se practica hoy en día? ¿Sigue teniendo sentido, es aplicable en este tiempo? Explica tu visión a ese respecto.

FRAY LUIS DE LEÓN

A la vida retirada

¡Qué descansada vida
la del que huye el mundanal ruïdo
y sigue la escondida
senda por donde han ido
los pocos sabios que en el mundo han sido!

Que no le enturbia el pecho
de los soberbios grandes el estado,
ni del dorado techo
se admira, fabricado
del sabio moro, en jaspes[1] sustentado.

No cura[2] si la fama
canta con voz su nombre pregonera,
ni cura si encarama
la lengua lisonjera[3]
lo que condena la verdad sincera.

¿Qué presta a mi contento
si soy del vano dedo señalado,
si en busca de este viento
ando desalentado
con ansias vivas y mortal cuidado?

¡Oh campo, oh monte, oh río!
¡Oh secreto seguro deleitoso!
roto casi el navío,
a vuestro almo[4] reposo
huyo de aqueste mar tempestuoso.

Un no rompido sueño,
un día puro, alegre, libre quiero;
no quiero ver el ceño[5]
vanamente severo
de quien la sangre ensalza o el dinero.

Despiértenme las aves
con su cantar süave no aprendido,
no los cuidados graves
de que es siempre seguido
quien al ajeno arbitrio está atenido[6].

Vivir quiero conmigo,
gozar quiero del bien que debo al cielo
a solas, sin testigo,
libre de amor, de celo,
de odio, de esperanzas, de recelo.

Del monte en la ladera
por mi mano plantado tengo un huerto,
que con la primavera
de bella flor cubierto,
ya muestra en esperanza el fruto cierto.

Y como codiciosa
de ver y acrecentar su hermosura,
desde la cumbre airosa
una fontana pura
hasta llegar corriendo se apresura.

Y luego, sosegada,
el paso entre los árboles torciendo,
el suelo de pasada
de verdura vistiendo,
y con diversas flores va esparciendo.

El aire el huerto orea,
y ofrece mil olores al sentido,
los árboles menea
con un manso ruïdo,
que del oro y del cetro pone olvido.

Ténganse su tesoro
los que de un flaco leño se confían:
no es mío ver el lloro
de los que desconfían
cuando el cierzo y el ábrego[7] porfían.

[1] **jaspe:** mármol veteado.
[2] **curar:** poner cuidado, atender.
[3] **lisonjero:** adulador.
[4] **almo:** vivificador, benéfico.
[5] **ceño:** demostración, señal de enfado y enojo, que se hace con el rostro.
[6] **atenerse al ajeno arbitrio:** guiarse por la opinión ajena.
[7] **cierzo y ábrego:** respectivamente, viento del norte o del sur.

Y mientras miserable-
mente se están los otros abrasando
en sed insacïable
del no durable mando,
tendido yo a la sombra esté cantando.

[...]
A mí una pobrecilla
mesa, de amable paz bien abastada[8]
me baste, y la vajilla
de fino oro labrada,
sea de quien la mar no teme airada.

A la sombra tendido,
de yedra y lauro eterno coronado,
puesto el atento oído
al son dulce acordado
del plectro[9] sabiamente meneado.

Fray Luis DE LEÓN
Poesías, Fray Luis de León
(ed. del Padre Ángel Custodio Vega, O.S.A.)
Cupsa Editorial

[8] **abastada:** abastecida.
[9] **plectro:** palillo o púa que usaban los antiguos para tocar instrumentos de cuerda. En poesía: inspiración, estilo.

ACTIVIDADES

1. Fray Luis de León acoge en este poema una de las innovaciones estróficas aportadas por Garcilaso de la Vega: ¿puedes señalar cuál es? ¿y la medida de los versos y distribución de la rima?

2. En la primera estrofa, ¿qué licencia métrica poco frecuente se da? Localiza también algunos casos de encabalgamiento especialmente destacado.

3. Para acercarse al sentido general del poema, es necesario reconocer los tópicos literarios que los autores renacentistas manejaban; en este poema aparece más de uno. Busca cuáles son los tópicos con que se construye el texto e indica qué estrofas los contienen.

4. La naturaleza es un componente esencial de la materia de este poema. ¿Cómo se describe, qué tipo de paisaje refleja? Explica su relación con la interpretación renacentista de la naturaleza.

5. Por el contrario, ¿qué referencias se hacen a la vida en sociedad? ¿Qué actitudes y conductas humanas se critican?

6. Ese modelo de vida retirada que proclama Fray Luis, ¿piensas que sigue vigente, tiene validez para el ser humano del siglo XXI? Expón tu opinión al respecto.

COMENTARIO DE TEXTO

SAN JUAN DE LA CRUZ

CÁNTICO ESPIRITUAL

Esposa

¿Adónde te escondiste,
amado, y me dejaste con gemido?
Como el ciervo huiste,
habiéndome herido;
salí tras ti, clamando, y eras ido.

Pastores, los que fuerdes
allá, por las majadas[1], al otero[2],
si por ventura vierdes
aquel que yo más quiero,
decidle que adolezco[3], peno y muero.

Buscando mis amores,
iré por esos montes y riberas;
ni cogeré las flores,
ni temeré las fieras,
y pasaré los fuertes y fronteras.

Pregunta a las Criaturas

¡Oh bosques y espesuras,
plantadas por la mano del amado!
¡Oh prado de verduras,
de flores esmaltado,
decid si por vosotros ha pasado!

Respuesta de las Criaturas

Mil gracias derramando,
pasó por estos sotos con presura,
y yéndolos mirando,
con sola su figura
vestidos los dejó de hermosura.

San Juan de la Cruz
San Juan de la Cruz. Poesía completa
(ed. de Luis Jiménez Martos)
Editorial Novelas y Cuentos

[1] **majada:** lugar donde se recoge de noche el ganado y se albergan los pastores.
[2] **otero:** cerro aislado que domina un llano.
[3] **adolecer:** caer enfermo.

ACTIVIDADES

1. En las primeras estrofas del *Cántico espiritual*, la Esposa (el alma) se siente abandonada por el Amado y corre en su busca. A partir de ese valor simbólico, resume el contenido de estas cinco estrofas: quién habla, de quién se habla, qué se muestra.
2. El lenguaje de San Juan de la Cruz lo eleva y distingue de otros autores. Señala los fenómenos propios de su estilo que aquí puedes apreciar.
3. Señala los elementos del lenguaje amoroso presentes en el texto y razona a qué se debe su aparición en la literatura mística.

Texto 1

En una noche oscura,
con ansias en amores inflamada,
—¡oh dichosa ventura!—
salí sin ser notada,
estando ya mi casa sosegada.

[...]
En la noche dichosa,
en secreto, que nadie me veía,
ni yo miraba cosa,
sin otra luz ni guía
sino la que en el corazón ardía.

Aquésta me guïaba
más cierta que la luz del mediodía,
adonde me esperaba
quien yo bien me sabía,
en parte donde nadie parecía.

¡Oh noche que guiaste!
¡oh noche amable más que el alborada!
¡oh noche que juntaste
amado con amada,
amada en el amado transformada!

[...]
Quedéme y olvidéme,
el rostro recliné sobre el amado,
cesó todo, y dejéme,
dejando mi cuidado
entre las azucenas olvidado.

San Juan de la Cruz
«Noche oscura», en *San Juan de la Cruz. Poesía completa* (ed. de Luis Jiménez Martos)
Editorial Novelas y Cuentos

Texto 2

Con mi llorar las piedras enternecen
su natural dureza, y la quebrantan;
los árboles parece que s'inclinan;
las aves, que m'escuchan, cuando cantan,
con diferente voz se condolecen
y mi morir cantando m'adevinan;
las fieras que reclinan
su cuerpo fatigado
dejan el sosegado
sueño por escuchar mi llanto triste:
tú sola contra mí t'endureciste,
los ojos aun siquiera no volviendo
a los que tú hiciste
salir, sin duelo, lágrimas corriendo.

Mas ya que a socorrerme aquí no vienes,
no dejes el lugar que tanto amaste,
que bien podrás venir de mí segura.
Yo dejaré el lugar do me dejaste;
ven si por solo aquesto te detienes.
Ves aquí un prado lleno de verdura,
ves aquí un'espesura,
ves aquí un'agua clara,
en otro tiempo cara,
a quien de ti con lágrimas me quejo;
quizá aquí hallarás, pues yo m'alejo,
al que todo mi bien quitar me puede,
que pues el bien le dejo,
no es mucho que'l lugar también le quede.

Garcilaso de la Vega
«Égloga I», en *Poesías castellanas completas*
(ed. de Elías L. Rivers)
Castalia

ACTIVIDADES

1. Identifica y resume todos los aspectos propios de la poesía española del siglo XVI que aparecen en los dos fragmentos: métrica, temas, estilo y recursos formales.
2. Delimita los apartados en que el contenido del texto se desarrolla.
3. Explica qué es la mística y cuáles son sus fases, símbolos… ¿Cómo se refleja todo ello en el texto 1?
4. Justifica con ejemplos del texto que la visión de la naturaleza del texto 2 es renacentista.
5. Indica cuáles son las etapas y los autores de la poesía renacentista. ¿Qué influencias presenta en cuanto a contenidos, visión del mundo, géneros, etc.?

DIARIO DE APRENDIZAJE

¿Cuáles de las dificultades que preveía al principio de la unidad he encontrado realmente?

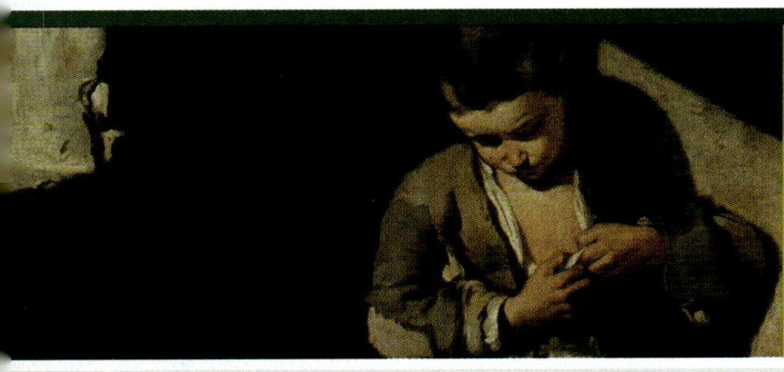

11 PROSA Y TEATRO EN EL SIGLO XVI

PROSA Y TEATRO EN EL SIGLO XVI

PROSA

PROSA NARRATIVA

NOVELA DE CABALLERÍAS

Rasgos

- La acción es más importante que los personajes
- Trama extensa y ausencia total de verosimilitud
- Caballero: gloria a través de su valentía, supera pruebas y el amor a su dama es su impulso

Obras y autores

- *Libro del caballero Zifar*
- *Los cuatro libros del Amadís de Gaula*, unificados por Garci Rodríguez de Montalvo
- *Tirant lo Blanc (Tirante el blanco)*, Joanot Martorell
- Libros noveno, décimo y undécimo del *Amadís de Gaula*, Feliciano de Silva
- Series: *Amadís de Gaula*…

NOVELA PASTORIL

Rasgos

- Idealización de la vida en el campo
- Protagonistas: refinados pastores irreales
- Tema: penas amorosas
- Trama: acciones complicadas

Obras y autores

- *Los siete libros de la Diana*, Jorge de Montemayor y *La Diana enamorada*, Gaspar Gil Polo

NOVELA BIZANTINA

Rasgos

- Protagonistas: jóvenes enamorados con obstáculos a su amor
- Peligros: naufragios, ataques piratas
- Final feliz
- Inicio *in media res*
- Exaltación del amor puro

Obras y autores

- *Historia de los amores de Clareo y Florisea*, Alonso Núñez de Reinoso
- *Selva de aventuras*, Jerónimo de Contreras

NOVELA MORISCA

Rasgos

- Protagonista musulmán
- Visión idealizada de las relaciones entre musulmanes y cristianos

Obras y autores

- *Historia del Abencerraje y la hermosa Jarifa*, autor anónimo
- *Guerras civiles de Granada o Historia de los bandos de los Zegríes y Abencerraje*, Ginés Pérez de Hita

LAZARILLO DE TORMES

- Personaje: no es de condición elevada y se «fragua» a lo largo de la narración
- Relato: vida de un protagonista de baja extracción social en una sociedad hostil
- Marco textual: la carta
- Nuevo género (la novela picaresca) e inicio de la novela moderna junto con el *Quijote*

NOVELA PICARESCA

- El pícaro como personaje: hijos de padres sin honra, pobre, sin oficio conocido, recurre al engaño para sobrevivir, sirve a distintos amos, carece de conciencia moral (antihéroe), es su propia víctima
- Narración de las realidades vulgares de la vida cotidiana
- Los protagonistas desprecian la vida ordenada
- Después del *Lazarillo*: abundantes disertaciones morales
- *Vida del pícaro Guzmán de Alfarache*, Mateo Alemán: consolidación del género picaresco

Precedentes

- Cuentos populares y de tradición folclórica
- *Libro del Buen Amor, Corbacho, La Celestina* y *La lozana andaluza*

Fecha y autoría

- 1554: autor anónimo
- Distintas teorías sobre su autoría (Diego Hurtado de Mendoza, Sebastián de Horozco…)

Argumento y estructura

- Lázaro relata su vida y penalidades con distintos amos
- Problema del protagonista: el hambre
- Prólogo y siete capítulos o tratados

Técnica y elementos narrativos

- Narrador: el propio personaje, el Lázaro adulto, se dirige a su desconocido destinatario
- Estilo: sencillo, expresivo y natural
- Lenguaje: vivo y directo
- Crítica anticlerical
- Humor: aspecto central en la obra; ironía
- Temas: la lucha contra el hambre y la pobreza, la hipocresía y el engaño, la honra
- Personajes: Lázaro y los amos, tipos sociales de la época (individualizados y bien retratados)

PROSA DIDÁCTICA

- Temas: cuestiones como el erasmismo, la valoración de las lenguas nacionales, etc.
- Forma textual más empleada: el diálogo
- Estilo: natural, elegante y equilibrado

Autores y obras

- Alfonso de Valdés: *Diálogo de Lactancio y un Arcediano, Diálogo de Mercurio y Carón*
- Juan de Valdés: *Diálogo de la lengua, Ciento diez consideraciones divinas*
- Fray Antonio de Guevara: *Libro áureo del emperador Marco Aurelio, Epístolas familiares*

CRÓNICA DE INDIAS

- Textos historiográficos (crónicas)
- Interpretación de la nueva realidad (América)
- Estilo ameno y vivo

Autores y obras

- Gonzalo Fernández de Oviedo: *Historia general y natural de las Indias, islas y tierra firme del mar océano*
- Fray Bartolomé de las Casas: *Historia general de las Indias*
- Bernal Díaz del Castillo: *Historia verdadera de la conquista de la Nueva España*

PROSA RELIGIOSA

- Tradicionalismo ideológico y censura
- Obras literarias ascético-místicas
- Exaltación religiosa intimista

Autores y obras

- Fray Luis de Granada: *Introducción del Símbolo de la Fe*
- Santa Teresa de Jesús: *Libro de la vida, Las Moradas, Cartas*
- Fray Luis de León (ver unidad 10)
- San Juan de la Cruz (ver unidad 10)

TEATRO

PRELOPISTA

- Evolución de formas y temas desde el teatro medieval al mundo de los corrales de comedias

Generación de los Reyes Católicos

Autores y obras

- Juan del Encina
- Lucas Fernández
- Gil Vicente
- Torres Naharro: *Propalladia*

Desde 1530 hasta finales del siglo XVI

Tendencias, obras y autores

- Drama religioso: *Códice de Autos viejos* (anónimo); Diego Sánchez de Badajoz *(Recopilación en metro)*
- Teatro cómico popular: Lope de Rueda (pasos: *Las aceitunas, El convidado*, etc.)
- Teatro humanista: Fernán Pérez de Oliva *(Hécuba triste)*
- Generación de los trágicos: Jerónimo Bermúdez *(Nise lastimosa)*, Juan de la Cueva (14 piezas), Miguel de Cervantes y la escuela valenciana (Andrés Rey de Artieda y Cristóbal de Virués)

CERVANTES

- Teatro prelopista
- Época de cambio en la escena: lucha entre el seguimiento de las reglas del teatro clásico y la adopción de la «nueva comedia»

Etapas y obras

- Antes de la consolidación del teatro lopista: *El trato de Argel* (tragicomedia) y *La Numancia*
- Segunda época: *Ocho comedias y ocho entremeses nuevos, nunca representados*

REINTERPRETA

ACTIVIDADES

1. *La historia de Abencerraje y la hermosa Jarifa* es la primera de las novelas moriscas. En el vídeo *www.youtube.com/watch?v=q36V931lcMQ*, se pueden ver tres momentos de una versión de esta obra: cuando el musulmán Abindarráez cae prisionero del cristiano Don Rodrigo de Narváez, el momento en que el padre de Jarifa es informado de que su hija se casó con Abindarráez y de que la pareja se va a entregar al caballero cristiano (para que Abindarráez regrese a la prisión) y, por último, el encuentro de la pareja después del combate entre los dos protagonistas masculinos. A partir de los rasgos generales del género de la novela morisca y después de ver el vídeo, indica cuáles serían algunas de las características más importantes de los tres personajes principales de la novela.

2. Sintetiza los rasgos más relevantes e indica los autores y obras representativos de la prosa didáctica y las crónicas de Indias.

3. Algunas influencias del género de la picaresca se pueden aún rastrear en novelas contemporáneas, como algunas de Eduardo Mendoza, autor de relatos como *El laberinto de las aceitunas* (1982), que contiene pasajes en los que resuenan ecos narrativos propios de la picaresca. Idéntico carácter asoma en otras novelas suyas con el mismo protagonista, como *El misterio de la cripta embrujada, La aventura del tocador de señoras* o *El enredo de la bolsa y la vida.* En el pasaje siguiente, el protagonista, narrador en primera persona, recuerda la vida familiar de su infancia en la España del franquismo. Léelo y contesta a las preguntas.

> Mi padre liaba cabizbajo sus pitillos de estiércol seco, incapaz de hablar después de haber pasado ocho horas cantando el *Cara al sol* en la puerta de la Delegación de Obras Públicas en un vano intento de conseguir empleo. Mamá, agotada por los interminables quehaceres del hogar y, sobre todo, por las continuas y fogosas atenciones de que su primo le hacía objeto, pero siempre laboriosa, remendaba y limpiaba, para revenderlos luego, los condones usados que mi primita y yo habíamos repescado con un cazamariposas en el punto en que desembocan las cloacas en el Llobregat, cerca de casa. Cándida tejía; rezongaba la cerda empachada de basura y a través de las paredes se filtraban, cadenciosos, los eructos del vecino. Yo, libre al fin de obligaciones, me entretenía mirando a mi prima Pus, como todos habíamos dado en llamarla cariñosamente, tenía, y ha de seguir teniendo, si todavía vive, dos años menos que yo. Era no tanto espigada cuanto raquítica, con un cuerpo de raspa rematado por una cabecita trasquilada por mor del tifus que parecía una pelota. No era limpia.
>
> Eduardo MENDOZA
> *El laberinto de las aceitunas*
> Seix Barral

a. ¿Qué aspectos de esta descripción recuerdan el tono propio de la picaresca? ¿Qué referencias del modo de vida de la España del franquismo aparecen?

b. Pese a la sordidez y miseria que se plasma, la expresión es, por el contrario, muy cuidada. ¿Qué recursos expresivos son los más destacables en este fragmento?

4. Escribe un episodio de tu vida utilizando el tono y las características de la novela picaresca.

Campesinos; España, 1948.

DIÁLOGO DE LA LENGUA, DE JUAN DE VALDÉS

Juan de Valdés escribió el *Diálogo de la lengua* en Italia, tras marcharse de España huyendo de la Inquisición después de la publicación de su *Diálogo de la doctrina cristiana* en 1529. En el *Diálogo de la lengua*, el autor trata cuestiones relacionadas con los orígenes de la lengua castellana, además de aspectos ortográficos, gramaticales, léxicos y estilísticos de diverso tipo. Lee el siguiente fragmento y contesta a las preguntas.

> MARCIO.— ¿Qué llamáis *bordones*?
>
> VALDÉS.— A esas palabrillas y otras tales que algunos toman a que arrimarse cuando, estando hablando, no les viene a la memoria el vocablo tan presto como sería menester. Y así unos hay que se arriman a *¿entendéisme?* y os lo dicen muchas veces, sin haber cosa que importe entenderla o que sea menester mucha atención para alcanzarla; por donde conocéis que no os preguntan si los entendéis por duda que tengan de ello, sino porque, mientras os preguntan aquello les venga a la memoria lo otro. Otros hay que por la misma razón se arriman a *no sé si m'entendéis*, aunque conozcan claramente que son entendidos. Otros dicen: *¿estáis conmigo?*, que vale tanto como *¿entendéisme?* Otros se sirven de *pues*, y otros de *tal*, y los repiten tantas veces que os vienen en fastidio grandísimo. Muchos se sirven de *aqueste*, y se sirven más de él que de caballo de muchas sillas. Otros se aprovechan de así, y tras cada palabra os dan con él en los ojos. Otros se sirven de tomé y de tomamos, diciendo *tomé* y *víneme*, y *tomamos* y *vinimos*, y si les preguntáis qué es lo que tomaron, no os podrán decir con verdad sino que aquel vocablo no sirve sino para un malo y feo arrimo. Otros semejantes a estos creo que hay de que yo no me acuerdo. Si más queréis, por buen dinero.
>
> MARCIO.— Sí que queremos más, pero no por buen dinero, sino de balde.
>
> VALDÉS.— ¿Qué es lo que queréis?
>
> MARCIO.— Que nos digáis lo que observáis y guardáis acerca del escribir, y hablar en vuestro romance castellano cuanto al estilo.
>
> VALDÉS.— Para deciros la verdad, muy pocas cosas observo, porque el estilo que tengo me es natural, y sin afectación ninguna escribo como hablo; solamente tengo cuidado de usar de vocablos que signifiquen bien lo que quiero decir, y lo digo cuanto más llanamente me es posible, porque a mi parecer en ninguna lengua está bien el afectación. Cuanto al hacer diferencia en el alzar o abajar el estilo, según lo que escribo, o a quién escribo, guardo lo mismo que guardáis vosotros en el latín.
>
> JUAN DE VALDÉS
> *Diálogo de la lengua*
> www.cervantesvirtual.com

ACTIVIDADES

1. Explica qué expone el autor en este fragmento y qué ideas tiene sobre la lengua.
2. ¿A qué tipo de prosa pertenece la obra? Justifica tu respuesta a partir de las características propias de ese género que se observan en el texto.
3. Adapta el texto de Valdés al castellano actual, de forma que se formule en la variedad oral culta actual.
4. ¿Puedes imaginar qué opinaría Valdés sobre la lengua que se emplea ahora en algunos medios de comunicación o redes sociales? Trata de redactar un imaginario fragmento del *Diálogo de la lengua* sobre ese asunto.

COMENTARIO DE TEXTO

TRATADO SEGUNDO DEL *LAZARILLO DE TORMES*

En el tratado primero de *La vida de Lazarillo de Tormes y de sus fortunas y adversidades*, conocemos al primer amo de Lázaro, un ciego, que le enseña a ser astuto y tramposo, con el objetivo de obtener comida y dinero. El amo, sin embargo, era egoísta y mezquino. El segundo amo de Lázaro, un clérigo avariento e inescrupuloso, hace que Lázaro pase más hambre que con su primer amo. En el tratado tercero, Lázaro vive en Toledo con su tercer amo, un escudero. En el siguiente fragmento de este tratado, Lázaro reflexiona sobre sus amos.

Mas como el hambre creciese, mayormente que tenía el estómago hecho a más pan aquellos dos o tres días ya dichos, moría mala muerte; tanto, que otra cosa no hacía, en viéndome solo, sino abrir y cerrar el arca y contemplar en aquella cara de Dios, que así dicen los niños[1]. Mas el mismo Dios, que socorre a los afligidos, viéndome en tal estrecho, trajo a mi memoria un pequeño remedio que, considerando entre mí, dije: «Este arquetón es viejo y grande y roto por algunas partes, aunque pequeños agujeros. Puédese pensar que ratones, entrando en él, hacen daño a este pan. Sacarlo entero no es cosa conveniente, porque verá la falta el que en tanta me hace vivir. Esto bien se sufre».

Y comienzo a desmigajar el pan sobre unos no muy costosos manteles que allí estaban, y tomo uno y dejo otro, de manera que, en cada cual, de tres o cuatro desmigajé un poco. Después, como quien toma gragea[2], lo comí y algo me consolé. Mas él, como viniese a comer y abriese el arca, vio el mal pesar y sin duda creyó ser ratones los que el daño habían hecho, porque estaba muy al propio contrahecho[3] de como ellos lo suelen hacer. Miró todo el arcaz de un cabo a otro y viole ciertos agujeros por do sospechaba habían entrado. Llamome, diciendo:

—¡Lázaro! ¡Mira, mira qué persecución ha venido aquesta noche por nuestro pan!

Yo híceme muy maravillado, preguntándole qué sería.

—¡Qué ha de ser! —dijo él—. Ratones, que no dejan cosa a vida.

Pusímonos a comer, y quiso Dios que aun en esto me fue bien, que me cupo más pan que la lacería[4] que me solía dar, porque ralló con un cuchillo todo lo que pensó ser ratonado, diciendo:

—Cómete eso, que el ratón cosa limpia es.

Y así, aquel día, añadiendo la ración del trabajo de mis manos, o de mis uñas por mejor decir, acabamos de comer, aunque yo nunca empezaba.

ANÓNIMO
La vida de Lazarillo de Tormes y de sus fortunas y adversidades. Edelvives

[1] El arca que menciona Lázaro es donde su amo, el clérigo avariento, guardaba bajo llave el pan.
[2] **gragea:** la confitura hecha de pequeños granos.
[3] **contrahecho:** imitado.
[4] **lacería:** escasez.

ACTIVIDADES

1. Resume el contenido del fragmento.
2. Señala en el texto los rasgos y actitudes del personaje que son propios del pícaro, como el ingenio para el engaño y la hipocresía.
3. Identifica cómo se reconoce el humor en el texto indicando ejemplos de expresiones irónicas y usos figurados.

TRATADO TERCERO DEL *LAZARILLO DE TORMES*

Contemplaba yo muchas veces mi desastre, que, escapando de los amos ruines que había tenido y buscando mejoría, viniese a topar con quien no solo no me mantuviese, mas a quien yo había de mantener. Con todo, le quería bien, con ver que no tenía ni podía más, y antes le había lástima que enemistad. Y muchas veces por llevar a la posada[1] con que él lo pasase, yo lo pasaba mal.

Porque una mañana, levantándose el triste en camisa, subió a lo alto de la casa a hacer sus menesteres y, en tanto yo, por salir de sospecha[2], desenvolvíle el jubón[3] y las calzas[4], que a la cabecera dejó, y hallé una bolsilla de terciopelo raso, hecha cien dobleces y sin maldita la blanca ni señal que la hubiese tenido mucho tiempo.

«Este —decía yo— es pobre, y nadie da lo que no tiene; mas el avariento clérigo y el malaventurado mezquino ciego, que, con dárselo Dios a ambos, al uno de mano besada y al otro de lengua suelta, me mataban de hambre, aquellos es justo desamar y aqueste de haber mancilla[5]».

Dios es testigo que hoy día, cuando topo con alguno de su hábito con aquel paso y pompa, le he lástima con pensar si padece lo que aquel le vi sufrir. Al cual, con toda su pobreza, holgaría de servir más que a los otros, por lo que he dicho. Solo tenía de él un poco de descontento: que quisiera yo que no tuviese tanta presunción; mas que abajara un poco su fantasía con lo mucho que subía su necesidad. Mas, según me parece, es regla ya entre ellos usada y guardada. Aunque no haya cornado de trueco[6] ha de andar el birrete en su lugar. El Señor lo remedie, ya que de este mal han de morir.

ANÓNIMO
La vida de Lazarillo de Tormes y de sus fortunas y adversidades
Edelvives

[1] **posada:** casa propia de cada uno donde habita.

[2] **salir de sospecha:** salir de dudas, comprobar.

[3] **jubón:** vestidura que cubría desde los hombros hasta la cintura, ceñida y ajustada al cuerpo.

[4] **calzas:** prenda de vestir que, según los tiempos, cubría, ciñéndolos, el muslo y la pierna.

[5] **mancilla:** lástima.

[6] **cornado de trueco:** moneda de muy poco valor.

ACTIVIDADES

1. Indica los elementos de contenido de este fragmento: las consideraciones que hace el personaje sobre su propia vida y sobre la acción que describe, y las reflexiones sobre algunos tipos sociales de la época. Señala, además, dónde se localizan estos elementos en el texto.

2. Identifica las figuras literarias presentes en el fragmento.

3. Señala los términos o expresiones coloquiales, las construcciones oracionales y el vocabulario propios del castellano del siglo XVI.

4. ¿Cómo se muestran los sentimientos de Lázaro hacia cada uno de sus tres primeros amos? ¿En qué es diferente el escudero?

SERIE DEL *AMADÍS DE GAULA*

La metamorfosis de Urganda

Por la sala, dando grandes gritos, muchos entraron y, tras los que venían huyendo, entró una serpiente, la más fiera y espantosa que nunca se vio, porque de sus ojos salían dos llamas; al parecer hazía tan gran ruido con sus fuertes silvos y alas, batiéndolas por todas partes, que la gran sala fazía tremer. Todos cuantos en la sala estavan andavan con grande estruendo y temor buscando por do salir. Las infantas y princesas se abraçaron, como sin sentido, de espanto y la emperatriz con el emperador. Lisuarte y Perión, como la serpiente vieron, derrocados los mantos en los braços, por todas partes la fueron acometer, mas ella les dava con su cola a su salvo tales golpes que, sin la poder herir, los derrocava muchas vezes en tierra y no les dava lugar a levantar, cuando ya los tornava a derribar. D'esta suerte andavan todos con ella sin la poder herir. La batalla era muy mirada por los que en la sala estavan, aunque con gran temor muchos de los que allí estavan quisieran huir, mas no era en su mano poderse mover. Lisuarte, viendo que no podía herilla y que ella no hazía sino derriballo en tierra, con gran saña de sí mismo se juntó tan presto con ella que la sierpe no le pudo dar con la cola y él le fue a dar con su espada por medio d'ambas orejas, las cuales más que de dos adargas tenía, pensándole hazer la cabeça dos partes, mas como la mano alçó, sintióse en ella dar tal golpe como que con palo le diesse, que la espada le saltó de la mano. Y como esto fue hecho, la s[e]rpiente se tornó una dueña vieja, con unos tocados largos y un cordón en la mano, vestida de paños negros, la cual le dixo:

—¿Qué es esso cavallero? Teneos un poco. ¿Así queréis ofender las mugeres tan vuestras servidoras como yo?

Luego de todos fue conocida, que sabed que era Urganda, que siempre acostumbrava venir con tales maneras de espanto como ya otras vezes en esta gran historia avéis oído. Todos quedaron con gran risa y plazer de ver el engaño que les avía hecho.

Feliciano de Silva. *IX Libro del Amadís*
www.cervantesvirtual.com

ACTIVIDADES

1. Resume el contenido de este fragmento de la serie del *Amadís de Gaula*.
2. Explica la estructura del texto.
3. Indica cuáles son los personajes que aparecen en el fragmento y compáralos con el Lazarillo.
4. Expón las características del narrador.
5. Señala cuál es la organización del espacio en el que sucede la acción.
6. Explica algunas características de las novelas de caballerías que se observen en el texto.

ENTREMÉS DEL RETABLO DE LAS MARAVILLAS

En este fragmento, del inicio del entremés, los embaucadores —Chirinos y Chanfalla— informan a los crédulos aldeanos de los supuestos poderes que posee el retablo que les van a enseñar, siempre que previamente les paguen por disfrutar de tal «prodigio», que solo está al alcance de los cristianos viejos. Pura trampa para estafar a los ingenuos pueblerinos, que fingen ver las supuestas figuras del retablo, para no ser tomados por conversos.

DIARIO DE APRENDIZAJE

¿Qué actividades de la unidad me hubiera gustado realizar con mis compañeros?

“

GOBERNADOR Y bien, ¿qué es lo que queréis, hombre honrado?

CHIRINOS Honrados días viva vuesa merced, que así nos honra; en fin, la encina da bellotas; el pero, peras; la parra, uvas, y el honrado, honra, sin poder hacer otra cosa.

BENITO Sentencia ciceronianca, sin quitar ni poner un punto.

CAPACHO *Ciceroniana* quiso decir el señor alcalde Benito Repollo.

BENITO Siempre quiero decir lo que es mejor, sino que las más veces no acierto; en fin, buen hombre, ¿qué queréis?

CHANFALLA Yo, señores míos, soy Montiel, el que trae el *Retablo de las maravillas*. Hanme enviado a llamar de la Corte los señores cofrades de los hospitales, porque no hay autor de comedias en ella, y perecen los hospitales, y con mi ida se remediará todo.

GOBERNADOR Y ¿qué quiere decir *Retablo de las maravillas*?

CHANFALLA Por las maravillosas cosas que en él se enseñan y muestran, viene a ser llamado *Retablo de las maravillas*; el cual fabricó y compuso el sabio Tontonelo debajo de tales paralelos, rumbos, astros y estrellas, con tales puntos, caracteres y observaciones, que ninguno puede ver las cosas que en él se muestran, que tenga alguna raza de confeso, o no sea habido y procreado de sus padres de legítimo matrimonio; y el que fuere contagiado destas dos tan usadas enfermedades, despídase de ver las cosas, jamás vistas ni oídas, de mi retablo.

BENITO Ahora echo de ver que cada día se ven en el mundo cosas nuevas. Y ¿que se llamaba Tontonelo el sabio que el retablo compuso?

CHIRINOS Tontonelo se llamaba, nacido en la ciudad de Tontonela; hombre de quien hay fama que le llegaba la barba a la cintura.

BENITO Por la mayor parte, los hombres de grandes barbas son sabiondos.

Miguel DE CERVANTES. *Entremés del Retablo de las maravillas*
www.cervantesvirtual.com

ACTIVIDADES

1. Este fragmento del entremés más admirado de Cervantes permite comprobar el ingenio empleado en los diálogos. ¿Puedes citar algún ejemplo en las construcciones verbales del texto?
2. ¿Qué valores sociales aparecen a lo largo del diálogo? ¿Qué criterios —ideológicos, de clase, culturales— manejan los personajes?
3. ¿Se encuentran bien caracterizados los dos grupos de personajes, los pícaros timadores y sus víctimas? Señalar los respectivos rasgos que los retraten.
4. Haz un resumen del contenido e indica la estructura del texto.
5. Explica cuáles son las características lingüísticas del fragmento.
6. Localiza los elementos de comicidad del texto de Cervantes.
7. Desarrolla las características del personaje del pícaro en la novela picaresca.
8. Explica las características de la novela pastoril y relaciona este tipo de novelas con las influencias culturales del siglo XVI.

12 LA POESÍA BARROCA

LA POESÍA BARROCA

- Barroco: producción cultural y artística del siglo XVII
- Ambiente histórico de inquietud y malestar

TEMAS Y ACTITUDES

- La vida es un caos
- La vida es conflicto, contradicción, una ilusión
- La vida es fugaz *(tempus fugit, memento mori)*
- Hay obsesión por la muerte y desencanto

ESTILO

- Abandono de la naturalidad y armonía del Renacimiento
- Exageración, retorcimiento y tensión
- Expresión condensada: empleo de retorcidas metáforas
- Tendencia a los contrastes: uso de antítesis, paradojas y oxímoros
- Formas populares y cultas
- Búsqueda de lo nuevo o extraordinario

TENDENCIAS

CULTERANISMO

- Objetivo: crear un mundo de belleza formal a partir de los sentidos
- Lenguaje culto: gusto por la metáfora y el hipérbaton, aparición de neologismos y latinismos (cultismos)
- Alusiones mitológicas
- Interés por el efecto estético
- Máximo representante: Góngora

CONCEPTISMO

- Objetivo: buscar la «sutileza del pensar» y la «agudeza del decir» a través de la asociación ingeniosa de ideas o palabras (conceptos)
- Lenguaje: creación de términos nuevos o nuevos significados
- Densidad expresiva
- Juegos verbales: doble significado, semejanza fonética de vocablos, contraposición de palabras y de frases, figuras retóricas de pensamiento
- Máximo representante: Quevedo

AUTORES

LUIS DE GÓNGORA

Poesía de arte menor

- Típicamente barroca: uso de hipérboles, dilogías, paronomasias…
- Romances, letrillas y un poema de tema mitológico *(Fábula de Píramo y Tisbe)*
- Temas sentimentales y satíricos (letrillas), morisco, amoroso y burlesco (romances)

Poesía de arte mayor

- Uso de endecasílabos
- Sonetos y poemas mayores, canciones
- Uso de metáforas, cultismos, hipérbaton, bimembración
- Temas mitológicos, satíricos, amorosos y dedicados a personas, ciudades y edificios
- Grandes poemas: *Fábula de Polifemo y Galatea*, *Soledades* y *Panegírico al duque de Lerma*

FRANCISCO DE QUEVEDO

Poesía filosófico-moral

- Sonetos y silvas
- Temas: fugacidad de la vida terrenal, desprecio de las vanidades, desengaño, cercanía de la muerte, temas políticos (decadencia de España) y preocupaciones de moral estoica

Poesía amorosa

- Belleza, originalidad y fuerza emotiva
- Angustia vital, idea sobre la muerte relacionada con el amor (el amor puede ser inmortal)
- Uso de antítesis, oxímoros y paradojas

Poesía satírico-burlesca

- Presentación de los aspectos de la realidad como grotescos
- Versos de arte menor, romances y letrillas, sonetos
- Uso de hipérboles, metáforas, refranes, expresiones hechas

- Su obra poética se publicó póstumamente: *El Parnaso español* (1648) y *Las tres musas* (1670).

MIGUEL DE CERVANTES

- Poemas incluidos en sus obras narrativas y en algunas teatrales
- Interés: gracia y emoción autobiográfica
- Destacan el soneto a Preciosa, el soneto irónico *Al túmulo de Felipe II en Sevilla* y *Viaje del Parnaso*

LOPE DE VEGA

- Poesías líricas y narrativas y poemas incluidos en su obra en prosa y teatral
- Temas amorosos, religiosos y burlescos
- Obra publicada en *Rimas*, *Rimas sacras*, *Rimas humanas y divinas*, etc.

OTROS AUTORES

- Poetas culteranos: conde de Villamediana, Soto de Rojas, Pedro Espinosa, sor Juana Inés de la Cruz (figura más importante de la escuela gongorina)
- Poetas más clasicistas: grupo sevillano (Francisco de Rioja, Rodrigo Caro y Fernández de Andrada) y grupo aragonés (hermanos Argensola)

REINTERPRETA

ACTIVIDADES

1. Quevedo fue el más encarnizado adversario de Góngora, y lo atacó con mordaces textos, rayanos en el feroz insulto. Por su parte, Góngora –en un soneto que a él se le atribuye– ataca sin reparos a Quevedo esgrimiendo sus limitaciones físicas: primero su cojera y luego su falta de visión que le hacía llevar anteojos, las gafas de la época, tan asociados a su figura que se denominan *quevedos*. El apelativo inicial que le dirige Góngora («Anacreonte español») procede del título de una obra de Quevedo en que traducía y comentaba la obra del poeta griego.

> Yo te untaré mis obras con tocino
> porque no me las muerdas, Gongorilla,
> perro de los ingenios de Castilla,
> docto en pullas, cual mozo de camino.
> Apenas hombre, sacerdote indino [...]
>
> Francisco DE QUEVEDO
> *Poemas escogidos* (ed. de José Manuel Blecua). Castalia

> Anacreonte español, no hay quien os tope,
> que no diga con mucha cortesía,
> que ya que vuestros pies son de elegía,
> que vuestras suavidades son de arrope [...]
> Con cuidado especial vuestros antojos
> dicen que quieren traducir al griego,
> no habiéndolo mirado vuestros ojos.
>
> Luis DE GÓNGORA.
> *Sonetos completos*
> http://cvc.cervantes.es

Tras comprobar la enconada rivalidad que enfrentaba a los dos geniales poetas, contesta a las siguientes preguntas.

a. ¿Sobre qué aspectos del rival –personales, literarios– elaboran su andanada?

b. ¿De qué repertorio de recursos expresivos se vale cada uno?

c. ¿Cuál estimas más certero, más conseguido, sea por lo hiriente de la invectiva o por su técnica literaria?

2. Busca y compara el soneto de Góngora *Mientras por competir con tu cabello* con el soneto XXIII de Garcilaso de la Vega. ¿Qué características tienen en común?

3. Las dificultades de la poesía gongorina más culterana provocaron que la obra de Góngora no siempre fuera reconocida por su valor; hubo épocas en que no gozaba de especial admiración. Tres siglos después de su muerte, en torno a 1927, un grupo de jóvenes poetas españoles quisieron rehabilitar el aprecio literario hacia Góngora, no muy bien visto por el gusto oficial, que lo consideraba «ángel de las tinieblas», verdugo del idioma. Además de la edición de la obra gongorina y de una serie de actividades y publicaciones de homenaje, uno de esos jóvenes poetas más implicados en la recuperación de la poesía gongorina, Rafael Alberti, llegó a escribir una *Soledad tercera*, incluida en su libro *Cal y canto* (1926-1927); en la primera estrofa de dicho poema, el viento, personificado hiperbólicamente, interrumpe el sueño de un joven caminante que había descansado durante la noche en un acantilado y a quien despierta en las primeras luces del día.

> **Soledad tercera**
>
> Conchas y verdes líquenes salados,
> los dormidos cabellos todavía,
> al de una piedra sueño, traje umbroso
> vistiendo estaban, cuando desvelados,
> cítaras ya, esparcidos,
> por la del viento lengua larga y fría
> templados y pulsados
> fueron y repetidos,
> que el joven caminante su reposo
> vio, música segura,
> volar y, estrella pura,
> diluirse en la Lira, perezoso.
>
> Rafael ALBERTI. *Cal y canto*
> www.leer-e.es

¿Qué recursos gongorinos emblemáticos se encuentran en el fragmento del poema de Alberti?

4. El siguiente fragmento procede del grupo Los Amancio Hortera, del Carnaval de Cádiz. ¿Se pueden señalar algunas semejanzas con la obra burlesca de Quevedo?

> En mi casa la pared es tan fina,
> cuando hago un taladro
> cuelgo yo un cuadro, otro mi vecina.
> Encima es una pareja y discuten tela,
> ya no pongo ni la tele
> pa ver novelas, [...]
>
> *Los Amancio Hortera*
> http://libretodecarnaval.blogspot.com.es/search/label/2014

POESÍA DE LUIS DE GÓNGORA

En la siguiente letrilla, Góngora, a partir del empleo de juegos de palabras, contrasta verdades y mentiras; para ello, emplea términos, como *cruzados*, *escudos*, *ducados* o *coronas*, que además de designar monedas de la época, también acogen otros significados, respectivamente 'el que participa en una Cruzada', 'blasón que representa un Estado, población, familia...', 'título de duque' y 'dignidad real'.

Dineros son calidad,
¡verdad!

Más ama quien más suspira,
¡mentira!

Cruzados hacen cruzados,
escudos pintan escudos,
y tahúres, muy desnudos,
con dados ganan condados;
ducados dejan ducados,
y coronas, majestad:
¡verdad!

Pensar que uno solo es dueño
de puerta de muchas llaves,
y afirmar que penas graves
las paga un mirar risueño,
y entender que no son sueño
las promesas de Marfira:
¡mentira!

Todo se vende este día,
todo el dinero lo iguala:
la Corte vende su gala,
la guerra su valentía;
hasta la sabiduría
vende la Universidad:
¡verdad! [...]

Luis DE GÓNGORA
Antología poética (selección y prólogo de Angelina Costa Palacio)
Consejería de Cultura de la Junta de Andalucía

ACTIVIDADES

1. Góngora, poeta difícil, autor para cultos, es, no obstante, también cultivador de una poesía de raíz tradicional, popular. Así se observa, por ejemplo, en la versificación de este poema. Detalla cuáles son sus aspectos métricos —medida, rima, estructura estrófica— y explica si tienen carácter popular o culto.

2. El poema corresponde a las formas de la poesía burlesca; señala en qué elementos del texto se evidencia este rasgo: cuál es el objeto de la crítica a través del humor y qué componentes de la realidad (personas, costumbres, instituciones) menciona y critica.

3. La poesía popular hace uso también de recursos o figuras literarias; analiza algunos de los que aquí estén presentes.

4. El Barroco produjo una literatura que refleja la mentalidad de esa época; valora si en esta letrilla se podrían identificar algunas de las actitudes y posturas ideológicas asociadas a las creaciones barrocas.

5. La letrilla es un testimonio del desapego y la desconfianza hacia una serie de referentes sociales y de conductas que se mencionan. Comenta si lo que se censura es hoy ya algo superado o tiene aún actualidad y sentido.

COMENTARIO DE TEXTO

POESÍA DE FRANCISCO DE QUEVEDO

«¡Ah de la vida!»... ¿Nadie me responde?
¡Aquí de los antaños que he vivido!
La Fortuna mis tiempos ha mordido;
las Horas mi locura las esconde.

¡Que sin poder saber cómo ni a dónde
la salud y la edad se hayan huido!
Falta la vida, asiste lo vivido,
y no hay calamidad que no me ronde.

Ayer se fue; mañana no ha llegado;
hoy se está yendo sin parar un punto:
soy un fue, y un será, y un es cansado.

En el hoy y mañana y ayer, junto
pañales y mortaja, y he quedado
presentes sucesiones de difunto.

Francisco de Quevedo
Poemas escogidos (ed. de José Manuel Blecua)
Castalia

A una nariz

Érase un hombre a una nariz pegado,
érase una nariz superlativa,
érase una nariz sayón[1] y escriba,
érase un peje espada muy barbado.

Era un reloj de sol mal encarado,
érase una alquitara[2] pensativa,
érase un elefante boca arriba,
era Ovidio Nasón más narizado.

Érase un espolón de una galera,
érase una pirámide de Egipto,
las doce tribus de narices era.

Érase un naricísimo infinito,
muchísimo nariz, nariz tan fiera
que en la cara de Anás fuera delito.

Francisco de Quevedo
Poemas escogidos (ed. de José Manuel Blecua)
Castalia

[1] **sayón:** son abundantes las referencias, dentro del poema, a los judíos, su cultura e instituciones («sayón y escriba», «las doce tribus de narices», «Anás») por partir de la asociación tradicional que atribuye al pueblo judío una nariz prominente.

[2] **alquitara:** alambique.

ACTIVIDADES

1. Quevedo componía con maestría poética contenidos muy diversos. Comprueba de qué tratan los dos poemas incluidos en esta página: asunto tratado y apartados que los integran. Confirma la caracterización métrica de los textos, detallando su medida y su rima.
2. Clasifica cada uno de los poemas en el tipo de poesía quevedesca en que se encuadran. Señala qué rasgos propios de ese grupo de poesía aparecen en ellos.
3. Justifica que ambos textos son fruto de la mentalidad barroca, en sus distintas manifestaciones.
4. Los dos textos son bien conocidos; a tu criterio, ¿cuál de los dos permite caracterizar mejor la poesía de Quevedo?

SONETO XVIII, DE LOPE DE VEGA

¿Qué tengo yo, que mi amistad procuras?
¿Qué interés se te sigue, Jesús mío,
que a mi puerta, cubierto de rocío,
pasas las noches del invierno oscuras?

¡Oh, cuánto fueron mis entrañas duras
pues no te abría! ¡Qué extraño desvarío
si de mi ingratitud el hielo frío
secó las llagas de tus plantas puras!

¡Cuántas veces el Ángel me decía:
«¡Alma, asómate agora a la ventana,
verás con cuánto amor llamar porfía!»

¡Y cuánta[s], hermosura soberana,
«Mañana le abriremos», respondía,
para lo mismo responder mañana!

Lope de Vega
«Soneto XVIII», *Rimas sacras*
www.cervantesvirtual.com

ACTIVIDADES

1. Enuncia el tema del texto.

2. El poema tiene pleno contenido religioso.
   a. ¿En qué tono se manifiesta el poeta en su diálogo con Jesús?
   b. ¿Qué lamenta o reprueba de su propia vida?

3. Establece la caracterización métrica del texto, detallando su medida y su rima.

4. Explica el valor simbólico global sobre el que se organiza el poema, es decir, la serie de expresiones y referencias cuyo sentido imaginario está conectado, es común.

5. ¿Cuáles son las modalidades oracionales predominantes?

6. Indica las figuras literarias que aparecen en el poema.

COMENTARIO DE TEXTO

POESÍA DE SOR JUANA INÉS DE LA CRUZ

Texto 1

En que satisface un recelo con la retórica del llanto

Esta tarde, mi bien, cuando te hablaba,
como en tu rostro, y tus acciones veía
que con palabras no te persuadía,
que el corazón me vieses deseaba.

Y Amor, que mis intentos ayudaba,
venció lo que imposible parecía,
pues entre el llanto que el dolor vertía,
el corazón deshecho destilaba.

Baste ya de rigores, mi bien, baste,
no te atormenten más celos tiranos,
ni el vil recelo tu quietud contraste,

con sombras necias, con indicios vanos;
pues ya en líquido humor viste, y tocaste
mi corazón deshecho entre tus manos.

Sor Juana Inés DE LA CRUZ
Obras escogidas [texto actualizado]
www.cervantesvirtual.com

Texto 2

Arguye de inconsecuencia el gusto y la censura de los hombres, que en las mujeres acusan lo que acusan

Hombres necios que acusáis
a la mujer sin razón
sin ver que sois la ocasión
de lo mismo que culpáis.

Si con ansia sin igual
solicitáis su desdén,
¿por qué queréis que obren bien
si las incitáis al mal? [...]

¿Qué humor puede ser más raro
que el que, falto de consejo,
él mismo empaña el espejo
y siente que no esté claro? [...]

¿O cuál es más de culpar,
aunque cualquiera mal haga:
la que peca por la paga
o el que paga por pecar?

Sor Juana Inés DE LA CRUZ
Obras escogidas [texto actualizado]
www.cervantesvirtual.com

ACTIVIDADES

Texto 1

1. Indica el tema de este soneto de sor Juana Inés de la Cruz.

2. Este poema despliega elegancia y finura en el tratamiento del tema amoroso. Explica brevemente su contenido:
   - la voz poética;
   - los sentimientos que desgrana;
   - las «razones» de amor que se manejan.

3. Para reconocer la altura poética de la autora en esta obra, analiza la elegancia del lenguaje que emplea (vocabulario y expresiones, tono enunciativo, construcciones gramaticales) y su técnica literaria (figuras literarias, rasgos métricos).

Texto 2

1. Este fragmento pertenece al texto más divulgado de sor Juana Inés de la Cruz.
   a. Enuncia el tema.
   b. Indica el tipo de métrica que utiliza.

2. La autora, desde una perspectiva de clara defensa feminista, reprocha a los hombres precisamente su hipócrita condena de las mujeres. Indica cuáles son los argumentos que presenta sor Juana Inés en su alegato.

3. ¿Qué opinas sobre el hecho de que una escritora relacionada con la vida religiosa escribiera un texto con una perspectiva feminista en el siglo XVII?

ACTIVIDADES

1. La literatura barroca recoge un sentimiento humano de…
   a. plenitud.
   b. equilibrio.
   c. desengaño.
   d. desconcierto.

2. La poesía de Góngora, en sus poemas mayores, no suele recurrir a contenidos…
   a. mitológicos.
   b. religiosos.
   c. amorosos.
   d. de la naturaleza.

3. La concepción ideológica de Quevedo a través de su poesía lo revela como…
   a. ateo.
   b. optimista, ilusionado.
   c. hipócrita.
   d. angustiado, desengañado, sombrío.

4. En los poemas culteranos…
   a. el orden de palabras es inhabitual.
   b. no aparece la naturaleza.
   c. el vocabulario es el cotidiano.
   d. no hay referencias mitológicas.

5. El conceptismo destaca por…
   a. amplitud de construcciones gramaticales.
   b. empleo de los tópicos literarios.
   c. latinismos.
   d. densidad expresiva.

6. La poesía satírica barroca…
   a. es herencia de la poesía renacentista.
   b. se formula con un lenguaje simple, poco elaborado.
   c. aparece preferentemente en versos de arte menor.
   d. tiene muy escasa variedad de temas y asuntos.

7. La poesía barroca se aparta de la renacentista por…
   a. abandonar las estrofas italianizantes.
   b. su agitación, desmesura y pesimismo.
   c. incluir frecuentes referencias a la mitología.
   d. ocuparse de temas religiosos.

8. La obra poética de Quevedo…
   a. da prioridad a la búsqueda de la belleza.
   b. destaca por los violentos hipérbatos.
   c. refleja hondas preocupaciones filosóficas y morales.
   d. ante la muerte, postula el *carpe diem*.

9. Conceptismo y culteranismo coinciden en…
   a. crear un estilo expresivo de lenguaje muy elaborado.
   b. la búsqueda de la belleza y la sonoridad.
   c. el reflejo crítico de la realidad.
   d. el neoplatonismo.

10. El Barroco como movimiento literario, en alguna de sus tendencias…
    a. supone una radical ruptura con el periodo renacentista previo, no hay continuidad en ningún elemento poético, de forma o contenido.
    b. es puramente mundano, se aparta por completo de los temas religiosos o morales.
    c. hace desaparecer el influjo clásico.
    d. testimonia las preocupaciones de la época, trasluce la visión de desaliento.

11. Haz un cuadro comparativo entre el Renacimiento y el Barroco, en el que incluyas:
    - temática
    - métrica
    - temas
    - contenidos
    - figuras retóricas
    - estilo
    - corrientes

DIARIO DE APRENDIZAJE

¿Qué partes de la unidad me han exigido más tiempo de trabajo?

13 CERVANTES Y LA PROSA BARROCA

CERVANTES Y LA PROSA BARROCA

CERVANTES

- Es uno de los precursores de la novela moderna
- Experimentó con distintos modelos narrativos y contribuyó a su renovación

Obras representativas

LA GALATEA

- Primera novela del autor (1585)
- Novela pastoril (concepción: poema más que novela)
- Seis libros, los personajes son pastores y el tema es amoroso
- Influencia de Garcilaso de la Vega (Galatea: *Égloga I*)

LAS *NOVELAS EJEMPLARES*

- Doce novelas (publicadas en 1613)
- «Novelas»: no proceden de traducciones extranjeras, son originales
- «Ejemplares»: de ellas se extrae alguna enseñanza
- El amor es el punto de partida de muchas de estas novelas
- Dualismo entre realismo e idealismo
- *Rinconete y Cortadillo:* similitudes con la picaresca
- *El coloquio de los perros:* visión satírica
- *El licenciado Vidriera:* relación con don Quijote (la locura del protagonista)

LOS TRABAJOS DE PERSILES Y SIGISMUNDA

- Novela bizantina (1617, pero publicada póstumamente)
- Cuatro libros y un estilo muy cuidado
- El amor es el eje de la obra

DON QUIJOTE DE LA MANCHA

- Modelo: novelas de caballerías
- Dos partes publicadas independientemente, la primera en 1605 y la segunda en 1615

Argumento y estructura

- Don Quijote realiza tres salidas de estructura circular (salida, aventuras y vuelta a casa)
- Primera parte (1605): Alonso Quijano se vuelve loco con la lectura de las novelas de caballerías; adopta el nombre de don Quijote de la Mancha, toma como dama a Dulcinea del Toboso (Aldonza Lorenzo) y sale a luchar contra las injusticias
- Aventuras mezcladas con una serie de relatos accesorios: la estructura es abierta
- Segunda parte (1615): tercera salida de don Quijote
- Entre las dos partes surge un *Quijote* apócrifo

Recursos y temas cervantinos

- Manuscrito encontrado: juego de autor, traductor, narrador y lector (parodia y juego entre realidad y ficción)
- Parodia: don Quijote (imagen paródica del caballero andante), realismo del universo novelesco, contemporaneidad del protagonista y el autor, lenguaje rimbombante de don Quijote en contraste con el habla coloquial y vulgar de Sancho y empleo del humor
- Narradores y perspectivismo en la polifonía de voces
- Literatura dentro de la literatura

Espacio y tiempo

- Lugar concreto: La Mancha
- Espacios muy variados, pero realistas
- Tiempo: contemporáneo al autor y lineal, pero don Quijote vive fuera de su tiempo
- Choque entre los dos mundos (el real y el ficticio)

Narradores

- Polifonía (distintas voces)
- Narrador principal: Cervantes convertido en personaje (narrador-editor: encuentra y «traduce» la historia)
- Segundo narrador: Cide Hamete Benengeli (autor ficticio; en el capítulo IX: primer autor)
- Traductor morisco y cronista de Argamasilla
- Narradores-personajes: de las historias intercaladas

Personajes

- Personajes complejos y reales
- Don Quijote: Alonso Quijano, un hidalgo pobre, valiente, idealista, justo, de unos cincuenta años y con unos rasgos físicos que lo alejan de los héroes caballerescos (antihéroe)
- Sancho Panza: escudero de Don Quijote, trasciende el papel tradicionalmente asignado al bobo, al bufón, al gracioso y encarna la sátira de los libros de caballerías (él cree en don Quijote)
- Evolución psicológica: quijotización de Sancho (se vuelve más soñador e idealista) y sanchificación de don Quijote (se hace más realista)
- Otros personajes: Dulcinea (Aldonza Lorenzo), el caballero de los Espejos y caballero de la Blanca Luna (Sansón Carrasco), la sobrina y el ama de llaves, el cura y el barbero

Lenguaje

- Variado: arcaico, culto, popular y vulgar
- Empleo de refranes, dichos y diálogos
- Estilo sencillo y llano, con uso de figuras retóricas al servicio de la ironía, juegos de palabras y antítesis

PROSA BARROCA

- Desaparecen algunos géneros del siglo XVI y otros experimentan un auge (novela picaresca)

NOVELA PICARESCA

- *La vida de Lazarillo de Tormes y de sus fortunas y adversidades* (1554): inicio del género
- Sucesores de Lázaro: no son inocentes, son delincuentes
- A las características del *Lazarillo* se añaden el desengaño y la nostalgia propios del pesimismo barroco
- Fin del género: *El diablo cojuelo* (1640) y *La vida y hechos de Estebanillo González* (1646)

OBRAS PRINCIPALES

Guzmán de Alfarache

- Autor: Mateo Alemán
- Dos partes: *Vida del pícaro Guzmán de Alfarache* (1599) y *Segunda parte de la vida de Guzmán de Alfarache, atalaya de la vida humana* (1604)
- Consolidación del género picaresco

Vida del escudero Marcos de Obregón

- Autor: Vicente Espinel (1618)
- El protagonista no presenta las características de los héroes de la picaresca y su visión es menos pesimista
- Las aventuras del protagonista pertenecen a la picaresca (fullerías, trampas, robos, etc.)

La vida del Buscón llamado don Pablos

- Autor: Francisco de Quevedo (1626)
- Tres libros divididos en capítulos
- Tema y motivos de la picaresca anterior
- Innovación de Quevedo: no existe un trasfondo autobiográfico, no existe un receptor real, carece de finalidad didáctica y de digresiones morales
- Estilo: empleo de juegos verbales (conceptismo) y de la caricatura

PROSA SATÍRICA, DOCTRINAL Y DIDÁCTICA

- Temas variados: políticos, religiosos, cortesanos, de costumbres, etc.
- Destacan: la novela satírica de Quevedo y la didáctica de Gracián

FRANCISCO DE QUEVEDO

Prosa doctrinal

- Escritos de carácter político: *Política de Dios, gobierno de Cristo y tiranía de Satanás* y *La vida de Marco Bruto*
- Escritos de carácter literario: *Aguja de navegar cultos* y *Premática del desengaño contra los poetas güeros, chirles y hebenes*

Prosa satírica y moral

- *Sueños*
- *La hora de todos y la Fortuna con seso:* quizá la obra maestra de su prosa moral

BALTASAR GRACIÁN

- Toda su obra: prosa con intención didáctica y moral
- Algunas obras: *Oráculo manual y arte de prudencia* (1647) y *Agudeza y arte de ingenio* (1648)

El Criticón

- Obra maestra de Gracián
- Publicación en tres partes: 1651, 1653 y 1657
- Novela iniciática en la que los personajes se abren al conocimiento del mundo
- Antecedente de la novela filosófica del siglo XVIII e influencia en autores del XVII

REINTERPRETA

ACTIVIDADES

1 En la dedicatoria al conde de Lemos que se recoge en el prólogo del *Persiles*, su última obra, escribió dos días antes de su muerte una carta sobrecogedora en la que se leen los siguientes versos.

> Puesto ya el pie en el estribo,
> con las ansias de la muerte,
> gran señor, esta te escribo.
>
> Miguel DE CERVANTES
> *Los trabajos de Persiles y Sigismunda*
> www.cervantesvirtual.com

Se trata de unas coplas antiguas que Cervantes cita casi de forma literal. Enrique Morente, en su álbum *Morente sueña la Alhambra*, de 2005, pone música a esta carta con el título de «La última carta». Busca la canción en YouTube y escúchala. Encuentra en Internet la carta y las coplas completas. Añade dos versos de tu invención o crea una versión musical moderna.

2 La sátira de Quevedo llega también a los mitos y es una característica que atraviesa la prosa y la poesía del autor. Busca el soneto *A Dafne, huyendo de Apolo*, compáralo con el siguiente fragmento del prólogo de *La hora de todos y la Fortuna con seso* y explica cómo se produce la desmitificación en estos dos textos.

> Júpiter, hecho de hieles, se desgañifaba poniendo los gritos en la tierra; porque ponerlos en el cielo, donde asiste, no era encarecimiento a propósito. Mandó que luego a consejo viniesen todos los dioses trompicando. Marte, don Quijote de las deidades, entró con sus armas y capacete, y la insignia de viñadero enristrada, echando chuzos, y a su lado, el panarra de los dioses, Baco, con su cabellera de pámpanos, remostada la vista, y en la boca lagar y vendimias de retorno derramadas, la palabra bebida, el paso trastornado, y todo el celebro en poder de las uvas. Por otra parte asomó con pies descabalados Saturno, el dios marimanta, comeniños, engulléndose sus hijos a bocados.
>
> Francisco DE QUEVEDO
> *La hora de todos y la Fortuna con seso.* Castalia

3 En 1942 Camilo José Cela publica *La familia de Pascual Duarte*, obra que entronca con la novela picaresca clásica. Con la ayuda de internet, lee el comienzo del capítulo II y compáralo con el comienzo de *El Buscón*.

4 Muchos autores barrocos muestran en sus obras el pesimismo y el descontento con la sociedad de su época; sin embargo, no lo expresan de la misma manera. Explica cuál es el procedimiento de Gracián a partir del siguiente texto y contesta a las preguntas.

> Y aun por esto —dijo Critilo— la próvida naturaleza privó a los hombres de las armas naturales y como a gente sospechosa los desarmó: no se fio de su malicia. Y si esto no hubiera prevenido, ¡qué fuera de su crueldad! Ya hubieran acabado con todo. Aunque no les faltan otras armas mucho más terribles y sangrientas que esas, porque tienen una lengua más afilada que las navajas[1] de los leones, con que desgarran las personas y despedazan las honras; tienen una mala intención más torcida que los cuernos de un toro y que hiere más a ciegas[2]; tienen unas entrañas más dañadas que las víboras, un aliento más venenoso que el de los dragones, unos ojos envidiosos y malévolos más que los del basilisco, unos dientes que clavan más que los colmillos de un jabalí y que los dientes de un perro, unas narices fisgonas... que exceden a las trompas de los elefantes. De modo que solo el hombre tiene juntas todas las armas ofensivas que se hallan repartidas entre las fieras y así él ofende más que todas.
>
> Baltasar GRACIÁN
> «El despeñadero de la vida»,
> *El Criticón* [crisi IV, 1.ª parte]
> Cátedra
>
> [1] **navajas:** (fig.) colmillo de jabalí. Gracián lo relaciona con la lengua de los murmuradores, también llamada «navaja».
> [2] **a ciegas:** los toros embisten a ciegas, con los ojos cerrados.

a. ¿Con qué seres se compara al hombre? Localiza esas comparaciones. ¿Cuáles son las «armas» del hombre?

b. Cuando Gracián plantea la semejanza entre la nariz del hombre y la del elefante, no se refiere a su longitud real, entonces ¿por qué establece la comparación?

c. ¿Cuál es la visión que tiene Gracián del hombre?

d. ¿Cuál es la máxima que puede desprenderse de esta definición del hombre en el texto?

DON QUIJOTE DE LA MANCHA, DE MIGUEL DE CERVANTES

Texto 1

Capítulo V

—Mirad, Sancho —replicó Teresa—: después que os hicistes miembro de caballero andante, habláis de tan rodeada manera, que no hay quien os entienda.

—Basta que me entienda Dios, mujer —respondió Sancho—, que Él es el entendedor de todas las cosas, y quédese esto aquí; y advertid, hermana, que os conviene tener cuenta estos tres días con el rucio, de manera que esté para armas tomar: dobladle los piensos, requerid la albarda y las demás jarcias; porque no vamos a bodas, sino a rodear el mundo, y a tener dares y tomares con gigantes, con endriagos y con vestiglos, y a oír silbos, rugidos, bramidos y baladros; y aun todo esto fuera flores de cantueso[1] si no tuviéramos que entender con yangüeses y con moros encantados.

Bien creo yo, marido —replicó Teresa—, que los escuderos andantes no comen el pan de balde; y así, quedaré rogando a Nuestro Señor os saque presto de tanta mala ventura.

Miguel DE CERVANTES
El ingenioso hidalgo don Quijote de la Mancha [2.ª parte]
Edelvives

[1] **flores de cantueso:** insignificancias, cosas sin importancia.

ACTIVIDADES

1. Resume el argumento y enuncia el tema de ambos textos.
2. Señala cómo se manifiesta en los dos fragmentos la «quijotización» de Sancho y la «sanchificación» de don Quijote.
3. La función del escribano es tomar nota del testamento de don Quijote; infórmate del contenido del mismo leyendo la continuación del fragmento.
4. Según este final, ¿cómo es la estructura de la novela? Justifica tu respuesta.

Texto 2

Capítulo LXXIV

—Perdóname, amigo, de la ocasión que te he dado de parecer loco como yo, haciéndote caer en el error en que yo he caído, de que hubo y hay caballeros andantes en el mundo.

—¡Ay! —respondió Sancho, llorando—: no se muera vuestra merced, señor mío, sino tome mi consejo y viva muchos años, porque la mayor locura que puede hacer un hombre en esta vida es dejarse morir, sin más ni más, sin que nadie le mate, ni otras manos le acaben que las de la melancolía. Mire no sea perezoso, sino levántese desa cama, y vámonos al campo vestidos de pastores, como tenemos concertado: quizá tras de alguna mata hallaremos a la señora doña Dulcinea desencantada, que no haya más que ver. Si es que se muere de pesar de verse vencido, écheme a mí la culpa, diciendo que por haber yo cinchado mal a Rocinante le derribaron; cuanto más, que vuestra merced habrá visto en sus libros de caballerías ser cosa ordinaria derribarse unos caballeros a otros, y el que es vencido hoy ser vencedor mañana.

—Así es —dijo Sansón—, y el buen Sancho Panza está muy en la verdad destos casos.

—Señores —dijo don Quijote—, vámonos poco a poco, pues ya en los nidos de antaño no hay pájaros hogaño[1]: yo fui loco, y ya soy cuerdo; fui don Quijote de la Mancha, y soy agora[2], como he dicho, Alonso Quijano el Bueno. Pueda con vuestras mercedes mi arrepentimiento y mi verdad volverme a la estimación que de mí se tenía, y prosiga adelante el señor escribano.

Miguel DE CERVANTES
El ingenioso hidalgo don Quijote de la Mancha [2.ª parte]
Edelvives

[1] **hogaño:** este año, es decir, ya no existen las ilusiones pasadas.
[2] **agora:** ahora.

COMENTARIO DE TEXTO

DON QUIJOTE DE LA MANCHA, DE MIGUEL DE CERVANTES

Una de las más famosas aventuras que viven don Quijote y Sancho Panza es la descrita en el capítulo XXI, «que trata de la alta aventura y rica ganancia del yelmo de Mambrino, con otras cosas sucedidas a nuestro invencible caballero».

Texto 1
Capítulo XXI

—¿Cómo me puedo engañar en lo que digo, traidor escrupuloso? —dijo don Quijote—. Dime, ¿no ves aquel caballero que hacia nosotros viene, sobre un caballo rucio rodado[1], que trae puesto en la cabeza un yelmo de oro?

—Lo que yo veo y columbro —respondió Sancho— no es sino un hombre sobre un asno pardo, como el mío, que trae sobre la cabeza una cosa que relumbra.

—Pues ese es el yelmo de Mambrino —dijo don Quijote—. Apártate a una parte y déjame con él a solas: verás cuán sin hablar palabra, por ahorrar del tiempo, concluyo esta aventura y queda por mío el yelmo que tanto he deseado[2].

—Yo me tengo en cuidado el apartarme —replicó Sancho—, mas quiera Dios, torno a decir, que orégano sea y no batanes[3].

—Ya os he dicho, hermano, que no me mentéis ni por pienso más eso de los batanes —dijo don Quijote—, que voto, y no digo más, que os batanee el alma. [...]

Es, pues, el caso que el yelmo y el caballo y caballero que don Quijote veía era esto: que en aquel contorno había dos lugares, el uno tan pequeño, que ni tenía botica ni barbero, y el otro, que estaba junto a él, sí; y, así, el barbero del mayor servía al menor, en el cual tuvo necesidad un enfermo de sangrarse, y otro de hacerse la barba, para lo cual venía el barbero y traía una bacía de azófar[4]; y quiso la suerte que al tiempo que venía comenzó a llover, y porque no se le manchase el sombrero, que debía de ser nuevo, se puso la bacía sobre la cabeza, y, como estaba limpia, desde media legua relumbraba. Venía sobre un asno pardo, como Sancho dijo, y esta fue la ocasión que a don Quijote le pareció caballo rucio rodado y caballero y yelmo de oro, que todas las cosas que veía con mucha facilidad las acomodaba a sus desvariadas caballerías y malandantes pensamientos. Y cuando él vio que el pobre caballero llegaba cerca, sin ponerse con él en razones[5], a todo correr de Rocinante le enristró con el lanzón bajo, llevando intención de pasarle de parte a parte; mas cuando a él llegaba, sin detener la furia de su carrera le dijo:

—¡Defiéndete, cautiva criatura[6], o entriégame de tu voluntad lo que con tanta razón se me debe!

El barbero, que tan sin pensarlo ni temerlo vio venir aquella fantasma sobre sí, no tuvo otro remedio para poder guardarse del golpe de la lanza sino fue el dejarse caer del asno abajo; y no hubo tocado al suelo, cuando se levantó más ligero que un gamo y comenzó a correr por aquel llano, que no le alcanzara el viento. Dejóse la bacía en el suelo, con la cual se contentó don Quijote [...]. Mandó a Sancho que alzase el yelmo, el cual, tomándola en las manos[7], dijo:

—Por Dios que la bacía es buena y que vale un real de a ocho como un maravedí.

Y, dándosela a su amo, se la puso luego en la cabeza, rodeándola a una parte y a otra[8], buscándole el encaje, y, como no se le hallaba, dijo:

—Sin duda que el pagano a cuya medida se forjó primero esta famosa celada debía de tener grandísima cabeza; y lo peor dello es que le falta la mitad.

Cuando Sancho oyó llamar a la bacía «celada», no pudo tener la risa, mas vínosele a las mientes la cólera de su amo y calló en la mitad della.

Miguel DE CERVANTES. *El ingenioso hidalgo Don Quijote de la Mancha*. [1.ª parte]. Edelvives

[1] **rucio rodado:** de color pardo claro con manchas oscuras.

[2] Don Quijote fabricó uno que se rompió, por eso lo quiere.

[3] **orégano sea y no batanes:** Sancho, haciendo referencia al episodio de los batanes, transforma el refrán «A Dios plega que orégano sea y no se nos vuelva alcaravea», estas dos plantas se emplean como medicina y como condimento, pero es más apreciado el primero.

[4] **azófar:** de latón; la bacía de barbero, de forma semiesférica con una muesca semicircular para la entrada del cuello, tenía esa doble función como recipiente para el afeitado y las sangrías.

[5] **sin ponerse con él en razones:** sin hablar con él.

[6] **cautiva criatura:** criatura mezquina.

[7] **tomándola:** el pronombre *la* se refiere gramaticalmente a la bacía, no al yelmo; así se marca la diferente visión de Sancho y Don Quijote.

[8] **rodeándola a una parte y a otra:** dándole vueltas.

DON QUIJOTE DE LA MANCHA, DE MIGUEL DE CERVANTES

En el siguiente fragmento, Sancho, antes de ejercer como gobernador en la ínsula, recibe una serie de consejos de don Quijote.

Texto 2
Capítulo XLIII

No comas ajos ni cebollas, porque no saquen por el olor tu villanería. [...]

Come poco y cena más poco, que la salud de todo el cuerpo se fragua en la oficina del estómago.

Sé templado en el beber, considerando que el vino demasiado ni guarda secreto ni cumple palabra.

Ten cuenta, Sancho, de no mascar a dos carrillos ni de eructar delante de nadie.

—Eso de *eructar* no entiendo —dijo Sancho.

Y don Quijote le dijo:

—*Eructar*, Sancho, quiere decir *regoldar*, y este es uno de los más torpes vocablos que tiene la lengua castellana, aunque es muy significativo; y, así, la gente curiosa[1] se ha acogido al latín y al *regoldar* dice *eructar*, y a los *regüeldos*, *eructaciones*, y cuando algunos no entienden estos términos, importa poco, que el uso los irá introduciendo con el tiempo, que con facilidad se entiendan; y esto es enriquecer la lengua, sobre quien tiene poder el vulgo y el uso.

—En verdad, señor —dijo Sancho—, que uno de los consejos y avisos que pienso llevar en la memoria ha de ser el de no regoldar, porque lo suelo hacer muy a menudo.

—*Eructar*, Sancho, que no *regoldar* —dijo don Quijote.

—*Eructar* diré de aquí adelante —respondió Sancho—, y a fe que no se me olvide.

—También, Sancho, no has de mezclar en tus pláticas la muchedumbre de refranes que sueles, que, puesto que los refranes son sentencias breves [...], que más parecen disparates que sentencias.

—Eso Dios lo puede remediar —respondió Sancho—, porque sé más refranes que un libro, y viénenseme tantos juntos a la boca cuando hablo, que riñen por salir unos con otros, pero la lengua va arrojando los primeros que encuentra, aunque no vengan a pelo. Mas yo tendré cuenta de aquí adelante de decir los que convengan a la gravedad de mi cargo, que en casa llena presto se guisa la cena, y quien destaja no baraja, y a buen salvo está el que repica, y el dar y el tener seso ha menester.

—¡Eso sí, Sancho! —dijo don Quijote—. ¡Encaja, ensarta, enhila refranes, que nadie te va a la mano! ¡Castígame mi madre, y yo trómposelas[2]! Estoyte diciendo que escuses refranes, y en un instante has echado aquí una letanía de ellos, que así cuadran con lo que vamos tratando como por los cerros de Úbeda. Mira, Sancho, no te digo yo que parece mal un refrán traído a propósito; pero cargar y ensartar refranes a troche moche hace la plática desmayada y baja.

Miguel de Cervantes
El ingenioso hidalgo don Quijote de la Mancha
[2.ª parte]
Edelvives

[1] **curiosa:** elegante.

[2] **¡Castígame mi madre, y yo trómposelas!:** 'me castiga mi madre, y me burlo de ella', refrán para expresar que hace lo contrario de lo que se le dice.

ACTIVIDADES

1. Resume y establece la estructura de los dos textos.
2. El humor está presente en el texto 2. Analiza cómo lo consigue el autor.
3. Señala las figuras retóricas del texto 2.
4. En ambos textos se puede apreciar la diferencia entre los dos personajes. Explícalo atendiendo tanto a sus palabras como a su personal visión de los hechos.
5. ¿Cuáles son las reflexiones que en torno a la lengua realiza Cervantes? ¿Estás de acuerdo? Justifica tu respuesta.

COMENTARIO DE TEXTO

LAS *NOVELAS EJEMPLARES*, DE MIGUEL DE CERVANTES

Texto 1

Y a cada paso, en cada calle y en cualquiera esquina respondía a todas las preguntas que le hacían; entre las cuales le preguntó un estudiante si era poeta, porque le parecía que tenía ingenio para todo. A lo cual respondió:

—Hasta ahora no he sido tan necio, ni tan venturoso.

—No entiendo eso de necio y venturoso —dijo el estudiante.

Y respondió Vidriera:

—No he sido tan necio que diese en poeta malo, ni tan venturoso que haya merecido serlo bueno.

Preguntóle otro estudiante que en qué estimación tenía a los poetas. Respondió que a la ciencia, en mucha; pero que a los poetas, en ninguna. Replicáronle que por qué decía aquello. Respondió que del infinito número de poetas que había, eran tan pocos los buenos, que casi no hacían número. Y así, como si no hubiese poetas, no los estimaba; pero que admiraba y reverenciaba la ciencia de la poesía, porque encerraba en sí todas las demás ciencias; porque de todas se sirve, de todas se adorna, y pule y saca a luz sus maravillosas obras, con que llena el mundo de provecho, de deleite y de maravilla.

Miguel DE CERVANTES
«El licenciado Vidriera», *Novelas ejemplares II*
Cátedra

ACTIVIDADES

1. Elabora un resumen de cada texto.
2. Compara los dos textos. ¿Qué idea de la poesía se desprende de ellos? ¿Cuáles son las cualidades que ha de tener un poeta?
3. ¿Crees que en este pensamiento coinciden Berganza y el licenciado Vidriera? Justifica tu respuesta.
4. En el texto 1 se habla de la función de los poetas. Elabora un texto expositivo en el que expliques qué es un poeta para ti en la actualidad. Puedes basarte en el artículo *La poesía puede ser la candela que alumbre la noche que atravesamos* (búscalo en internet, en la página del periódico *El País*) y también informarte sobre la obra *La otra voz*, de Octavio Paz.
5. En la última frase del texto 2, existe una derivación anómala, explica qué intención encierra este recurso.

Texto 2

BERGANZA.—Digo, pues, que una siesta de las del verano pasado, estando cerradas las ventanas y yo cogiendo el aire debajo de la cama del uno de ellos, el poeta se comenzó a quejar lastimosamente de su fortuna, y preguntándole el matemático de qué se quejaba, respondió que de su corta suerte. «¿Cómo, y no será razón que me queje —prosiguió—, que habiendo yo guardado lo que Horacio manda en su *Poética*, que no salga a luz la obra que, después de compuesta no hayan pasado diez años por ella, y que tenga yo una de veinte años de ocupación y doce de pasante, grande en el sujeto, admirable y nueva en la invención, grave en el verso, entretenida en los episodios, maravillosa en la división; porque el principio responde al medio y al fin, de manera que constituyen el poema alto, sonoro, heroico, deleitable y sustancioso, y que, con todo esto no hallo un príncipe a quien dirigirle? Príncipe, digo, que sea inteligente, liberal y magnánimo. ¡Mísera edad y depravado siglo nuestro!» «¿De qué trata el libro?», preguntó el alquimista. Respondió el poeta: «Trata de lo que dejó de escribir el arzobispo Turpín del rey Artús de Inglaterra, con otro suplemento de la *Historia de la demanda del santo Brial*[1], y todo en verso heroico, parte en octavas y parte en verso suelto; pero todo esdrújulamente, digo, en esdrújulos de nombres sustantivos, sin admitir verbo alguno».

Miguel DE CERVANTES
«El coloquio de los perros»,
en *Novelas ejemplares II*
Cátedra

[1] Confusión burlesca de *brial* (prenda de vestir femenina) por *grial* (copa de donde bebió Jesucristo en la última cena y que da lugar a numerosas leyendas como la de Perceval).

EL BUSCÓN, DE FRANCISCO DE QUEVEDO

«De vuestra madre, aunque está viva agora[1], casi os puedo decir lo mismo, porque está presa en la Inquisición de Toledo, porque desenterraba los muertos sin ser murmuradora[2]. Dícese que daba paz[3] cada noche a un cabrón[4] en el ojo que no tiene niña. Halláronla en su casa más piernas, brazos y cabezas que en una capilla de milagros. Y lo menos que hacía era sobrevirgos y contrahacer doncellas. Dicen que representará en un auto el día de la Trinidad, con cuatrocientos de muerte. Pésame que nos deshonra a todos, y a mí principalmente, que, al fin, soy ministro del Rey, y me están mal estos parentescos.

Hijo, aquí ha quedado no sé qué hacienda escondida de vuestros padres; será en todo hasta cuatrocientos ducados. Vuestro tío soy, y lo que tengo ha de ser para vos. Vista esta, os podréis venir aquí que, con lo que vos sabéis de latín y retórica, seréis singular en el arte de verdugo. Respondedme luego; y, entre tanto, Dios os guarde».

No puedo negar que sentí mucho la nueva afrenta; pero holguéme en parte: tanto pueden los vicios en los padres, que consuelan de sus desgracias, por grandes que sean, a los hijos.

Fuime corriendo a don Diego, que estaba leyendo la carta de su padre, en que le mandaba que se fuese y que no me llevase en su compañía, movido de las travesuras mías que había oído decir. Díjome cómo se determinaba ir, y todo lo que le mandaba su padre, que a él le pesaba de dejarme, y a mí más; díjome que me acomodaría con otro caballero amigo suyo, para que le sirviese. Yo, en esto, riéndome, le dije: «—Señor, ya soy otro, y otros mis pensamientos; más alto pico, y más autoridad me importa tener».

Francisco DE QUEVEDO
La vida del Buscón llamado don Pablos [libro I, capítulo 7]
Cátedra

[1] **agora:** ahora.

[2] **desenterraba los muertos sin ser murmuradora:** relacionado con las brujas que desenterraban muertos, pero también se refiere a hablar mal de los difuntos.

[3] **dar paz:** besar.

[4] **cabrón:** diablo.

ACTIVIDADES

1. Resume el argumento y enuncia el tema del fragmento.
2. Indica la estructura del texto.
3. ¿Qué le ofrece su tío? ¿En qué consiste la deshonra? ¿Cuál es la reacción del protagonista con la llegada de la noticia?
4. Explica las palabras finales de Pablos.
5. Comenta las voces narrativas del fragmento.
6. Analiza los elementos satíricos empleados por el autor.
7. Explica los modos discursivos utilizados en el texto.
8. Detalla los rasgos picarescos presentes en el fragmento.

COMENTARIO DE TEXTO

LAS *NOVELAS EJEMPLARES Y AMOROSAS*, DE MARÍA DE ZAYAS

Las novelas cortesanas tienen como rasgos principales el ambiente urbano, el tema amoroso, los valores aristocráticos de los personajes (nobleza, belleza, virtud), normalmente un final feliz —a pesar de los conflictos planteados— y la incorporación de lo ejemplar o moralizante. Es habitual, además, la inclusión de recursos procedentes de otros géneros (novela bizantina, pastoril...).

En una ciudad cerca de la gran Sevilla, que no quiero nombrarla, porque aún viven hoy deudos muy cercanos de don Francisco, caballero principal y rico, casado con una dama su igual hasta en la condición. Éste tenía una hermana de las hermosas mujeres que en toda la Andalucía se hallaba, cuya edad aún no llegaba a diez y ocho años. Pidiósela por mujer un caballero de la misma ciudad, no inferior a su calidad, ni menos rico, antes entiendo que la aventajaba en todo. Parecióle, como era razón, a don Francisco que aquella dicha sólo venía del cielo, y muy contento con ella, lo comunicó con su mujer y con doña Inés, su hermana, que como no tenía más voluntad que la suya, y en cuanto a la obediencia y amor reverencial le tuviese en lugar de padre, aceptó el casamiento, quizá no tanto por él, cuanto por salir de la rigurosa condición de su cuñada, que era de lo cruel que imaginarse puede. De manera que antes de dos meses se halló, por salir de un cautiverio, puesta en otro martirio; si bien, con la dulzura de las caricias de su esposo, que hasta en eso, a los principios, no hay quien se la gane a los hombres; antes se dan tan buena maña, que tengo para mí que las gastan todas al primer año, y después, como se hallan fallidos del caudal del agasajo, hacen morir a puras necesidades de él a sus esposas, y quizá, y sin quizá, es lo cierto ser esto la causa por donde ellas, aborrecidas, se empeñan en bajezas, con que ellos pierden el honor y ellas la vida.

¿Qué espera un marido, ni un padre, ni un hermano, y hablando más comúnmente, un galán, de una dama, si se ve aborrecida, y falta de lo que ha menester, y tras eso, poco agasajada y estimada, sino una desdicha? ¡Oh, válgame Dios, y qué confiados son hoy los hombres, pues no temen que lo que una mujer desesperada hará, no lo hará el demonio! Piensan que por velarlas y celarlas se libran y las apartan de travesuras, y se engañan. Quiéranlas, acarícienlas y den las lo que les falta, y no las guarden ni celen, que ellas se guardarán y celarán, cuando no sea de virtud, de obligación. ¡Y válgame otra vez Dios, y qué moneda tan falsa es ya la voluntad, que no pasa ni vale sino el primer día, y luego no hay quien sepa su valor!

María DE ZAYAS. «La inocencia castigada»,
Novelas ejemplares y amorosas
www.cervantesvirtual.com

ACTIVIDADES

1. A partir de los rasgos señalados en la introducción, analiza aquellos que encuentres en el texto.
2. Partiendo de la estructura de relato enmarcado, ¿a qué parte correspondería este fragmento? Justifica tu respuesta.
3. Los temas de los relatos son bastante reiterativos en toda la literatura del Siglo de Oro; establece cuál es el de este y nombra otros textos literarios estudiados que lo compartan.
4. ¿Participa el narrador en la narración? Justifica tu respuesta.
5. Explica las resonancias literarias del comienzo del relato.
6. ¿Cuál es la disertación moral de la autora? ¿Qué defiende? ¿Hay modernidad en sus palabras? Reflexiona sobre la situación de la mujer y relaciónala con la actualidad.

Capítulo LV

Aquí le deja Cide Hamete Benengeli, y vuelve a tratar de don Quijote, que alborozado y contento esperaba el plazo de la batalla que había de hacer con el robador de la honra de la hija de doña Rodríguez, a quien pensaba enderezar el tuerto y desaguisado que malamente le tenían fecho.

Sucedió, pues, que saliéndose una mañana a imponerse y ensayarse[1] en lo que había de hacer en el trance en que otro día pensaba verse, dando un repelón o arremetida a Rocinante, llegó a poner los pies tan junto a una cueva, que a no tirarle fuertemente las riendas fuera imposible no caer en ella. En fin le detuvo, y no cayó, y llegándose algo más cerca, sin apearse, miró aquella hondura, y estándola mirando, oyó grandes voces dentro, y escuchando atentamente, pudo percebir y entender que el que las daba decía:

—¡Ah de arriba! ¿Hay algún cristiano que me escuche o algún caballero caritativo que se duela de un pecador enterrado en vida, a un desdichado desgobernado gobernador?

Parecióle a don Quijote que oía la voz de Sancho Panza, de que quedó suspenso y asombrado, y levantando la voz todo lo que pudo dijo:

—¿Quién está allá abajo? ¿Quién se queja?

—¿Quién puede estar aquí o quién se ha de quejar —respondieron—, sino el asendereado[2] de Sancho Panza, gobernador, por sus pecados y por su mala andanza, de la ínsula Barataria, escudero que fue del famoso caballero don Quijote de la Mancha?

Oyendo lo cual don Quijote, se le dobló la admiración y se le acrecentó el pasmo, viniéndosele al pensamiento que Sancho Panza debía de ser muerto y que estaba allí penando su alma, y llevado desta imaginación dijo:

—Conjúrote por todo aquello que puedo conjurarte como católico cristiano que me digas quién eres; y si eres alma en pena, dime qué quieres que haga por ti, que pues es mi profesión favorecer y acorrer a los necesitados deste mundo, también lo seré para acorrer y ayudar a los menesterosos del otro mundo, que no pueden ayudarse por sí propios.

—Desa manera —respondieron—, vuestra merced que me habla debe de ser mi señor don Quijote de la Mancha, y aun en el órgano[3] de la voz no es otro, sin duda.

Miguel de Cervantes
El ingenioso hidalgo don Quijote de la Mancha
[2.ª parte]
Edelvives

[1] **ensayarse:** entrenarse.
[2] **asendereado:** accidentado.
[3] **órgano:** timbre.

ACTIVIDADES

1. Resume el contenido del texto y organiza sus ideas.
2. Analiza el perspectivismo como rasgo de la obra.
3. Caracteriza a los personajes a partir del fragmento.
4. ¿Quién es Cide Hamete Benengeli? ¿Con qué recurso cervantino se relaciona?
5. ¿Qué rasgos paródicos observas? Explícalos.
6. Localiza las figuras retóricas presentes en el texto.
7. En las primeras líneas aparece el tema de la honra. Explica la importancia que tiene en esta época y contrasta esta visión con la que se da en el teatro.
8. A partir del texto, ¿cuáles son las responsabilidades que conlleva la profesión de don Quijote?
9. Expón los que sepas de los géneros narrativos del siglo XVII.
10. Explica la visión idealista y la realista en las *Novelas ejemplares*.
11. ¿En qué difiere *La vida del Buscón* respecto del *Lazarillo?*
12. Desarrolla la prosa didáctica y moral del siglo XVII.

DIARIO DE APRENDIZAJE

¿Qué contenido de esta unidad me gustaría ampliar o estudiar con más profundidad?

14 EL TEATRO EN EL SIGLO XVII

EL TEATRO EN EL SIGLO XVII

EL ESPECTÁCULO TEATRAL

LA REPRESENTACIÓN TEATRAL Y LOS ACTORES

- Las representaciones incluían la música, el canto y las piezas menores del teatro (entremeses, bailes, loas, jácaras y mojigangas)
- Teatro vinculado a tareas sociales
- Oficio de actor: profesión relativamente estable, las mujeres podían actuar, pero la consideración social de los actores no era buena

LA TEMPORADA TEATRAL

- Desde la festividad de la Pascual de Resurrección hasta el Carnaval del año siguiente
- Partes de la representación: loa inicial, tres actos o jornadas, entremeses, bailes y jácaras; mojiganga cómica (al final)

CATEGORÍAS ESCÉNICAS

TEATRO POPULAR

- Corrales de comedias: escenario típico del siglo XVII para la comedia nueva
- Patios interiores de una manzana de casas

TEATRO CORTESANO

- Espectacularidad visual y auditiva
- Coliseo del Buen Retiro: acogía espectáculos y diversiones de la fiesta cortesana barroca

TEATRO RELIGIOSO

- Auto sacramental: obra en un acto con personajes alegóricos
- Tema religioso con intención didáctica
- Exaltación de la eucaristía

TEXTO DRAMÁTICO

- Comedia nueva: cualquier tipo de obra teatral
- Lope de Vega (*Arte nuevo de hacer comedias en este tiempo,* 1609): nuevo modelo teatral, que supera las «antiguas» tragedia y comedia

CARACTERÍSTICAS DEL TEXTO

- División en tres actos o jornadas
- El verso como base del texto teatral (polimetría o variedad métrica: se adapta a la situación dramática)
- Transgresión de la regla aristotélica de las tres unidades (tiempo, lugar y acción)
- Mezcla de lo cómico y lo trágico, con final feliz
- Bailes y letrillas para ser cantadas (zarzuela)

PERSONAJES

- Estereotipos
- El galán busca el amor de la dama
- El padre, el hermano o el marido: protectores de la honra de la dama (caballeros y villanos)
- El gracioso, el criado del galán y la criada de la dama
- El rey y el poderoso
- El villano o campesino rico

TEMÁTICA

- La defensa del honor y de la honra
- El amor: divide las obras en dramas y en comedias
- La religión católica o la moral cristiana

LOPE DE VEGA

- Características de su obra dramática: lirismo del lenguaje dramático, dinamismo en el desarrollo de la acción y popularismo en la elección y el tratamiento de los temas

CLASIFICACIÓN DE LAS OBRAS

Obras de base histórica

- Obras mitológicas: *El amor enamorado* y *El marido más firme*
- Obras bíblicas: *La creación del mundo* y *La hermosa Ester*
- Obras religiosas: *Lo fingido verdadero* y *La buena guarda*
- Obras basadas en hechos históricos: *Fuente Ovejuna* y *Peribáñez y el comendador de Ocaña* (dramas de poder injusto o dramas de honor campesino) y *El caballero de Olmedo* (tragedia o tragicomedia)

Obras de fuentes novelescas

- *El castigo sin venganza* (tragedia)

Asunto inventado por Lope

- Comedias de enredo amoroso, comedias de capa y espada: *El perro del hortelano, El villano en su rincón* y *La dama boba*

CICLO DE LOPE

AUTORES Y OBRAS

- Guillén de Castro: *Las mocedades del Cid* y *El conde Alarcos* (dramas histórico-legendarios) y *Los malcasados de Valencia* (comedia)
- Luis Vélez de Guevara: *Reinar después de morir*
- Juan Ruiz de Alarcón: *Las paredes oyen* y *La verdad sospechosa*
- Antonio Mira de Amescua: *El esclavo del demonio* y *No hay burlas con las mujeres*

TIRSO DE MOLINA

- Obras en prosa y unas cuatrocientas obras teatrales
- Obra dramática: sigue la fórmula de Lope de Vega, pero tienen características propias y personales
- Observación aguda de la realidad política y humana
- Tratamiento irónico y satírico presente en su obra
- Destacada caracterización de los personajes femeninos

OBRAS

Comedias

- *Don Gil de las calzas verdes*
- *Marta la piadosa*
- *El vergonzoso en palacio*

Dramas

- *El burlador de Sevilla y convidado de piedra* (mito de don Juan)

CALDERÓN DE LA BARCA

- Obra exclusivamente teatral
- Novedades: perfeccionamiento del diseño espectacular de las obras y del lenguaje poético más acorde con el estilo barroco (recursos propios del conceptismo y del culteranismo)

ETAPAS

- Primera etapa (desde 1623 hasta 1640): modelo teatral de Lope, pero Calderón aporta mayor densidad en el contenido
- Segunda etapa (desde 1650): etapa de madurez, mayor presencia de lo ideológico y filosófico, los personajes son símbolo de conceptos universales

CLASIFICACIÓN DE LAS OBRAS

Tema: el amor

- Comedias de enredo: *La dama duende, Casa con dos puertas mala es de guardar* y *No hay burlas con el amor*
- Comedia palatina (variante de la comedia de enredo): *Nadie fíe su secreto* y *El galán fantasma*

Tema: el poder, la religión y el honor

- Denuncia de los abusos del poder y la presión social y psicológica de obedecer a normas con las que no se está de acuerdo
- *La vida es sueño* y *El alcalde de Zalamea* (obras maestras del teatro universal)
- Otras obras: *El príncipe constante* y *El médico de su honra*

Autos sacramentales

- Definición: obra de teatro religiosa alegórica (tema principal: el sacramento de la eucaristía)
- Personajes: los conceptos abstractos de la teología católica (Dios, la Discreción, el Pecado, etc.)
- *El gran teatro del mundo, La vida es sueño* (auto sacramental) y *Los encantos de la culpa*

CICLO DE CALDERÓN

AUTORES Y OBRAS

- Francisco de Rojas Zorrilla: *Del rey abajo, ninguno* (drama) y *Entre bobos anda el juego* (comedia de figurón)
- Agustín Moreto: *El desdén con el desdén* y *El lindo don Diego* (comedias)

REINTERPRETA

ACTIVIDADES

1 Del siglo XVII son dos obras teatrales famosas por sus monólogos: el célebre de Shakespeare en *Hamlet* (acto III, escena IV, «To be or not to be») y dos monólogos de Calderón, en boca de Segismundo, en *La vida es sueño* (jornada I y final de la jornada II). Búscalos en internet y escúchalos en las siguientes interpretaciones:

→ La interpretación del monólogo de Hamlet que hace Mel Gibson en la película *Hamlet, el honor de la venganza*, de 1990.

→ El segundo monólogo de Segismundo en *La vida es sueño* (jornada II). Puedes buscar el vídeo del programa *Estudio 1*, de 1967, u otra interpretación más reciente.

Busca también el segundo de los pertenecientes a Segismundo.

a. ¿Qué tienen en común los dos monólogos?

b. ¿Comparten puntos de vista semejantes ante problemas humanos como qué es la vida, qué es la muerte, la libertad, el mundo como mentira o engaño?

c. ¿Observas diferencias en el modo de ser y actuar entre Hamlet y Segismundo?

2 Por su aspecto exterior, su vestuario o su apariencia, ¿qué dos personajes o estereotipos propios de los dramas del poder injusto o del honor campesino encuentras en esta imagen? Explica tu respuesta.

Escena de la obra *El alcalde de Zalamea*, representada en Madrid (1988).

3 En *La prudencia en la mujer*, de Tirso de Molina, la protagonista, María de Molina, defiende sus derechos como reina viuda y como madre del niño Fernando IV, frente a los traidores que no quieren que una mujer gobierne en Castilla y León.

Escena II

REINA.— Si porque el Rey es un niño
y una mujer quien le ampara,
os atrevéis ambiciosos
contra la fe castellana;
tres almas viven en mí:
la de Sancho, que Dios haya,
la de mi hijo, que habita
en mis maternas entrañas,
y la mía, en quien se suman
esotras dos: ved si basta
a la defensa de un reino
una mujer con tres almas.
Intentad guerras civiles,
sacad gentes en campaña.
Vuestra deslealtad pregonen
contra vuestro Rey las cajas;
que, aunque mujer, yo sabré,
en vez de las tocas largas
y el negro monjil, vestirme
el arnés y la celada.
Infanta soy de León;
[...]
veréis si en vez de la aguja,
sabrá ejercitar la espada,
y abatir lienzos de muros
quien labra lienzos de Holanda.

TIRSO DE MOLINA
La prudencia en la mujer
www.cervantesvirtual.com

En fragmentos como este se abordan, entre otras cuestiones, la defensa de los derechos de la mujer, pero también el tema del **honor** (conjunto de virtudes personales) y de la honra (imagen pública y privada de una persona). Esta defensa del honor y la honra, ¿tiene sentido en la actualidad? ¿En qué contextos o culturas? Argumentad vuestras respuestas frente a toda la clase.

LA DAMA BOBA, DE LOPE DE VEGA

Primera cita entre Finea (la dama boba) y Laurencio. El galán también corteja a Nise (hermana de Finea), hermosa y muy culta. Por amor, la mujer boba se volverá astuta y sabia. Todo acabará en la doble boda de Finea y Nise con sus galanes.

LAURENCIO.— Agora
conozco, hermosa señora,
que no solamente viene
el sol de las orientales
partes, pues de vuestros ojos
sale con rayos más rojos
y luces piramidales;
pero si, cuando salís
tan grande fuerza traéis,
al mediodía, ¿qué haréis? [...]

FINEA.— Si vos andáis con estrellas,
¿qué mucho que os traigan ellas
Arromadizado[1] ansí?
Acostaos siempre temprano,
y dormid con tocador[2].

LAURENCIO.— ¿No entendéis que os tengo amor
puro, honesto, limpio y llano?

FINEA.— ¿Qué es amor?

LAURENCIO.— ¿Amor? Deseo.

FINEA.— ¿De qué?

LAURENCIO.— De una cosa hermosa.

FINEA.— ¿Es oro? ¿Es diamante? ¿Es cosa
destas que muy lindas veo?

LAURENCIO.— No; sino de la hermosura
de una mujer como vos,
que, como lo ordena Dios,
para buen fin se procura;
y esta, que vos la tenéis,
engendra deseo en mí.

FINEA.— Y yo, ¿qué he de hacer aquí,
si sé que vos me queréis?

LAURENCIO.— Quererme. ¿No habéis oído
que amor con amor se paga?

FINEA.— No sé yo cómo se haga,
porque nunca yo he querido,
ni en la cartilla lo vi,
ni me lo enseñó mi madre.
Preguntarélo a mi padre...

LAURENCIO.— Esperaos, que no es ansí.

FINEA.— Pues, ¿cómo?

LAURENCIO.— Destos mis ojos
saldrán unos rayos vivos,
como espíritus visivos,
de sangre y de fuego rojos,
que se entrarán por los vuestros. [...]

Son los espíritus nuestros,
que juntos se han de encender
y causar un dulce fuego
con que se pierde el sosiego,
hasta que se viene a ver
el alma en la posesión,
que es el fin del casamiento; [...]

FINEA.— ¿Tanto pasa quien se casa?

LOPE DE VEGA
La dama boba (ed. de Alonso Zamora Vicente)
www.cervantesvirtual.com

[1] **arromadizado:** acatarrado.

[2] **tocador:** paño que se usaba para abrigar la cabeza.

ACTIVIDADES

1. Resume brevemente el contenido de este fragmento de *La dama boba*.
2. ¿Cuál es la actitud ante el amor que manifiesta Laurencio? Y Finea, ¿se manifiesta de la misma manera? ¿Sabe Finea lo que es el amor?
3. Laurencio en sus frases amorosas hacia Finea, y la «dama boba» en sus respuestas utilizan algunas figuras literarias. Localízalas y explícalas.
4. ¿Responden Finea y Laurencio a los estereotipos de la dama y el galán de la comedia de enredo barroca? Explica tu respuesta.

COMENTARIO DE TEXTO

EL PERRO DEL HORTELANO, DE LOPE DE VEGA

En una taberna entre maleantes, rameras..., los dos nobles pretendientes, y rivales de Teodoro en el amor de Diana, condesa de Belflor, contratan para matarlo a su criado Tristán (el gracioso) sin saber quién es en verdad.

TRISTÁN.— *(Al MARQUÉS.)*
¿Qué es lo que manda vuestra señoría?

RICARDO.— El veros entre tanta valentía
nos ha obligado al conde Federico
y a mí para saber si seréis hombre
para matar un hombre.

TRISTÁN.— *[Aparte.]* ¡Vive el cielo
que son los pretendientes de mi ama
y que hay algún enredo! Fingir quiero.

FEDERICO.— ¿No respondéis?

TRISTÁN.— Estaba imaginando
si vuestra señoría está burlando
de nuestro modo de vivir. ¡Pues vive
el que reparte fuerzas a los hombres,
que no hay en toda Nápoles espada
que no tiemble de solo el nombre mío! [...]

FEDERICO.— Este es, Marqués, el hombre que buscamos.
Por vida de los dos que no burlamos,
sino que si tenéis conforme al nombre
el ánimo y queréis matar un hombre,
que os demos el dinero que quisiéredes.

TRISTÁN.— Con doscientos escudos me contento,
y sea el diablo.

RICARDO.— Yo os daré trecientos,
y despachalde aquesta noche.

TRISTÁN.— El nombre
del hombre espero, y parte del dinero.

RICARDO.— ¿Conocéis a Dïana, la condesa
de Belflor?

TRISTÁN.— En su casa tengo amigos.

RICARDO.— ¿Mataréis un crïado de su casa?

TRISTÁN.— Mataré los crïados y crïadas
y los mismos frisones de su coche.

RICARDO.— Pues a Teodoro habéis de dar la muerte.

TRISTÁN.— Eso ha de ser, señores, de otra suerte,
porque Teodoro, como yo he sabido,
no sale ya de noche, temeroso,
por ventura, de haberos ofendido;
que le sirva estos días me han pedido.
Dejádmele servir, y yo os ofrezco
de darle alguna noche dos mojadas
con que el pobrete *in pace requïescat*
y yo quede seguro y sin sospecha.
¿Es algo lo que digo? [...]

RICARDO.— Decís muy bien, adiós.

FEDERICO.— ¡Qué gran ventura!

RICARDO.— A Teodoro contalde por difunto.

FEDERICO.— El bellacón, ¡qué bravo talle tiene!

Váya[n]se FEDERICO, RICARDO y CELIO.

TRISTÁN.— Avisar a Teodoro me conviene;
perdone el vino greco y los amigos.
A casa voy, que está de aquí muy lejos.
Mas este me parece que es Teodoro.

Sale TEODORO.

Lope DE VEGA. *El perro del hortelano*
www.cervantesvirtual.com

ACTIVIDADES

1. Señala el tema y resume brevemente el contenido de este fragmento de *El perro del hortelano*.
2. A pesar del ambiente tabernario, casi «celestinesco» ¿Se comporta Tristán, con respecto a Teodoro, de la misma manera que los criados de Calisto (Sempronio y Pármeno) en *La Celestina*? Explica tu respuesta.
3. Explica si corresponde la figura de Tristán como con el modelo del **gracioso** o **figura del donaire**.
4. Comenta los elementos propios de la comedia de enredo que observas en este fragmento ¿Por qué crees que tiene el rótulo de «comedia de capa y espada»?

EL BURLADOR DE SEVILLA, DE TIRSO DE MOLINA

Don Juan Tenorio, tras seducir con suplantación de identidad a una duquesa, huye de Nápoles acompañado de Catalinón. Su embarcación naufraga cerca de Tarragona, y es salvado por Tisbea, humilde pescadora.

"

CATALINÓN.— ¿Al fin pretendes gozar
a Tisbea?

D. JUAN.— Si burlar
es hábito antiguo mío,
¿qué me preguntas, sabiendo
mi condición? [...]

CATALINÓN.— Los que fingís y engañáis
las mujeres desa suerte,
lo pagaréis en la muerte.

D. JUAN.— ¡Qué largo me lo fiáis!
Catalinón con razón
te llaman.

CATALINÓN.— Tus pareceres
sigue, que en burlar mujeres
quiero ser Catalinón.
Ya viene la desdichada. [...]

Vase CATALINÓN *y sale* TISBEA.

TISBEA.— El rato que sin ti estoy
estoy ajena de mí.

D. JUAN.— Por lo que finges ansí,
ningún crédito te doy.

TISBEA.— ¿Por qué?

D. JUAN.— Porque si me amaras
mi alma favorecieras.

TISBEA.— Tuya soy.

D. JUAN.— Pues di, ¿qué esperas,
o en qué, señora, reparas?

TISBEA.— Reparo en que fue castigo
de amor el que he hallado en ti.

D. JUAN.— Si vivo, mi bien, en ti,
a cualquier cosa me obligo.
Aunque yo sepa perder
en tu servicio la vida,
la diera por bien perdida,
y te prometo de ser
tu esposo.

TISBEA.— Soy desigual
a tu ser.

D. JUAN.— Amor es rey
que iguala con justa ley
la seda con el sayal. [...]

TISBEA.— Yo a ti me allano
bajo la palabra y mano
de esposo.

D. JUAN.— Juro, ojos bellos,
que mirando me matáis,
de ser vuestro esposo.

TISBEA.— Advierte,
mi bien, que hay Dios y que hay muerte.

D. JUAN.— (¡Qué largo me lo fiáis!)
Ojos bellos, mientras viva,
yo vuestro esclavo seré,
esta es mi mano y mi fe. [...]

TISBEA.— Esa voluntad te obligue,
y si no, Dios te castigue.

D. JUAN.— (¡Qué largo me lo fiáis!)

Vanse, y sale CORIDÓN, ANFRISO, BELISA *y* MÚSICOS.

TIRSO DE MOLINA. *El burlador de Sevilla y el convidado de piedra* (ed. de F. Florit Durán)
www.cervantesvirtual.com

ACTIVIDADES

1. Explica la actitud y la conducta de don Juan. Catalinón, su criado ¿está de acuerdo con el comportamiento de su señor? ¿De qué advierte al burlador de Sevilla para que este responda «¡Qué largo me lo fiáis!»?
2. Tisbea, la humilde pescadora, se entrega a don Juan pero ¿de qué le advierte dos veces Tisbea al burlador de Sevilla, para que este responda a las dos advertencias «¡Qué largo me lo fiáis!»?
3. Explica la imagen de la mujer en este fragmento. ¿Qué semejanzas y qué diferencias observas entre las damas de las comedias de capa y espada y el comportamiento de Tisbea como «mujer enamorada» en este drama de Tirso de Molina?

COMENTARIO DE TEXTO

LA VIDA ES SUEÑO, DE PEDRO CALDERÓN DE LA BARCA

Junto con el monólogo de Shakespeare en *Hamlet* (acto III, escena IV), este es uno de los monólogos más famosos del teatro universal: Segismundo encadenado (jornada I). Anteriormente a este fragmento de la jornada I, Rosaura, una dama rusa, que está acompañada de su criado Clarín, viaja a Polonia para lavar la deshonra de haber sido abandonada por el duque Astolfo. En un monte, junto a una torre, se le desboca el caballo, y sola, desesperada y totalmente desvalida lamenta su horrible suerte, entonces aparece Segismundo, el príncipe heredero de Polonia, encadenado en una torre desde el mismo día de su nacimiento...

(Descúbrese SEGISMUNDO *con una cadena y a la luz, vestido de pieles.)*

SEGISMUNDO.— ¡Ay mísero de mí! ¡Y ay infelice!
Apurar, cielos, pretendo
ya que me tratáis así,
qué delito cometí
contra vosotros naciendo;
aunque si nací, ya entiendo
qué delito he cometido.
Bastante causa ha tenido
vuestra justicia y rigor;
pues el delito mayor
del hombre es haber nacido.

Solo quisiera saber,
para apurar mis desvelos
(dejando a una parte, cielos,
el delito de nacer),
qué más os pude ofender,
para castigarme más.
¿No nacieron los demás?
Pues si los demás nacieron,
¿qué privilegios tuvieron
que yo no gocé jamás?

Nace el ave, y con las galas
que le dan belleza suma,
apenas es flor de pluma,
o ramillete con alas
cuando las etéreas salas
corta con velocidad,
negándose a la piedad
del nido que deja en calma:
¿y teniendo yo más alma,
tengo menos libertad?

Nace el bruto, y con la piel
que dibujan manchas bellas,
apenas signo es de estrellas,
gracias al docto pincel,
cuando, atrevido y crüel,
la humana necesidad
le enseña a tener crueldad,
monstruo de su laberinto:
¿y yo con mejor distinto
tengo menos libertad?

Nace el pez, que no respira,
aborto de ovas y lamas[1],
y apenas bajel de escamas
sobre las ondas se mira,
cuando a todas partes gira,
midiendo la inmensidad
de tanta capacidad
como le da el centro frío:
¿y yo con más albedrío
tengo menos libertad?

Nace el arroyo, culebra
que entre flores se desata,
y apenas, sierpe de plata,
entre las flores se quiebra,
cuando músico celebra
de las flores la piedad
que le dan la majestad,
el campo abierto a su ida:
¿y teniendo yo más vida
tengo menos libertad?

En llegando a esta pasión
un volcán, un Etna hecho,
quisiera sacar del pecho
pedazos del corazón.
¿Qué ley, justicia o razón
negar a los hombres sabe
privilegio tan süave,
excepción tan principal,
que Dios le ha dado a un cristal,
a un pez, a un bruto y a un ave?

ROSAURA.— Temor y piedad en mí
sus razones han causado.

Pedro CALDERÓN DE LA BARCA
La vida es sueño (ed. de Evangelina Rodríguez Cuadros). Espasa Calpe

[1] **aborto de ovas y lamas:** ser deforme producto de las algas y el lodo. Aunque *ovas* también equivalía a *huevas*.

ACTIVIDADES

1. Señala el tema de este fragmento de *La vida es sueño*. Resume brevemente su contenido, teniendo en cuenta los antecedentes ya dados de la situación dramática en que se encuentra Segismundo.

2. Evidentemente, se trata de un texto teatral, precisamente uno de los más bellos monólogos teatrales de todos los tiempos. Sin embargo, ¿es un discurso argumentativo? ¿A quién dirige Segismundo sus quejas y sus preguntas? ¿Cuáles son los razonamientos del infeliz personaje?

3. Este fragmento responde claramente al estilo poético del Barroco, localiza y explica las figuras literarias más destacadas que hayas encontrado en este monólogo.

4. ¿Qué forma métrica o estrofa utiliza Calderón de la Barca en este fragmento? Analiza métricamente una estrofa.

5. Segismundo se encuentra encadenado y preso por una decisión arbitraria (pero bien fundamentada) de su padre, el rey Basilio, quien ante todo mira el bien de su reino, Polonia. Escribe una breve disertación sobre el conflicto o debate entre los derechos humanos, como la libertad, frente al orden social y el orden público, el interés de Estado, la justicia…

COMENTARIO DE TEXTO

EL GRAN TEATRO DEL MUNDO, DE PEDRO CALDERÓN DE LA BARCA

(Con música se descubre otra vez el globo celeste, y en él una mesa con cáliz y [h]ostia, y el AUTOR *sentado a ella, y sale el* MUNDO.*)*

AUTOR.—
Esta mesa, donde tengo
pan que los cielos adoran
y los infiernos veneran,
os espera; mas importa
saber los que han de llegar
a cenar conmigo ahora,
porque de mi compañía
se han de ir los que no logran
sus papeles, por salvarles
entendimiento y memoria
del bien que siempre les hice
con tantas misericordias.
Suban a cenar conmigo
el pobre y la religiosa
que, aunque por haber salido
del mundo este pan no coman,
sustento será adorarle
por ser objeto de gloria.

(Suben los dos.)

POBRE.—
¡Dichoso yo! ¡Oh, quién pasara
más penas y más congojas,
pues penas por Dios pasadas
cuando son penas son glorias!

DISCRECIÓN.—
Yo, que tantas penitencias
hice, mil veces dichosa,
pues tan bien las he logrado.
Aquí dichoso es quien llora
confesando haber errado.

Pedro CALDERÓN DE LA BARCA
El gran teatro del mundo
www.cervantesvirtual.com

ACTIVIDADES

1. Resume el contenido de este fragmento.
2. Localiza la forma métrica usada en estos versos de Calderón.
3. Se trata de una obra de contenido alegórico (personajes que encarnan símbolos, ideas, dogmas religiosos…); por tanto, ¿quién sería el Autor? ¿Qué serían los papeles de los que habla el Autor?
4. ¿A qué pan se refiere el Autor? ¿De qué cena se trata?
5. *El gran teatro del mundo* es un auto sacramental. Señala y explica los rasgos propios de los autos sacramentales que hayas observado en este fragmento.

El comendador, para gozar de Casilda (recién casada con Peribáñez), nombra al aldeano capitán de una compañía de labriegos que han de ir a la guerra contra el rey moro de Granada en nombre de Enrique III de Castilla. Pero el villano no es tan necio como piensa el comendador...

DIARIO DE APRENDIZAJE

¿Debería o podría hacer algo más para aprender el contenido de esta unidad?

Entra una compañía de labradores, armados graciosamente, y detrás PERIBÁÑEZ, *con espada y daga.*

PERIBÁÑEZ.— No me quise despedir
sin ver a su señoría.

COMENDADOR.— Estimo la cortesía.

PERIBÁÑEZ.— Yo os voy, señor, a servir.

COMENDADOR.— Decid «al rey mi señor».

PERIBÁÑEZ.— Al rey y a vos.

COMENDADOR.— Está bien.

PERIBÁÑEZ.— Que al rey es justo, y también
a vos, por quien tengo honor;
que yo, ¿cuándo mereciera
ver mi azadón y gabán
con nombre de capitán [...]?
Guárdeos muchos años Dios.

COMENDADOR.— Y os traiga, Pedro, con bien. [...]

PERIBÁÑEZ.— Sola una cosa querría...
No sé si a vos os agrada.

COMENDADOR.— Decid, a ver.

PERIBÁÑEZ.— Que la espada
me ciña su señoría,
para que ansí vaya honrado. [...]

COMENDADOR.— Esperad, os la pondré,
porque la llevéis por mí. [...]

PERIBÁÑEZ.— ¿Qué falta agora?

COMENDADOR.— Jurar
que a Dios, supremo Señor,
y al rey serviréis con ella.

PERIBÁÑEZ.— Eso juro, y de traella
en defensa de mi honor,
del cual, pues voy a la guerra,
adonde vos me mandáis,
ya por defensa quedáis,
como señor desta tierra.
Mi casa y mujer, que dejo
por vos, recién desposado,
remito a vuestro cuidado
cuando de los dos me alejo.
Esto os fío, porque es más
que la vida, con quien voy;
que, aunque tan seguro estoy
que no la ofendan jamás,
gusto que vos la guardéis,
y corra por vos, a efeto
de que, como tan discreto,
lo que es el honor sabéis; [...]

Vos me ceñistes espada,
con que ya entiendo de honor;
que antes yo pienso, señor,
que entendiera poco o nada.
Y pues iguales los dos
con este honor me dejáis,
mirad como le guardáis,
o quejaréme de vos.

COMENDADOR.— Yo os doy licencia, si hiciere
en guardalle deslealtad,
que de mí os quejéis.

PERIBÁÑEZ.— Marchad,
y venga lo que viniere.

(Éntrese, marchando detrás, con graciosa arrogancia.)

LOPE DE VEGA
Peribáñez y el comendador de Ocaña (ed. de Teresa Ferrer)
www.cervantesvirtual.com

ACTIVIDADES

1. Peribáñez, a pesar de su apariencia ridícula o aparente simpleza, ¿es consciente de las verdaderas intenciones del comendador? ¿Por qué insiste en la importancia del hecho de llevar una espada?

2. Explica en qué consiste el *honor* para el aldeano, ascendido a capitán, Peribáñez.

3. Esta obra es un drama del «poder injusto» o del «honor campesino». Explica las figuras del poderoso y del villano.

4. Localiza y define la forma estrófica de versos octosílabos que emplea Lope de Vega en este fragmento. Explica la polimetría versal en la 'comedia nueva'.

15 EL SIGLO XVIII

SIGLO XVIII

PROSA

ENSAYO Y PROSA LITERARIA

- Obras con intención didáctica, difusión de las ideas ilustradas
- El ensayo adopta diversas modalidades formales y expresivas

Primera mitad del siglo

Autores y obras

- Benito Jerónimo Feijoo: *Teatro crítico universal* y *Cartas eruditas*
- Ignacio de Luzán: *La poética* y *Memorias literarias de París*

Segunda mitad del siglo

Autores y obras

Gaspar Melchor de Jovellanos

- Ideas reformistas
- Preocupación por los problemas de España (educación, cultura, política)
- *Informe sobre la Ley Agraria, Memoria sobre espectáculos y diversiones públicas, Descripción del castillo de Bellver, Diarios*

José Cadalso y Vázquez

- Excelente ensayista y afamado poeta
- *Cartas marruecas:* literatura epistolar, triple punto de vista sobre la realidad
- *Los eruditos a la violeta*
- *Noches lúgubres:* ficción dialogada, elegía en prosa

NOVELA

- Fue apenas cultivada en el siglo XVIII

Primera mitad del siglo

Autores y obras

- Diego de Torres Villarroel: *Vida, ascendencia, nacimiento, crianza y aventuras del doctor Diego de Torres Villarroel*
- Padre Isla: *Fray Gerundio de Campazas*

Segunda mitad del siglo

Autores y obras

- Pedro Montengón: *Eusebio*
- José Mor de Fuentes: *Serafina*
- Luis Gutiérrez: *Cornelia Bororquia*

POESÍA

POESÍA POSBARROCA

- Primera mitad del siglo
- Influjo gongorino
- Autores: Eugenio Gerardo Lobo, Alonso Verdugo Castilla y Torres Villarroel

POESÍA NEOCLASICISTA

- Segunda mitad del siglo

Tendencias

- Poesía clasicista o neoclasicista propiamente dicha
- Poesía ilustrada o filosófica y utilitaria
- Poesía sentimental (prerromántica)

Juan Meléndez Valdés

- Extensa obra que abarca todas las tendencias de la poesía de este siglo
- Poesía anacreóntica: los personajes son pastorcillos enamorados, sencillez expresiva, delicadeza *(Odas anacreónticas, Églogas)*
- Poesía ilustrada, filosófica o utilitaria: ideas de reforma y progreso (*Epístolas*)
- Poesía sentimental y visión subjetiva de la naturaleza: naturaleza como reflejo del estado de ánimo del poeta

TEATRO

TEATRO POPULAR

Características

- Comercial, basado en el espectáculo escénico
- Objetivo: diversión y entretenimiento de los espectadores
- Apoyo mayoritario del público

Tendencias

- Teatro espectacular: cambios de decorado, luchas con espadas, efectos especiales, cantos, bailes, etc.
- Teatro novelesco y teatro sentimental: novelas dialogadas, comedias de guapos y bandoleros, teatro o drama sentimental
- Teatro costumbrista: descripción humorística y divertida de personajes y tipos populares
- Ramón de la Cruz y el sainete

TEATRO CLASICISTA

Características

- Separación radical entre la tragedia y la comedia
- Tres unidades: acción, lugar y tiempo
- División de las obras en tres actos
- Imitación de las acciones humanas y verosimilitud
- Doble finalidad de agradar y enseñar al público

Géneros y autores

- Tragedia: Vicente García de la Huerta, Nicolás Fernández de Moratín, Cadalso y Jovellanos
- Comedia: Nicolás Fernández de Moratín y Tomás de Iriarte
- Teatro sentimental: Jovellanos y Cándido María Trigueros

Leandro Fernández de Moratín

- Máximo exponente del teatro clasicista
- Fusiona la comedia urbana y la sátira de costumbres
- Crítica que destaca los defectos sociales, punto de vista sentimental
- Personajes cercanos a los espectadores
- Tema principal: falta de autenticidad como forma de vida
- Sigue las reglas neoclásicas
- Obras más importantes: *El sí de las niñas* y *La comedia nueva o El café*

REINTERPRETA

ACTIVIDADES

1. Señala los principales ideales de los ilustrados en el siglo XVIII. ¿Ha pervivido alguno en nuestra sociedad? Realiza una exposición oral en clase y argumenta tu respuesta.

2. Cuando Leandro Fernández de Moratín estrenó su célebre comedia *El sí de las niñas* (1806), su amigo Gaspar Melchor de Jovellanos se hallaba preso en el Castillo de Bellver (Palma de Mallorca), a causa de las tensiones y luchas ideológicas y políticas de finales del siglo XVIII: Jovellanos pasó de ser ministro de Gracia y Justicia, en 1797, a estar encerrado en la cárcel, desde 1801 a 1808.

   Imagina que Moratín, unos meses antes de estrenar *El sí de las niñas,* le escribe a su amigo una carta, interesándose por su estado de salud en el castillo de Bellver y pidiéndole consejo sobre el contenido de su comedia y sobre cómo terminarla. A continuación, debes redactar la respuesta ficticia a esa carta inicial de Moratín, en la que Jovellanos daría ideas a su amigo sobre el tema de esta comedia, y le informaría de cómo transcurre su vida en dicho castillo.

3. No conviene olvidar que Jovellanos, además de un gran jurista y político, fue ensayista, poeta y autor de una comedia sentimental *(El delincuente honrado)* y de una tragedia. Por otra parte, el asunto de los matrimonios concertados fue muy tratado por los ilustrados, por ejemplo, en el capricho de Goya *¡Qué sacrificio!*

   Investiga películas donde se plantee el tema del matrimonio concertado. ¿Se asemejan en algo al argumento de la obra de Moratín? Argumenta tus ideas.

Capricho 14, *¡Qué sacrificio!*, de Francisco de Goya.
«El vil interés obliga a los padres a sacrificar una hija joven y hermosa casándola con un viejo jorobado, y no falta un cura que apadrine semejantes bodas». Biblioteca Nacional, explicación de este capricho de Goya, en www.museodelprado.es.

4. Lee el siguiente texto de Félix María de Samaniego.

El León y el Ratón

Estaba un Ratoncillo aprisionado
en las garras de un León; el desdichado
en la tal ratonera no fue preso
por ladrón de tocino ni de queso,
sino porque con otros molestaba
al León, que en su retiro descansaba.
Pide perdón, llorando su insolencia.
Al oír implorar la real clemencia,
responde el Rey en majestuoso tono:
—No dijera más Tito, te perdono.
Poco después, cazando, el León tropieza
en una red oculta en la maleza:

Quiere salir, mas queda prisionero;
atronando la selva, ruge fiero.
El libre Ratoncillo, que lo siente,
corriendo llega: Roe diligente
los nudos de la red de tal manera,
que, al fin, rompió los grillos de la fiera.
Conviene al poderoso
para los infelices ser piadoso,
tal vez se puede ver necesitado
del auxilio de aquel más desdichado.

Félix María DE SAMANIEGO
Fábulas en verso castellano para uso del Real Seminario Bascongado (ed. de Emilio Palacios Fernández)
www.cervantesvirtual.com

a. Realiza una lectura dramatizada de esta fábula de Samaniego.

b. Teniendo en cuenta el argumento y los rasgos humanos presentes en las figuras del León y del Ratón, escribe con intención literaria un relato muy breve sobre el mismo tema pero ambientado en la época actual.

c. Esta fábula presenta una parte narrativa y una enseñanza final (moraleja) añadida. Compara el uso de esta técnica con otros casos de literatura didáctica, por ejemplo, en la Edad Media, como *El conde Lucanor.*

«TOROS», DE GASPAR MELCHOR DE JOVELLANOS

Durante el siglo XVIII, bajo el reinado de la nueva dinastía borbónica, se dictaron varias prohibiciones contra las corridas, luchas y demás espectáculos taurinos. Jovellanos, como buen ilustrado que era, tras pasar revista a varios aspectos históricos y sociológicos de la tauromaquia, apoya enérgicamente la Real Pragmática Sanción de 1785, de Carlos III, por la que se prohibían «las fiestas de toros de muerte en todos los pueblos del Reino» a excepción de las corridas benéficas.

> Así corrió la suerte de este espectáculo, más o menos asistido o celebrado según su aparato y también según el gusto y genio de las provincias que lo adoptaron, sin que los mayores aplausos bastasen a librarle de alguna censura eclesiástica y menos de aquella con que la razón y la humanidad se reunieron para condenarle. Pero [...] el celo ilustrado del piadoso Carlos III le proscribió generalmente, con tanto consuelo de los buenos espíritus como sentimiento de los que juzgan de las cosas por meras apariencias.
>
> Es por cierto muy digno de admiración que este punto se haya presentado a la discusión como un problema difícil de resolver. La lucha de toros no ha sido jamás una diversión ni cotidiana, ni muy frecuentada, ni de todos los pueblos de España, ni generalmente buscada y aplaudida. En muchas provincias no se conoció jamás, en otras se circunscribió a las capitales y donde quiera que fueron celebradas, lo fue solamente a largos períodos y concurriendo a verla el pueblo de las capitales y de tal cual aldea circunvecina. Se puede, por tanto, calcular que de todo el pueblo de España apenas la centésima parte habrá visto alguna vez este espectáculo. ¿Cómo, pues, se ha pretendido darle el título de diversión nacional?
>
> Pero si tal quiere llamarse porque se conoce entre nosotros de muy antiguo, porque siempre se ha concurrido a ella y celebrado con grande aplauso, porque ya no se conserva en otro país alguno de la culta Europa, ¿quién podrá negar esta gloria a los españoles que la apetezcan? Sin embargo, creer que el arrojo y destreza de una docena de hombres criados desde su niñez en este oficio, familiarizados con sus riesgos y que al cabo perecen o salen estropeados de él, se puede presentar a la misma Europa como un argumento de valor y bizarría española, es un absurdo. Y sostener que en la proscripción de estas fiestas, que por otra parte puede producir grandes bienes políticos, hay el riesgo de que la nación sufra alguna pérdida real, ni en el orden moral ni en el civil, es ciertamente una ilusión, un delirio de la preocupación. Es, pues, claro que el gobierno ha prohibido justamente este espectáculo y que, cuando acabe de perfeccionar tan saludable designio, aboliendo las excepciones que aún se toleran, será muy acreedor a la estimación y a los elogios de los buenos y sensatos patricios.
>
> Gaspar Melchor DE JOVELLANOS
> *Memoria sobre las diversiones públicas*,
> en *Obras completas de Jovellanos*, tomo XII
> www.cervantesvirtual.com

ACTIVIDADES

1. Resume brevemente el contenido de este fragmento de la *Memoria* presentada por Jovellanos.
2. Comenta su estructura textual argumentativa y la organización de las ideas, especificando la disposición en partes que presenta su contenido.
3. ¿Se observa en el texto el ideal reformista ilustrado? Enumera brevemente los ideales ilustrados presentes en este fragmento.
4. Según puede apreciarse, se trata de un tema de actualidad y controversia entre «protaurinos» y «antitaurinos» o grupos ecologistas: las corridas de toros y otros «espectáculos» como los toros alanceados en el torneo del Toro de la Vega, en Tordesillas, o los toros embolados en la Comunidad Valenciana y en Cataluña *(correbous)*. Tomando en consideración las palabras de Jovellanos o las de Cadalso (carta LXXII, de las *Cartas marruecas*), elabora un texto argumentativo a favor o en contra explicando tus razones.

COMENTARIO DE TEXTO

CARTA LXIII, DE JOSÉ CADALSO

Gazel a Ben-Beley

Arreglado a la definición de la voz *política* y su derivado *político*, según la entiende mi amigo Nuño, veo un número de hombres que desean merecer este nombre. Son tales, que con el mismo tono dicen la verdad y la mentira; no dan sentido alguno a las palabras *Dios, padre, madre, hijo, hermano, amigo, verdad, obligación, deber, justicia* y otras muchas que miramos con tanto respeto y pronunciamos con tanto cuidado los que no nos tenemos por dignos de aspirar a tan alto timbre con tan elevados competidores. Mudan de rostro mil veces más a menudo que de vestido. Tienen provisión hecha de cumplidos, de enhorabuenas y de pésame. Poseen gran caudal de voces equívocas; saben mil frases de mucho boato y ningún sentido. Han adquirido a costa de inmenso trabajo cantidades innumerables de ceños, sonrisas, carcajadas, lágrimas, sollozos, suspiros y [...] hasta desmayos y accidentes. Viven sus almas en unos cuerpos flexibles y manejables que tienen varias docenas de posturas para hablar, escuchar, admirar, despreciar, aprobar y reprobar, extendiéndose esta profunda ciencia teórico-práctica desde la acción más importante hasta el gesto más frívolo. Son, en fin, veletas que siempre señalan el viento que hace, relojes que notan la hora del sol, piedras que manifiestan la ley del metal y una especie de índice general del gran libro de las cortes. ¿Pues cómo estos hombres no hacen fortuna? Porque gastan su vida en ejercicios inútiles y vagos ensayos de su ciencia. ¿De dónde viene que no sacan el fruto de su trabajo? Les falta, dice Nuño, una cosa. ¿Cuál es la cosa que les falta?, pregunto yo. ¡Friolera!, dice Nuño: no les falta más que entendimiento.

José Cadalso
Cartas marruecas
www.cervantesvirtual.com

ACTIVIDADES

1. Resume el contenido de esta carta «marrueca». Señala, también, el tema que plantea Cadalso.

2. Explica cómo presenta Cadalso a los *políticos*. ¿Qué imagen tiene de ellos el autor de la carta? Compara su opinión con la que la gente tiene en la actualidad.

3. En esta carta aparecen figuras retóricas como la enumeración, la sinonimia, el paralelismo, la antítesis o la interrogación retórica. Localiza y explica el uso de algunas de ellas aquí.

4. Lee el siguiente fragmento del filósofo Immanuel Kant.

Ilustración significa el abandono por parte del hombre de una minoría de edad cuyo responsable es él mismo. Esta minoría de edad significa la incapacidad para servirse de su entendimiento sin verse guiado por algún otro. Uno mismo es el culpable de dicha minoría de edad cuando su causa no reside en la falta de entendimiento, sino en la falta de resolución y valor para servirse del suyo propio sin la guía del de algún otro. *Sapere aude!* **¡Ten valor para servirte de tu propio entendimiento! Tal es el lema de la Ilustración.**

[...] Para esta ilustración tan solo se requiere libertad y, a decir verdad, la más inofensiva de cuantas pueden llamarse así: **el hacer uso público de la propia razón en todos los terrenos.**

Immanuel Kant. *¿Qué es la ilustración?* Alianza Editorial

a. Cadalso, por boca de Gazel, afirma que a los *políticos* les falta entendimiento para ser realmente útiles. Compara la última frase y el contenido de esta carta con el texto de Kant.

b. Según Kant, ¿serían «menores de edad» los *políticos* y los ciudadanos españoles descritos por Cadalso? Explica tu respuesta.

LA DECLARACIÓN, DE JUAN MELÉNDEZ VALDÉS

"

Si tu gusto favorece,
zagaleja, mis deseos,
tú serás mi eterna llama,
y yo la envidia del pueblo.

Ocho meses te he seguido,
fino amándote en secreto
por tus injustos desdenes
y con temor de tus deudos.

Las ansias y los suspiros
que debes a mi silencio
sábelo Amor solamente,
o mi pecho, que es lo mismo.

¡Qué de noches a tus rejas
los centellantes luceros,
y de las aves al alba
me encontraron los gorjeos!

Mas nunca bien ocultarse
pueden el querer y el fuego,
pues ya todos en tu casa
saben del mal que adolezco.

Necedad es la porfía
de callar más mis intentos,
que nunca ganó el cobarde
de amor en el dulce juego.

Ayer me dijo Belarda
que, si la calle paseo,
tu madre misma se ríe
y aprueba mi galanteo,

que tu padre bien me quiere
y que a tus hermanas debo
voluntad y compasión:
¡ay!, toma en ellas ejemplo.

Yo, zagaleja, te adoro;
que en la noche de los fuegos
te consagré mi albedrío;
perdona el atrevimiento.

Mas no, esquiva, no desdeñes
por la humildad del sujeto
un pecho tierno y sencillo,
esclavo de tus ojuelos,

que en el don que ofrece el pobre
no debe mirarse al precio
si la voluntad lo ensalza
y lo hidalgo del afecto.

Mil y mil almas te diera
si yo fuera de ellas dueño,
una te doy que me cupo:
no merezca tu desprecio,

que ni más fiel ni más pura
cabe en amoroso pecho,
ni corazón más leal
o rendido a tus preceptos.

Juan Meléndez Valdés
Poesías, tomo I (ed. de Emilio Palacios Fernández)
www.cervantesvirtual.com

ACTIVIDADES

1. Resume brevemente el contenido de este poema de Meléndez Valdés.
2. Localiza y define qué forma métrica y qué tipo de composición utiliza, además de algunas de las figuras literarias que emplea en *La declaración*.
3. ¿Cómo se comporta el zagal enamorado? ¿Qué pretende conseguir cuando dialoga con la zagaleja?
4. Por su contenido y por sus elementos formales, ¿a qué corriente poética dieciochesca pertenecería este poema? Explica tu respuesta.
5. En relación con la cuestión anterior, ¿encuentras algún rasgo propio de la poesía sentimental y subjetiva que también practicaron poetas como Meléndez Valdés?

COMENTARIO DE TEXTO

EL SÍ DE LAS NIÑAS, DE LEANDRO FERNÁNDEZ DE MORATÍN

Don Diego acaba de descubrir que su prometida, doña Francisca, en realidad está enamorada de su sobrino don Carlos (a quien quiere como si fuera su hijo adoptivo), pero en vez de montar en cólera, decide resolver racionalmente la cuestión. Ya ha hablado, por separado, con los dos enamorados... ahora solo le queda hablar con doña Irene, la madre de doña Francisca.

DOÑA IRENE.—*(Llora.)* ¡Pobre de mí! [...] Al cabo de mis años y de mis achaques, verme tratada de esta manera, como un estropajo, como una puerca cenicienta, vale al decir... ¿Quién lo creyera de usted?... ¡Válgame Dios!... ¡Si vivieran mis tres difuntos!... Con el último difunto que me viviera, que tenía un genio como una serpiente... [...].

DON DIEGO.—Pero ¿es posible que no ha de atender usted a lo que voy a decirla?

DOÑA IRENE.—¡Ay, no, señor; que bien lo sé, que no tengo pelo de tonta, no, señor!... Usted ya no quiere a la niña, y busca pretextos para zafarse de la obligación en que está... ¡Hija de mi alma y de mi corazón!

DON DIEGO.—Señora doña Irene, hágame usted el gusto de oírme, de no replicarme, de no decir despropósitos, y luego que usted sepa lo que hay, llore y gima, y grite y diga cuanto quiera... Pero, entretanto, no me apure usted el sufrimiento, ¡por amor de Dios!

DOÑA IRENE.—Diga usted lo que le dé la gana. [...] *(Enjugándose las lágrimas con un pañuelo.)*

DON DIEGO.—Pues hace ya cosa de un año, poco más o menos, que doña Paquita tiene otro amante. Se han hablado muchas veces, se han escrito, se han prometido amor, fidelidad, constancia... Y, por último, existe en ambos una pasión tan fina, que las dificultades y la ausencia, lejos de disminuirla, han contribuido eficazmente a hacerla mayor. En este supuesto...

DOÑA IRENE.—¿Pero no conoce usted, señor, que todo es un chisme inventado por alguna mala lengua que no nos quiere bien?

DON DIEGO.—Volvemos otra vez a lo mismo... No, señora, no es un chisme. Repito de nuevo que lo sé.

DOÑA IRENE.—¿Qué ha de saber usted, señor, ni qué traza tiene eso de verdad? ¡Conque la hija de mis entrañas, encerrada en un convento, ayunando los siete reviernes[1], acompañada de aquellas santas religiosas!... ¡Ella, que no sabe lo que es mundo, que no ha salido todavía del cascarón, como quien dice!... Bien se conoce que no sabe usted el genio que tiene Circuncisión...¡Pues bonita es ella para haber disimulado a su sobrina el menor desliz!

DON DIEGO.—Aquí no se trata de ningún desliz, señora doña Irene; se trata de una inclinación honesta, de la cual hasta ahora no habíamos tenido antecedente alguno. Su hija de usted es una niña muy honrada, y no es capaz de deslizarse... Lo que digo es que la madre Circuncisión, y la Soledad, y la Candelaria, y todas las madres y usted y yo el primero nos hemos equivocado solemnemente. La muchacha se quiere casar con otro, y no conmigo... Hemos llegado tarde; usted ha contado muy de ligero con la voluntad de su hija... Vaya, ¿para qué es cansarnos? Lea usted ese papel, y verá si tengo razón. *(Saca el papel de DON CARLOS y se lo da a DOÑA IRENE. Ella, sin leerlo, se levanta muy agitada, se acerca a la puerta de su cuarto y llama. Levántase DON DIEGO y procura en vano contenerla.)*

DOÑA IRENE.—¡Yo he de volverme loca...! ¡Francisquita...! ¡Virgen del Tremedal...! ¡Rita! ¡Francisca!

Leandro FERNÁNDEZ DE MORATÍN
El sí de las niñas, acto III, escena XI. Edelvives

[1] **los siete reviernes**: los siete viernes siguientes a la Pascua de Resurrección.

ACTIVIDADES

1. Señala el tema y la estructura de esta escena de *El sí de las niñas*.
2. Explica si la actitud de don Diego es la conducta propia de alguien que acaba de descubrir que su prometida, en realidad, ama a otro hombre.
3. Explica la reacción de doña Irene, cuando don Diego empieza a decirle la verdad de todo. Explica si ella se aviene a razones y a la sensatez.
4. Explica brevemente el punto de vista de Moratín acerca de los temas que plantea en esta comedia. ¿Es una visión ilustrada y clasicista? Razona tu respuesta.

DON DIEGO.—¿Qué siente usted? *(Siéntase junto a DOÑA FRANCISCA.)*

DOÑA FRANCISCA.—No es nada... Así un poco de... Nada..., no tengo nada.

DON DIEGO.—Algo será, porque la veo a usted muy abatida, llorosa, inquieta... ¿Qué tiene usted, Paquita? ¿No sabe usted que la quiero tanto? [...] Pues ¿por qué no hace usted más confianza de mí? ¿Piensa usted que no tendré yo mucho gusto en hallar ocasiones de complacerla?

DOÑA FRANCISCA.—Porque eso mismo me obliga a callar.

[...] DON DIEGO.—No tengo empeño de saber más... Pero de todo lo que acabo de oír resulta una gravísima contradicción. Usted no se halla inclinada al estado religioso, según parece. Usted me asegura que no tiene queja ninguna de mí, que está persuadida de lo mucho que la estimo, que no piensa casarse con otro, ni debo recelar que nadie dispute su mano... Pues ¿qué llanto es ese? ¿De dónde nace esa tristeza profunda que en tan poco tiempo ha alterado su semblante de usted en términos que apenas le reconozco? ¿Son estas las señales de quererme exclusivamente a mí, de casarse gustosa conmigo dentro de pocos días? ¿Se anuncian así la alegría y el amor? *(Vase iluminando lentamente la escena, suponiendo que viene la luz del día.)*

DOÑA FRANCISCA.—Y ¿qué motivos le he dado a usted para tales desconfianzas? [...] ¡Dichas para mí!... Ya se acabaron. [...] Nunca diré por qué.

[...] DON DIEGO.—Ve aquí los frutos de la educación. Esto es lo que se llama criar bien a una niña: enseñarla a que desmienta y oculte las pasiones más inocentes con una pérfida disimulación. Las juzgan honestas luego que las ven instruidas en el arte de callar y mentir. Se obstinan en que el temperamento, la edad ni el genio no han de tener influencia alguna en sus inclinaciones, o en que su voluntad ha de torcerse al capricho de quien las gobierna. Todo se las permite, menos la sinceridad. Con tal que no digan lo que sienten, con tal que finjan aborrecer lo que más desean, con tal que se presten a pronunciar, cuando se lo mandan, un sí perjuro, sacrílego, origen de tantos escándalos, ya están bien criadas, y se llama excelente educación la que inspira en ellas el temor, la astucia y el silencio de un esclavo.

DOÑA FRANCISCA.—Es verdad... Todo eso es cierto... Eso exigen de nosotras, eso aprendemos en la escuela que se nos da... Pero el motivo de mi aflicción es mucho más grande.

DON DIEGO.—Sea cual fuere, hija mía, es menester que usted se anime... Si la ve a usted su madre de esa manera, ¿qué ha de decir?... Mire usted que ya parece que se ha levantado.

[...] DOÑA FRANCISCA.—Y usted, señor... Bien sabe usted el genio de mi madre. Si usted no me defiende, ¿a quién he de volver los ojos? ¿Quién tendrá compasión de esta desdichada?

DON DIEGO.—Su buen amigo de usted... Yo... ¿Cómo es posible que yo la abandonase..., ¡criatura!..., en la situación dolorosa en que la veo? *(Asiéndola de las manos.)*

[...] DOÑA FRANCISCA.—Bien le conozco. *(Quiere arrodillarse; Don Diego se lo estorba, y ambos se levantan.)*

Leandro FERNÁNDEZ DE MORATÍN
El sí de las niñas, acto III, escena VIII. Edelvives

ACTIVIDADES

1. Resume el contenido de esta escena.

2. La actitud inicial de doña Francisca es muy distinta de la de don Diego. ¿En qué se diferencian? ¿Por qué uno y otro afrontan el problema de modo opuesto, inicialmente?

3. En los años en los que se estrenó *El sí de las niñas*, tuvo gran difusión en toda Europa el teatro sentimental. ¿Observas rasgos del género sentimental o «lacrimógeno» en el comportamiento de doña Francisca, o en la situación?

4. Las palabras de don Diego en esta escena están consideradas como propias del pensamiento de la Ilustración. ¿Qué ideas ilustradas encuentras?

5. Expón las principales obras de Cadalso y sus características.

6. Sitúa las fábulas en la literatura del siglo XVIII, expón brevemente sus características y nombra sus principales autores.

DIARIO DE APRENDIZAJE

¿Qué parte de la unidad me ha supuesto un mayor esfuerzo y dedicación?

16 EL SIGLO XIX

SIGLO XIX: ROMANTICISMO

CARACTERÍSTICAS

- Exaltación del individuo (el yo)
- Naturaleza que refleja el estado anímico del individuo
- Ansia de libertad creadora
- Idealismo y angustia existencial
- Evasión en el tiempo, el espacio, el misterio, el sueño, lo irracional y lo sobrenatural

ETAPAS

- Primera: prerromanticismo (1814)
- Segunda: apogeo (1834-1844)
- Tercera: posromanticismo
- La plenitud romántica en España: 1830-1850

TEMAS

- Pasado histórico nacional y regional
- Amor apasionado, idealizado, fuente de sufrimiento y melancolía
- Indagación en el problema del mal
- Soledad y angustia existencial: la muerte como amiga
- Conflictos sociales: se critica el sistema político y la tiranía popular
- Identificación con la naturaleza

POESÍA

TIPOS

- Lírica: exaltación de los sentimientos, expresión del alma y la imaginación
- Narrativa: revalorización del romancero

AUTORES

José de Espronceda

Etapas y obras

- Etapa neoclásica (1822-1830): *Pelayo* (poema épico)
- 1830-1834: combina ambas estéticas (*Poesías*)
- Etapa plenamente romántica (1834-1842): poesía lírica (*Canción del pirata* y *A una estrella*) y poesía narrativa (*El estudiante de Salamanca* y *El diablo mundo*)

Gustavo Adolfo Bécquer

Características

- Subjetividad e intimismo
- Temas: la propia poesía, el amor, la soledad del yo, la muerte…
- Estilo: gran perfección formal, sencillez y espontaneidad

Obra principal: *Rimas*

- Idea del autor sobre el amor
- Lenguaje depurado y sencillo

Rosalía de Castro

- Temas: el paso del tiempo, la la muerte, el amor, Galicia
- Obras: *En las orillas del Sar* (en castellano), *Follas novas* y *Cantares galegos* (en gallego)

PROSA

TENDENCIAS Y AUTORES

Novela histórica

- Evasión de la realidad
- Verosimilitud, pero sin rigor histórico
- Autores: Enrique Gil y Carrasco

Mariano José de Larra

Estilo y recursos

- Gran importancia de la palabra, juegos verbales, repetición, ironía, parodia
- Lenguaje directo e incisivo

Obras

- Artículos literarios: *Yo quiero ser cómico, Literatura*
- Artículos políticos: *Nadie pase sin hablar al portero*
- Artículos de costumbres: *Vuelva usted mañana, El café*

Costumbrismo

- Representación de tradiciones, usos y costumbres de los españoles
- Autores: Larra y Mesonero Romanos

Cuento

- Manifestación del espíritu nacional
- Espontaneidad natural (lo popular)
- Leyendas conocidas o adaptadas
- Relatos fantásticos insertados en otros realistas o cotidianos
- Autor: Bécquer

TEATRO

CARACTERÍSTICAS

- Temas: pasiones y amores imposibles e ilícitos, rebeldías, venganzas, suicidios (destino trágico)
- Personajes: misteriosos, marginales. Protagonista: el héroe romántico
- Ambientes: castillos, cementerios, cadalsos, parajes inhóspitos...
- Elementos históricos, legendarios y novelescos
- Finalidad: conmover al espectador
- Convivencia de los trágico y lo cómico
- Ruptura de la regla de las tres unidades
- Polimetría, se mezclan la prosa y el verso
- Estilo: efectismo formal y exageración

AUTORES Y OBRAS PRINCIPALES

- Ángel de Saavedra, duque de Rivas: *Don Álvaro o la fuerza del sino* (obra en la que se tratan los temas fundamentales del Romanticismo)
- José Zorrilla: *Don Juan Tenorio* (obra cumbre del autor, el personaje de don Juan recoge el mito literario de *El burlador de Sevilla,* de Tirso de Molina)

SIGLO XIX: REALISMO Y NATURALISMO

CARACTERÍSTICAS

- Interés por la naturaleza, lo regional y local
- Observación de la realidad
- Conciencia social e indagación en los conflictos sociales
- Interés en la psicología de los personajes
- Abandono de la imaginación, de lo fantástico o maravilloso
- Importancia del krausismo (tolerancia, equilibrio entre la razón y la religión)
- Naturalismo: intensificación de los postulados del Realismo y marcado pesimismo

FASES Y AUTORES

- Realismo con rasgos románticos: Fernán Caballero y Alarcón
- Apogeo: Galdós, Pereda y Valera
- Hacia el Naturalismo: Pardo Bazán, Clarín, Blasco Ibáñez

Géneros

NOVELA

CARACTERÍSTICAS

- Visión de la realidad como «materia científica»
- Descripciones detalladas de los personajes y de los ambientes
- Novela de tesis: renace la idea del arte útil
- Narración objetiva en 3.ª persona omnisciente

AUTORES Y OBRAS PRINCIPALES

Juan Valera
- Realismo idealizado y esteticista
- *Pepita Jiménez*, *Juanita la Larga*

José María de Pereda
- Defensa de la vida en el campo frente a la vida nociva en la ciudad
- Novela regional *(Los hombres de pro)* y novela de tesis *(De tal palo tal astilla)*

Pedro Antonio de Alarcón
- Entroncamiento con el Romanticismo
- *El sombrero de tres picos*

Fernán Caballero
- Precursora del Realismo
- *La Gaviota* y *La familia de Alvareda*

Benito Pérez Galdós — Etapas
- Tema histórico: *La Fontana de Oro*
- Novela de tesis: *Doña Perfecta*
- Tema espiritual: *Marianela*
- Novelas contemporáneas: *La desheredada* y *Fortunata y Jacinta*
- Novelas espiritualistas: *Tristana* y *El abuelo*
- Últimas novelas: *Casandra* y *La razón de la sinrazón*

Leopoldo Alas, Clarín
- Crítica como labor social y rasgos naturalistas
- Cuentos y *La Regenta*

Emilia Pardo Bazán
- Defensora del Naturalismo
- *La Tribuna* y *Los pazos de Ulloa*

Vicente Blasco Ibáñez
- Último representante del Naturalismo
- *La barraca* y *Cañas y barro*

POESÍA

- Poesía moralizante que exalta los valores familiares y religiosos
- Lenguaje prosaico y antirretórico
- Autores: Ramón de Campoamor y Núñez de Arce

TEATRO

- Unas obras destinadas al pueblo llano y otras, a la burguesía
- Autores y tipos de obras: Tamayo y Baus (alta comedia), José Echegaray (drama neorromántico), Joaquín Dicenta (drama social), Ricardo de la Vega y López Silva (teatro menor)

REINTERPRETA

ACTIVIDADES

1. Completa la siguiente tabla y compara las características del siglo XVIII y del siglo XIX.

Siglo XVIII	Siglo XIX
Objetivismo racionalista	
La realidad exterior	
Reglas sociales, académicas	
Prestigio greco-romano	
Modelos: clásicos antiguos	

2. Lee el siguiente texto sobre el Romanticismo.

> Inútil sería buscar entre gente no joven partidarios del Romanticismo; entre la juventud estudiosa y despreocupada es donde se hallarán millares. Por el pronto, en este número de nuestro *Artista*, hallará uno el curioso lector, que presentamos como tipo en su género [...] Contemple sin ceño nuestro Romántico: mire en su frente arada por el estudio y la meditación; en su grave y melancólica fisonomía, donde brilla la llama del genio... contemple, decimos, no un hereje ni un Ante-cristo, sino un joven cuya alma llena de brillantes ilusiones quisiera ver reproducidas en nuestro siglo las santas creencias, las virtudes, la poesía de los tiempos caballerescos; cuya imaginación se entusiasma, más que con las hazañas de los griegos, con las proezas de los antiguos españoles; que prefiere Jimena a Dido, el Cid a Eneas, Calderón a Voltaire y Cervantes a Boileau; para quien las cristianas catedrales encierran más poesía que los centros de paganismo; para quien los hombres del XIX no son menos capaces de sentir pasiones que los del tiempo de Aristóteles.
>
> Eugenio DE OCHOA
> «Un romántico», *El Artista* en *Romanticismo español. Documentos*. Biblioteca Anaya

a. Extrae del fragmento las características del movimiento romántico.

b. Explica las oposiciones que establece en la frase «prefiere Jimena a Dido, el Cid a Eneas, Calderón a Voltaire y Cervantes a Boileau». Busca para ello la información necesaria.

3. A partir del siguiente poema de Rosalía de Castro, analiza las características románticas del mismo desde el punto de vista temático y formal.

Hora tras hora, día tras día...

Hora tras hora, día tras día,
entre el cielo y la tierra que quedan
eternos vigías,
como torrente que se despeña,
pasa la vida.

Devolvedle a la flor su perfume
después de marchita;
de las ondas que besan la playa
y que una tras otra besándola expiran.
Recoged los rumores, las quejas,
y en planchas de bronce grabad su armonía.

Tiempos que fueron, llantos y risas,
negros tormentos, dulces mentiras,
¡ay!, ¿en dónde su rastro dejaron,
en dónde, alma mía?

Rosalía DE CASTRO
En las orillas del Sar. Cátedra

4. Analiza los rasgos románticos de *Monje frente al mar*, de Caspar David Friedrich, atendiendo sobre todo a la relación entre el hombre y el paisaje.

5. Investiga las consideraciones de Martínez de la Rosa sobre el teatro y explica las características del drama romántico basándote en ellas.

RIMAS, DE GUSTAVO ADOLFO BÉCQUER

Ya se ha visto la importancia tanto formal como temática de la obra de Bécquer; a partir de la lectura y el análisis de estas dos rimas se podrán comprobar ambos aspectos.

Rima VII

Del salón en el ángulo oscuro,
de su dueña tal vez olvidada,
silenciosa y cubierta de polvo
veíase el arpa.

¡Cuánta nota dormía en sus cuerdas
como el pájaro duerme en las ramas,
esperando la mano de nieve
que sabe arrancarlas!

¡Ay! pensé; ¡cuántas veces el genio
así duerme en el fondo del alma,
y una voz, como Lázaro, espera
que le diga: «¡Levántate y anda!».

Rima LXVI

¿De dónde vengo?... El más horrible y áspero
de los senderos busca;
las huellas de unos pies ensangrentados
sobre la roca dura;
los despojos de un alma hecha jirones
en las zarzas agudas,
te dirán el camino
que conduce a mi cuna.

¿Adónde voy? El más sombrío y triste
de los páramos cruza,
valle de eternas nieves y de eternas
melancólicas brumas;
en donde esté una piedra solitaria
sin inscripción alguna,
donde habite el olvido,
allí estará mi tumba.

Gustavo Adolfo BÉCQUER.
Rimas, Biblioteca Didáctica Anaya

TRASCENDENCIA DE BÉCQUER

Muchos poetas reconocerán a Bécquer como el padre de la poesía española contemporánea (Miguel de Unamuno, Antonio Machado, Juan Ramón Jiménez, Rafael Alberti, Jorge Guillén o Luis Cernuda), y los simbolistas verán en él un precursor, pues los ritmos de su lenguaje y su conciencia estética lo enlazan con la modernidad. Al igual que ellos, también Rubén Darío, figura central en la revolución modernista, se encuentra entre los seguidores de Bécquer.

ACTIVIDADES

1. Explica las características de la poesía romántica de los dos textos.
2. Analiza métricamente las dos rimas.
3. Establece la estructura de cada uno de los poemas.
4. Sitúa las rimas dentro de la clasificación de su producción poética y justifica tu respuesta.
5. Analiza sus recursos retóricos.
6. El penúltimo verso de la rima LXVI da nombre a un poema de Luis Cernuda. Búscalo, léelo, explica qué tienen en común y qué los diferencia.

COMENTARIO DE TEXTO

EL ESTUDIANTE DE SALAMANCA, DE JOSÉ DE ESPRONCEDA

Los ambientes nocturnos, solitarios, llenos de misterio... son del gusto romántico, según lo que hemos visto. A ello contribuye la construcción de una atmósfera que lo intensifica, como un rasgo que atraviesa todos los géneros. Así se refleja en este texto.

Era más de media noche,
antiguas historias cuentan,
cuando en sueño y en silencio
lóbrego envuelta la tierra,
los vivos muertos parecen,
los muertos la tumba dejan.
Era la hora en que acaso
temerosas voces suenan
informes, en que se escuchan
tácitas pisadas huecas,
y pavorosas fantasmas
entre las densas tinieblas
vagan, y aúllan los perros
amedrentados al verlas:
En que tal vez la campana
de alguna arruinada iglesia
da misteriosos sonidos
de maldición y anatema,
que los sábados convoca
a las brujas a su fiesta.
El cielo estaba sombrío,
no vislumbraba una estrella,
silbaba lúgubre el viento,
y allá en el aire, cual negras
fantasmas, se dibujaban
las torres de las iglesias,
y del gótico castillo
las altísimas almenas,
donde canta o reza acaso
temeroso el centinela.
Todo, en fin, a medianoche
reposaba, y tumba era
de sus dormidos vivientes
la antigua ciudad que riega
el Tormes, fecundo río,
nombrado de los poetas,
la famosa Salamanca,
insigne en armas y letras,
patria de ilustres varones,
noble archivo de las ciencias.
Súbito rumor de espadas
cruje y un ¡ay!, se escuchó;
Un ay moribundo, un ay
que penetra el corazón,
que hasta los tuétanos hiela
y da al que lo oyó temblor.
Un ¡ay! de alguno que al mundo
pronuncia el último adiós.

JOSÉ DE ESPRONCEDA
El estudiante de Salamanca
Akal

ACTIVIDADES

1. Haz un resumen del texto.
2. Realiza el análisis métrico del poema.
3. Analiza la iconografía propia de este ambiente romántico de misterio en el poema.
4. ¿Por qué crees que la historia se desarrolla en Salamanca? ¿Tiene esto que ver con algún rasgo romántico?
5. En el texto es muy importante la adjetivación. Explica cómo contribuye esta a crear la atmósfera del fragmento.
6. Localiza los encabalgamientos, antítesis e hipérbatos del texto.
7. ¿Crees que esta atmósfera de misterio sigue teniendo vigencia en nuestros días o está trasnochada? Justifica tu respuesta con ejemplos de obras o películas actuales.
8. Inventa un microrrelato de unas 10-15 líneas en el que desarrolles una escena similar.

DON JUAN TENORIO, DE JOSÉ ZORRILLA

A continuación se reproduce la famosa **escena del sofá**, en la que don Juan seduce a doña Inés, quien, tras oír sus embriagadoras palabras, sucumbe. En el texto 2 se ve el final del personaje de Zorrilla.

Texto 1: escena III, acto IV, 1.ª parte

DOÑA INÉS.— Callad, por Dios, ¡oh, don Juan!,
que no podré resistir
mucho tiempo sin morir,
tan nunca sentido afán.
¡Ah! Callad, por compasión,
que oyéndoos, me parece
que mi cerebro enloquece,
y se arde mi corazón.
¡Ah! Me habéis dado a beber
un filtro infernal sin duda,
que a rendiros os ayuda
la virtud de la mujer.
Tal vez poseéis, don Juan,
un misterioso amuleto,
que a vos me atrae en secreto
como irresistible imán.
Tal vez Satán puso en vos
su vista fascinadora,
su palabra seductora,
y el amor que negó a Dios.
¿Y qué he de hacer, ¡ay de mí!,
sino caer en vuestros brazos,
si el corazón en pedazos
me vais robando de aquí?
No, don Juan, en poder mío
resistirte no está ya:
yo voy a ti como va
sorbido al mar ese río.

José ZORRILLA. *Don Juan Tenorio*. Crítica

Texto 2: escena III, acto III, 2.ª parte

DOÑA INÉS.— ¡No! Heme ya aquí,
don Juan mi mano asegura
esta mano que a la altura
tendió tu contrito afán,
y Dios perdona a don Juan
al pie de mi sepultura.
DON JUAN.—¡Dios clemente! ¡Doña Inés!
DOÑA INÉS.—Fantasmas, desvaneceos:
su fe nos salva..., volveos
a vuestros sepulcros, pues.
La voluntad de Dios es:
de mi alma con la amargura
purifiqué su alma impura,
y Dios concedió a mi afán
la salvación de don Juan
al pie de la sepultura.

José ZORRILLA. *Don Juan Tenorio*. Crítica

ACTIVIDADES

Texto 1

1. Indica qué rasgos del héroe romántico se observan en el texto.
2. El léxico de doña Inés muestra su conflicto interno. Analízalo.
3. También a través del léxico se observa la absoluta entrega del personaje femenino y hacia qué lado se resuelve su conflicto interior. Analízalo partiendo de los ejemplos del propio texto.

Texto 2

1. Resume las palabras de doña Inés y explica por qué se refiere a don Juan en 2.ª persona al principio y en 3.ª persona al final.
2. Extrae del texto los términos que aluden a lo religioso y divino.
3. ¿Crees que el mito pervive hoy en la sociedad, el cine o la literatura? Justifica tu respuesta.

COMENTARIO DE TEXTO

DON ÁLVARO O LA FUERZA DEL SINO, DEL DUQUE DE RIVAS

Don Álvaro es un drama que recoge todas las características fundamentales del teatro romántico, tanto desde el punto de vista temático como formal. Refugiado en un monasterio con el nombre de padre Rafael, vuelve a perseguirlo la fatalidad, lo que lo conduce al suicido, como se ve en el siguiente fragmento de la jornada V.

ESCENA ÚLTIMA

Hay un rato de silencio; los truenos resuenan más fuertes que nunca, crecen los relámpagos, y se oye cantar a lo lejos el Miserere a la comunidad, que se acerca lentamente.

VOZ DENTRO.—Aquí, aquí; ¡qué horror! *(DON ÁLVARO vuelve en sí, y luego huye hacia la montaña. Sale el P. GUARDIÁN con la comunidad, que queda asombrada.)*

P. GUARDIÁN.—¡Dios mío!... ¡Sangre derramada! ¡Cadáveres!... ¡La mujer penitente!

TODOS LOS FRAILES.—¡Una mujer!... ¡Cielos!

P. GUARDIÁN.—¡Padre Rafael!

DON ÁLVARO *(Desde un risco, con sonrisa diabólica, todo convulso, dice.)*.—Busca, imbécil, al P. Rafael... Yo soy un enviado del infierno, soy el demonio exterminador... Huid, miserables.

TODOS.—¡Jesús, Jesús!

DON ÁLVARO.—Infierno, abre tu boca y trágame. Húndase el cielo, perezca la raza humana; exterminio, destrucción... *(Sube a lo más alto del monte y se precipita.)*

P. GUARDIÁN Y LOS OTROS FRAILES *(Aterrados y en actitudes diversas)*.—¡Misericordia, Señor! ¡Misericordia!

DUQUE DE RIVAS
Don Álvaro o la fuerza del sino
Crítica

ACTIVIDADES

1. Resume el argumento y enuncia el tema del texto.
2. Explica la estructura del fragmento.
3. A través de las acotaciones, se ofrecen datos e información en torno a la ambientación de la escena: naturaleza, elementos escenográficos y ambientales. Existen asimismo rasgos lingüísticos que contribuyen al efectismo de la acción. Analiza todo ello y relacionándolo con el movimiento romántico.
4. Analiza el título de la obra: ¿guarda alguna relación con la temática romántica?
5. ¿Qué función realizan en la escena los personajes que rodean al protagonista?
6. Habla de don Álvaro como héroe romántico a partir del texto. ¿Encuentras en este aspecto algún paralelismo con el don Juan de Zorrilla esbozado por doña Inés en la página anterior? Justifica tu respuesta.

DOÑA PERFECTA, DE BENITO PÉREZ GALDÓS

"Frisaba la edad de este excelente joven en los treinta y cuatro años. Era de complexión fuerte y un tanto hercúlea, con rara perfección formado, y tan arrogante, que si llevara uniforme militar ofrecería el más guerrero aspecto y talle que puede imaginarse. Rubios el cabello y la barba, no tenía en su rostro la flemática imperturbabilidad de los sajones, sino por el contrario, una viveza tal que sus ojos parecían negros sin serlo. Su persona bien podía pasar por un hermoso y acabado símbolo, y si fuera estatua, el escultor habría grabado en el pedestal estas palabras: inteligencia, fuerza. Si no en caracteres visibles, las llevaba él expresadas vagamente en la luz de su mirar, en el poderoso atractivo que era don propio de su persona, y en las simpatías a que su trato cariñosamente convidaba.

No era de los más habladores: solo los entendimientos de ideas inseguras y de movedizo criterio propenden a la verbosidad. El profundo sentido moral de aquel insigne joven le hacía muy sobrio de palabras en las disputas que constantemente traban sobre diversos asuntos los hombres del día; pero en la conversación urbana sabía mostrar una elocuencia picante y discreta, emanada siempre del buen sentido y de la apreciación mesurada y justa de las cosas del mundo. No admitía falsedades y mistificaciones, ni esos retruécanos del pensamiento con que se divierten algunas inteligencias impregnadas del gongorismo; y para volver por los fueros de la realidad, Pepe Rey solía emplear a veces, no siempre con comedimiento, las armas de la burla. Esto casi era un defecto a los ojos de gran número de personas que le estimaban, porque aparecía un poco irrespetuoso en presencia de multitud de hechos comunes en el mundo y admitidos por todos. Fuerza es decirlo, aunque se amengüe su prestigio: Rey no conocía la dulce tolerancia del condescendiente siglo que ha inventado singulares velos de lenguaje y de hechos para cubrir lo que a los vulgares ojos pudiera ser desagradable.

Benito PÉREZ GALDÓS
Doña Perfecta
Cátedra

ACTIVIDADES

1. El autor hace un retrato, porque nos presenta a un personaje desde el punto de vista moral, y además nos ofrece detalles de su aspecto físico. Separa los rasgos que corresponden a uno y otro aspecto.
2. Explica la postura del narrador en la presentación del personaje.
3. Explica los rasgos de la prosa narrativa de este texto.
4. ¿A qué periodo de la producción literaria de Galdós corresponde esta obra?

COMENTARIO DE TEXTO

LA REGENTA, DE LEOPOLDO ALAS, CLARÍN

De todas suertes, doña Camila se rodeó de precauciones pedagógicas y preparó a la infancia de Ana Ozores un verdadero gimnasio de moralidad inglesa. Cuando aquella planta tierna comenzó a asomar a flor de tierra se encontró ya con un rodrigón al lado para que creciese derecha. El aya aseguraba que Anita necesitaba aquel palo seco junto a sí y estar atada a él fuertemente. El palo seco era doña Camila. El encierro y el ayuno fueron sus disciplinas.

Ana, que jamás encontraba alegría, risas y besos en la vida, se dio a soñar todo eso desde los cuatro años. En el momento de perder la libertad se desesperaba, pero sus lágrimas se iban secando al fuego de la imaginación, que le caldeaba el cerebro y las mejillas. [...]

Nunca pedía perdón; no lo necesitaba. Salía del encierro pensativa, altanera, callada; seguía soñando; la dieta le daba nueva fuerza para ello. La heroína de sus novelas de entonces era una madre. A los seis años había hecho un poema en su cabecita rizada de un rubio obscuro. Aquel poema estaba compuesto de las lágrimas de sus tristezas de huérfana maltratada y de fragmentos de cuentos que oía a los criados y a los pastores de Loreto. Siempre que podía se escapaba de casa; corría sola por los prados, entraba en las cabañas donde la conocían y acariciaban, sobre todo los perros grandes; solía comer con los pastores. Volvía de sus correrías por el campo, como la abeja con el jugo de las flores, con material para su poema. Como Poussin cogía yerbas en los prados para estudiar la naturaleza que trasladaba al lienzo. Anita volvía de sus escapatorias de salvaje con los ojos y la fantasía llenos de tesoros que fueron lo mejor que gozó en su vida. [...]

La idea del libro, como manantial de mentiras hermosas, fue la revelación más grande de toda su infancia. ¡Saber leer! esta ambición fue su pasión primera. Los dolores que doña Camila le hizo padecer antes de conseguir que aprendiera las sílabas, perdonóselos ella de todo corazón. Al fin supo leer. Pero los libros que llegaban a sus manos, no le hablaban de aquellas cosas con que soñaba. No importaba; ella les haría hablar de lo que quisiese.

Leopoldo ALAS, CLARÍN. *La Regenta*
www.cervantesvirtual.com

ACTIVIDADES

1. Elabora el resumen y enuncia el tema del texto.
2. Explica la comparación del primer párrafo del texto.
3. ¿Cómo era la infancia de Ana y cómo influyó esta en su vida posterior?
4. ¿Qué técnica narrativa aparece en la última frase del texto?
5. Justifica, con ejemplos del texto, el tipo de narrador presente en el mismo.
6. ¿Crees que existen en el fragmento algunas ideas relacionadas con las teorías naturalistas de la época? Justifica tu respuesta.

LA TRIBUNA, DE EMILIA PARDO BAZÁN

En *La Tribuna* se presenta el mundo obrero bajo la mirada de un naturalista, siguiendo la línea documental de Zola; su redacción coincide, además, con la publicación de los artículos de *La cuestión palpitante*. Aunque su imparcialidad no siempre es tan zolesca, la autora muestra las duras condiciones de la vida obrera, presentando los aspectos más crudos de la sociedad. En la obra, Amparo, de clase baja, trabaja en una fábrica de tabaco y llega a convertirse en la «tribuna del pueblo» adoptando una postura política reivindicativa de izquierdas; introduce así un discurso político tradicionalmente atribuido al hombre, e ideas feministas como la importancia de la educación femenina.

> De pie, en el umbral del patio, un ciego se mantenía inmóvil, muerta la cara, mal afeitadas las barbas que le azuleaban las mejillas, lacio y en trova el grasiento pelo, tendiendo un sombrero abollado, donde llovían cuartos y mendrugos en abundancia.
>
> Miraba Chinto a la bahía con la boca abierta, y cuando al fin salió Amparo, no pudo verla: ella en cambio le divisó desde lejos, y veloz como una saeta, varió de rumbo, tomando por la insigne calle del Sol, que componen media docena de casas gibosas y dos tapias coronadas de hierba y alelíes silvestres. Corrió hasta alcanzar el camino del Crucero, y dejándolo a un lado, atravesó a la carretera y a la cuesta de San Hilario, donde refrenó el paso creyéndose en salvo ya. ¡También era manía la del zopenco aquel, de no dejarla a sol ni a sombra, y darle escolta todas las tardes! ¡Y como su compañía era tan divertida, y como él hablaba tan graciosamente, que no parece sino que tenía la boca llena de engrudo, según se le pegaban las palabras a la lengua! Así discurría Amparo, mientras bajaba hacia la Puerta del Castillo, defendida todavía, como *in illo tempore*, por su puente levadizo y sus cadenas rechinantes.
>
> Emilia PARDO BAZÁN. *La Tribuna*
> www.cervantesvirtual.com

ACTIVIDADES

1. Busca en el diccionario las palabras cuyo significado desconozcas.
2. Resume el fragmento.
3. Extrae del texto alguna escena que muestre la crudeza de las condiciones de vida o la miseria de los personajes.
4. Uno de los rasgos naturalistas es la animalización de los personajes. Observa este rasgo en el texto a través del personaje del Chinto. ¿Cuáles son los rasgos del personaje?
5. Ejemplifica el tipo de narrador presente en el texto y la técnica narrativa que utiliza.
6. Reflexiona en torno a la teoría darwinista de la influencia del medio y el determinismo. ¿Se observa esta teoría en el fragmento?

COMENTARIO DE TEXTO

YO QUIERO SER CÓMICO, DE MARIANO JOSÉ DE LARRA

No fuera yo Fígaro, ni tuviera esa travesura y maliciosa índole que malas lenguas me atribuyen, si no sacara a la luz pública cierta visita que no ha muchos días tuve en mi propia casa.

Columpiábame en mi mullido sillón, de estos que dan vueltas sobre su eje, los cuales son especialmente de mi gusto por asemejarse en cierto modo a muchas gentes que conozco, y me hallaba en la mayor perplejidad sin saber cuál de mis numerosas apuntaciones elegiría para un artículo [...]. Quería yo que fuese interesante sin ser mordaz, y conocía toda la dificultad de mi empeño, y sobre todo que fuese serio, porque no está siempre un hombre de buen humor, o de buen talante, para comunicar el suyo a los demás [...] cuando me deparó felizmente la casualidad materia sobrada para un artículo, al anunciarme mi criado a un joven que me quería hablar indispensablemente.

Pasó adelante el joven haciéndome una cortesía bastante zurda [...]:

—¿Es usted el redactor llamado Fígaro?

—¿Qué tiene usted que mandarme?

—Vengo a pedirle un favor... ¡Cómo me gustan sus artículos de usted! [...]

—Un favor de que depende mi vida acaso... ¡Soy un apasionado, un amigo de usted!

—Por supuesto... siendo el favor de tanto interés para usted...

—Yo soy un joven...

—Lo presumo.

—Que quiero ser cómico, y dedicarme al teatro. [...]

—Cierto. ¿Y qué sabe usted? ¿Qué ha estudiado usted?

—¿Cómo? ¿Se necesita saber algo? [...]

—Ya le entiendo a usted; usted quisiera ser cómico aquí, y así será preciso examinarle por la pauta del país. ¿Sabe usted castellano?

—Lo que usted ve..., para hablar; las gentes me entienden...

—Pero la gramática, y la propiedad, y...

—No, señor, no.

—Bien, ¡eso es muy bueno! Pero sabrá usted desgraciadamente el latín, y habrá estudiado humanidades, bellas letras...

—Perdone usted.

—Sabrá de memoria los poetas clásicos, y los comprenderá, y podrá verter sus ideas en las tablas.

—Perdone usted, señor. Nada, nada. ¿Tan poco favor me hace usted? Que me caiga muerto aquí si he leído una sola línea de eso, ni he oído hablar tampoco... Mire usted...

—No jure usted. ¿Sabe usted pronunciar con afectación todas las letras de una palabra, y decir unas voces por otras, «actitud» por «aptitud», y «aptitud» por «actitud», «diferiencia» por «diferencia», «háyamos» por «hayamos», «dracmático» por «dramático», y otras semejantes?

—Sí, señor, sí, todo eso digo yo.

Mariano José DE LARRA
«Yo quiero ser cómico», en *Artículos de crítica literaria*
Biblioteca Anaya

ACTIVIDADES

1. Haz el resumen del texto.
2. Indica el tema del fragmento.
3. Resume las acusaciones que Larra vierte contra los actores.
4. Explica qué es el costumbrismo partiendo de las palabras del autor en el texto.
5. ¿Dentro de qué tipo de artículos incluirías este?
6. ¿Qué posición adopta el narrador respecto al personaje que selecciona como protagonista de su escena? ¿Cómo se nos presenta este?
7. ¿Quién es Fígaro? ¿Cómo es la caracterización del mismo?
8. Explica la importancia del periodismo partiendo del texto.

"

El suelo intransitable ponía obstáculos sin fin, pilas de cántaros y vasijas, ante los pies del gentío presuroso, y la vibración de los adoquines al paso de los carros parecía hacer bailar a personas y cacharros. Hombres con sartas de pañuelos de diferentes colores se ponían delante del transeúnte como si fueran a capearlo. Mujeres chillonas taladraban el oído con pregones enfáticos, acosando al público y poniéndole en la alternativa de comprar o morir. Jacinta veía las piezas de tela desenvueltas en ondas a lo largo de todas las paredes, percales azules, rojos y verdes, tendidos de puerta en puerta, y su mareada vista le exageraba las curvas de aquellas rúbricas de trapo. De ellas colgaban, prendidas con alfileres, toquillas de los colores vivos y elementales que agradan a los salvajes. En algunos huecos brillaba el naranjado que chilla como los ejes sin grasa; el bermellón nativo, que parece rasguñar los ojos; el carmín, que tiene la acidez del vinagre; el cobalto, que infunde ideas de envenenamiento; el verde de panza de lagarto, y ese amarillo tila, que tiene cierto aire de poesía mezclado con la tisis, como en *La Traviata*. Las bocas de las tiendas, abiertas entre tanto colgajo, dejaban ver el interior de ellas tan abigarrado como la parte externa, los horteras de bruces en el mostrador, o vareando telas, o charlando. Algunos braceaban, como si nadasen en un mar de pañuelos. El sentimiento pintoresco de aquellos tenderos se revela en todo. Si hay una columna en la tienda la revisten de corsés encarnados, negros y blancos, y con los refajos hacen graciosas combinaciones decorativas. [...]

Jacinta, al fin, no miraba nada; únicamente se fijó en unos hombres amarillos, completamente amarillos, que colgados de unas horcas se balanceaban a impulsos del aire. Eran juegos de calzón y camisa de bayeta, cosidas una pieza a otra, y que así, al pronto, parecían personajes de azufre. Los había también encarnados. ¡Oh!, el rojo abundaba tanto, que aquello parecía un pueblo que tiene la religión de la sangre. Telas rojas, arneses rojos, collarines y frontiles rojos con madroñaje arabesco. Las puertas de las tabernas también de color de sangre.

Benito PÉREZ GALDÓS. *Fortunata y Jacinta*. Cátedra

ACTIVIDADES

1. Explica el punto de vista de la narración en el fragmento. Justifica tu respuesta.
2. El narrador describe la calle de Toledo, ¿cómo es la prosa? ¿Qué rasgos sensoriales destacan?, ¿por qué? ¿Cómo vemos al personaje en ese ambiente?
3. ¿Por qué abundan las enumeraciones?
4. Explica los rasgos cotidianos de la época a partir de la descripción del texto.
5. Indica las características realistas del texto.
6. Indica cuáles son las etapas del Romanticismo en España y sus principales autores.

DIARIO DE APRENDIZAJE

¿Cómo he solventado o me he enfrentado a las dificultades de esta unidad?

somos
#
link